U0897188

“推进国家治理体系和治理能力现代化丛书”编委会名单

人民是国家的真正主人

梁　孝◎著

国家行政学院出版社

图书在版编目（CIP）数据

人民是国家的真正主人 / 梁孝著．—北京：国家行政学院出版社，2016.4

ISBN 978-7-5150-1787-7

Ⅰ．①人… Ⅱ．①梁… Ⅲ．①中国特色社会主义－社会主义建设模式－研究 Ⅳ．①D616

中国版本图书馆 CIP 数据核字（2016）第 093514 号

书　　名 人民是国家的真正主人
著　　者 梁　孝
责任编辑 王　娜
出版发行 国家行政学院出版社
（北京市海淀区长春桥路 6 号　100089）
电　　话 （010）68920640　68929037
编 辑 部 （010）68928873
经　　销 新华书店
印　　刷 北京久佳印刷有限责任公司
版　　次 2016 年 4 月北京第 1 版
印　　次 2016 年 4 月北京第 1 次印刷
开　　本 787 毫米 ×1092 毫米　1/16
印　　张 16
字　　数 235 千字
书　　号 ISBN　978-7-5150-1787-7
定　　价 39.00 元

前 言

新中国成立六十多年来取得了举世瞩目的成就。国际上一度流行的中国“崩溃论”如今变成了中国“威胁论”。在第二次世界大战后，发展中国家纷纷致力于现代化。但是，其中绝大多数国家发展到一定程度，就陷入停滞和衰退。只有中国在自己的道路上，不断摸索，不断总结经验教训，不断前进。中国道路成功的原因何在呢？本书就是从政治制度的角度来回答这个问题。

本书的一个基本观点是，政治制度不是人为设计的。政治制度不能从某种抽象的价值观念出发，设计出一个美好的、健全的制度，然后在社会中推行。在中国近代史上，从抽象自由、民主原则出发设计的政治制度都失败了。这种失败，前有孙中山的西方民主制度设计，后来有 1946 年“中间势力”所设想的西方民主制度。

政治制度是在解决一个社会所面临的问题中产生的，不断发展，不断完善。说起来并不复杂。一个国家在特定的历史阶段，总会面临特定的挑战、特定的历史问题。国家要解决这些挑战和问题，就需要有相应的国家能力。为了获得国家治理能力，国家需要相应的政治制度。而这个政治制度不能离开国家现实的、有限的资源。一个有效的国家政治制度，就是能够把有限的资源最大限度地动员起来，去解决国家面临的挑战和问题。因此，探讨一个国家的政治制度，首先要看清楚这个国家所要面对的历史挑战，然后了解这个国家需要的国家能力，进而了解社会资源及其限制，最后再来探讨国家如何用有限的资源解决所面对的挑战。这个解决问题的路径就是政治制度产生的过程。这样，在评价一个国家的政治制度时，最终要看它是否能够解决这个社会所面临的最严峻的挑战，是否承担起这个历史使命。

因此，本书在介绍人民民主政治制度时，不是从某种理念出发，而是从中国近现代面临的历史任务出发。1760 年，英国发生工业革命，西方国家实力迅速增强，世界力量版图巨变。西方工业资本主义的入侵，给中国带来前所未有的冲击，中华民族面临亡国灭种的危险。中国近现代的历史主题就是救亡图存、发展、复兴。一言以蔽之，就是赶超西方。只有承担起这个历史使命的政治制度才能存在、发展，否则必然被淘汰，不管它看起来有多美好。中国的敌人是在科技、经济、金融、军事等方面占有压倒优势的帝国主义及其在中国的代理人，同时，为了打败帝国主义，中国必须消灭腐朽的但仍然掌握着中国经济、军事资源的封建势力。如何完成推翻“三座大山”的革命任务呢？这就必须动员起全国各民族、各进步阶级和阶层，团结一致，在先进力量的领导下，打倒强大的敌人。如何动员起中国最广大的人民群众呢？这就是通过革命，建立人民政权。人民翻身解放，当家作主，获得真正的经济权利和政治权利。在翻身解放的过程中，激发出人民中蕴藏的伟大力量，打倒强大的敌人。当一些知识分子还在大城市的大学课堂、书斋或者报刊中讨论政治制度，设想民主制度的时候，中国共产党人来到最偏远的农村，建立基层人民政权，星火燎原，不断发展壮大，最后建立全国性的人民民主政权，建立中华人民共和国。

中国的人民民主政治制度是形成于战争时期的动员型体制，它是人民性、先进性和效率性高度统一的体制。人民性表现为它赋予最广大底层人民群众真实的权利和当家作主的地位，从而获得最大多数老百姓的支持。先进性表现为它是由代表先进生产力的工人阶级的先锋队来领导，克服了中国农民的小农思想的狭隘性，克服了中国民族资产阶级的软弱性。效率性表现为在革命斗争中，中国进步的阶级、阶层之间是团结互助，凝聚力量，一致对敌，而不是像西方政治制度，权力制衡，政党相争，效率低下。

正是因为中国人民民主政治制度强大的动员能力，在革命、社会主义基本制度建设时期、改革开放时期，或者说，在赶超西方的历史进程中，中国才能不断前进，取得举世瞩目的成就。

这个基本思路决定了，本书探讨中国人民民主，探讨根本政治制度和基本政治制度时，除基层群众自治制度外，都要从中国民主革命开始，围绕着革命、人民地位和战争动员展开，然后才是介绍具体的制度安排和后来的发展。这种思路会产生一个问题。在革命时期，人民民主政治制度正在发展孕育时期，还没有分化为根本政治制度和基本政治制度。比如，“陕甘宁”边区的“三三制”，既有人民代表大会的特征，也有政治协商的特征。这样，在分析人民代表大会制度和中国政党制度时,都会讨论“三三制”。由于这个原因，本书不追求章与章之间层层深入，而是每章独立，集中探讨一个问题。但是，在一些问题分析上，就会出现重复。在此敬请读者谅解。另外，本书涉及领域极其宽泛，写作时时常感觉捉襟见肘。错误之处，欢迎批评指正。

最后，笔者愿意再一次申明本书的主题。中国革命和社会主义建设取得的伟大成就，离不开人民的支持，离不开人民当家作主的人民民主政治制度。在中国未来的发展中，只有坚持人民民主专政，坚持人民当家作主，人民是国家的真正主人，中国才会战胜一切困难，才能取得更大的成就，完成中华民族的伟大复兴。

推进国家治理体系和治理能力现代化丛书

人民是国家的真正主人

第一章

近代以来中国面临亡国灭种的大危机

工业革命后，西方资本主义列强凭借强大的工业、军事、金融力量，在全球扩张。在西方列强的冲击下，中国逐步沦为半殖民地半封建国家。生死存亡成为中华民族面临的严峻挑战。由于中国现代工业弱小，在抵御资本主义列强侵略时，中国屡战屡败，处于极其不利的地位。为了救亡图存，为了发展，为了赶超资本主义列强，中国必须进行全民族总动员。中国的政治制度，必须承担起这个历史使命，动员蕴含于人民群众中的伟大力量，组织这种力量，进行民族革命和阶级革命，致力于中国以工业化为中心的现代化。在新中国成立前，曾经有不同阶级建立不同的政治制度，但由于其历史局限性，都被淘汰出历史舞台。

第一节　工业革命后资本主义的全球扩张

中世纪以来，欧洲是世界经济版图的边缘地带。随着英国爆发工业革命，一种新的经济增长方式出现。工业革命迅速提高欧洲资本主义国家的经济实力和军事实力，为其向世界扩张提供了物质基础。世界力量版图由此发生颠覆性变化，在西方的冲击下，曾经的大国如中国、印度、奥斯曼土耳其不断衰落。工业革命后，不管任何国家，如果要维护国家主权，成为世界强国，就必须建立现代大工业。

一、工业革命改变经济增长方式

1840年以来，古老的中华文明受到西方的猛烈冲击。在此后很长一个时期，很多人认为欧洲是上帝的宠儿，一直高人一等。实际上，这完全是误解。

罗马帝国灭亡后，欧洲一直是欧亚大陆一个荒僻的角落。在1500年时，欧洲的生产力仍旧乏善可陈。

1498年，葡萄牙探险家达·迦马到达印度卡利库特，但是，却没有带来任何反响。葡萄牙人带来的都是零碎小物件和羊毛织品。达·迦马献给卡利库特统治者的礼单包括：羊毛织物、帽子、珊瑚珠串、脸盆、罐装的油和蜂蜜。[1]很自然，卡利库特的统治者卡拉巴尔王公对这些东西毫无兴趣。他让达·迦马给葡萄牙国王带回一封信，信上说，他的国家繁荣富足，他希望从葡萄牙得到的是黄金、白银、珊瑚和胭脂。[2]更重要的是，不仅统治者没兴趣，就是普通老百姓也没兴趣。由于葡萄牙以至欧洲的生产水平落后，葡萄牙商品在葡萄牙本地的价格要远远高于在印度卡利库特的价格，根本就无法进行贸易。

1793—1794年，英国马噶尔尼使团访华，要求北京和伦敦互设使馆、开放沿海更多通商口岸。为了取得更大成果，马噶尔尼使团携带了大量显示英国科技和工业实力的产品。马噶尔尼使团的随行人员包括一位外科医生、一位机械师、一位冶金学家、一位数学仪器制造师和五位每天晚上进行音乐演奏的德国乐师。其中有四轮马车、镶满钻石的手表、英国瓷器，还有出自雷诺兹之手的国王和王后的肖像、一只热气球、望远镜、加农炮。[3]这与达·迦马的礼物真是天壤之别。乾隆皇帝拒绝了英国使团的通商请求。后来，英国人用军舰大炮打开了中国大门。

是什么使欧洲在短短近300年间生产力水平如此迅猛发展，使欧洲国家的

[1] [美]斯塔夫里阿诺斯：《全球通史：从史前史到21世纪（第7版）》（下），吴象婴等译，北京大学出版社2005年版，第411页。

[2] [德]安德烈·冈德·弗兰克：《依附性积累与不发达》，高铦、高戈译，译林出版社1999年版，第19页。

[3] [美]亨利·基辛格：《论中国》，胡利平等译，中信出版社2012年版，第31—33页。

国力发生了翻天覆地的变化？

这就是工业革命！

一般认为，英国的工业革命发生在1760年。标志性事件是瓦特改进的蒸汽机被广泛应用。棉纺织业的发展极大地推动了蒸汽机的发明和改进。

哥伦布到达美洲，达·迦马绕过好望角发现通往印度的新航路，由此开启了欧洲的大航海时代。欧洲人从此在美洲殖民，从美洲掠夺黄金和白银，并在非洲、美洲和欧洲间进行贩奴贸易。在这个过程中，英国的殖民地不断扩张。海外市场的迅速扩张刺激了英国工业的发展，海外掠夺的财富又给生产扩张提供了资金。

在当时，棉纺织业是最重要的产业，需要的资本较少，资金周转快，获利快。英国棉纺织工业发展迅速。最初的棉纺织业都是手工操作，家庭式小作坊生产。在外部需求的刺激下，棉纺织业技术迅速，生产能力迅速提升。1733年，约翰·凯伊发明“飞梭”。这种织布器械改变了过去织工们用双手相互穿梭的织布方法。织工们只要用两脚交替踏板，飞梭就会自动地织成布匹，工作效率由此提高了一倍。随着飞梭的改进和应用，织布技术迅速领先纺纱技术。六个纺工才能供应一个织工所需的棉纱。1765年，织工詹姆士·哈格里夫斯发明了一种手摇纺纱机，被称为“珍妮机”，又称多轴纺纱机。纺锤的数目开始时装八个，后来增加到十六个，到1784年增至一百二十个纺锤同时工作。棉纱产量由此大幅度增加。但是，珍妮机的缺点就是必须用手摇。1768年，普雷斯顿的理查德·阿克莱发明、制成水力纺纱机。这种机器使用滚筒以不同的速度纺成棉纱。从此，纺纱机的转动不再依靠人力，而是利用自然力。水力纺纱机体积较大，不适于家庭分散应用，需要建造厂房集中生产。1771年，阿克莱在德比郡附近的德温特河岸开办了英国第一家水力棉纺纱厂。工厂出现了。不久，他雇佣了六百多名工人，这是近代机器大工厂的开端。[1]

---

[1] 管佩韦：《英国工业革命的开始——纺织机器的发明和应用》，《杭州大学学报（哲学社会科学版）》1989年第1期。

随着棉纺织业的迅猛发展,驱动机器的动力问题开始凸显出来。瓦特改进的蒸汽机正好解决了动力问题。

蒸汽机在工业中的应用极大地推动工业发展，现代大工业走上历史舞台。首先,蒸汽机使机器所依赖的动力发生了革命。以前人们在驱动机器时用的是人力、畜力、水力、风力，这些动力不仅能量有限，而且受到地理条件的极大束缚，限制了机器系统的规模。应用人力的纺织机器，纺织生产的规模只能是作坊式的。由水力纺纱机产生的工厂则是几百人的规模，但要靠大河流提供动力。而蒸汽机给纺织机器提供了巨大动力，且不再受到地理限制。其次，蒸汽机提供的巨大动力可以驱动巨大的机器系统。机器系统是按照设计自动运转的。动力驱动的机器系统越大,运转的效率就越高。一个工人操作的现代纺织机器的生产效率是一个使用纺车的织布高手的百倍、千倍。最后，工业革命之后，生产从手工作坊向现代工厂转变，现代工厂的规模越来越大，分工越来越细。这也意味着生产力的巨大提高。

随着炼铁和精密铁制品的出现,固定的蒸汽机发动机被改进成可以移动的发动机。这样,蒸汽机被用于水上航行。首先出现的是内河蒸汽机。1807 年，罗伯特·富尔顿在哈得逊湾航行中使用了瓦特的蒸汽机。1815 年，乔治·斯蒂芬森把蒸汽机安装在运行的车辆上，蒸汽带动的火车头诞生。1821 年，英国开始铺设铁路。1826 年，英国铺设一条从利物浦到曼彻斯特的铁路，它可以把船上的原料运送到工厂。火车每小时可以行驶 16 英里。想一想在泥泞的道路上用马车运送矿石。这种速度在当时是多么惊人！然后，远洋蒸汽船出现，可以用蒸汽驱动转轮横渡大西洋。随后,又出现了推进器。蒸汽机直接连接轴承，转动推进器，同样的速度，用煤比明轮蒸汽船少一半。

交通的发展使全球市场得以出现，产品和原材料能够迅速在全球进行交换。而全球市场也意味着工业发展的巨大空间。

还有一点极其重要。工业革命使经济发展的动力发生了根本变化。

工业革命之前，工业还处于传统手工业，其增长动力是分工与专业化。在分工条件下，人们生产其最适宜的产品，然后与他人交换，从而在市场上获得较丰厚的利润。分工能提高劳动生产率，能够获得较高的收益。但是，分工受制于市场规模。市场越大，分工越细致，经济发展的动力越大。亚当·斯密最早探讨这个问题，因此被称为“斯密型动力”。但是，在传统的农业生产条件下，农业的产量是有限制的，人口的增长和有限的农业生产，将规定市场扩张的上限。在农业社会和手工业条件下，经济增长会受到人口增长和粮食产量的限制，不会无限增长。[1]中国宋、明时期长江三角洲手工业发展水平世界领先，但并没有产生现代资本主义，原因也就在于此。

英国庞大的海外市场打破了人口和农业生产的限制，催生工业革命，形成现代大工业。现代大工业依靠矿物为资源和动能，资本投入和技术变革成为经济发展的动力，从而摆脱了人口和农业产量的限制。

在这之后，欧洲工业以及随后的美洲工业迅速发展。欧美和其他国家之间出现了一个发展的“大分流”。

二、世界力量版图的颠覆

15 世纪，欧亚大陆最繁荣的经济中心在亚洲。欧洲是欧亚经济版图的边缘地带。在当时，东亚有华夏文明圈，郑和下西洋标志着当时中国的科技、经济、政治实力。当时南亚有三大伊斯兰帝国，它们由西向东依次是奥斯曼土耳其帝国、在现在伊朗地区的萨菲王朝和印度的莫卧儿王朝。[2]

13 世纪，突厥部落中的奥斯曼人迅速崛起。当欧洲人在 15 世纪末开始向外扩张的时候，奥斯曼人已经在向外不断扩张。1453 年，奥斯曼 10 万大军攻克君士坦丁堡，东罗马帝国灭亡。奥斯曼土耳其迁都于此，将城市改名为伊斯坦布尔。在随后的两年里，奥斯曼土耳其继续扩张，叙利亚、埃及和整个北非

---

[1] 参见 [美] 王国斌：《转变的中国——历史变迁与欧洲经验的局限》，李伯重、连玲玲译，江苏人民出版社 2008 年版，第 9 页。

[2] 萨菲帝国在阿巴斯一世时达到鼎盛，但因为王位继承引发的政治斗争，帝国迅速崩溃。因为它的衰落不是来自西方冲击，在此不再论述。

地区都被纳入版图。奥斯曼土耳其不断攻击巴尔干半岛，威胁南欧和中欧。在其极盛时，地跨欧、亚、非三大洲，版图包括整个巴尔干半岛、细亚细半岛、整个中东地区及北非的大部分，西达摩洛哥，东抵里海及波斯湾，北及奥地利帝国和罗马尼亚，南及苏丹。奥斯曼土耳其的海军也曾一度称霸地中海。

在欧亚经济的贸易交往中，有两条主要商路。一条是从中国经中亚到欧洲的商路，也就是著名的“丝绸”之路。另一条是从中国经东南亚到印度再到波斯湾、地中海的海上商路。随着蒙古帝国的衰落，北方的陆上商路中断，南方的海上商路成为最主要的商路。奥斯曼土耳其地跨欧、亚、非三大洲，控制着欧、亚、非的商贸枢纽，工商业发达，文化繁荣，国力雄极一时，成为令欧洲震撼的力量。欧洲人所谓的“地理大发现”“发现新航路”，实际都是不得不绕开奥斯曼土耳其，寻找通往印度的新商路。

16 世纪 50 年代，奥斯曼土耳其苏莱曼大帝建造苏莱曼大清真寺。这座清真寺气势雄伟，技艺精湛，是伊斯兰文化的代表。17 世纪，十几个精通几何学和建筑设计的西欧学者来到伊斯坦布尔，见到这座清真寺，这些人被极大地震撼。当他们进入清真寺内部，看到巨大的穹顶时，连声惊呼“玛利亚！”，不知如何表达惊佩之情。他们承认，在基督教世界中，没有一处能够与此媲美。[1]

由此可以看出当时奥斯曼土耳其帝国科技、经济和文化实力。

印度是世界文明古国。在莫卧儿帝国时期，印度的商业、金融业和传统工业技术非常发达，很多产品世界闻名。印度的造船业非常发达，它们的船坚固耐用，造船成本比葡萄牙、荷兰、英国低 30%—50%。阿姆斯特丹为了保护造船业，禁止荷兰商人买印度船。印度的纺织业更是当时世界的王者，具有最强的竞争力。纺织业在当时是最重要的产业之一，类似于现在的汽车产业的地位。它能带动农业、机械制造业、运输业、植物染料业、矿产化学工业。

---

[1] ［美］皮特·N. 斯特恩斯等：《全球文明史》（第三版），赵轶峰等译，中华书局 2006 年版，第 564 页。

在1400—1800年间，印度一直处于领先地位。为了保持优势，印度从奥斯曼帝国和波斯输入印染技术。在印度当时的一部著作中，列出了印染45种色调的77种技术。[1]印度的纺织技术之发达可见一斑。

中国在当时世界经济的地位处于第一位。明朝初年，郑和下西洋，中国造船业和航海业达到极盛。郑和率领一支庞大的船队，一直航行到非洲东海岸。其中，郑和所乘坐的船，长四十四丈四尺，阔一十八丈，有九个桅杆，十二张帆。转化为现代数据，该船长达138米，宽56米。[2]1793—1794年，英国马噶尔尼使团访华，要求沿海开放更多通商口岸。当时，乾隆皇帝拒绝了英国的请求。乾隆皇帝告诉英国人，中华地大物博，无所不有，英国人那些奇技淫巧，中国并不需要。现在，人们往往指责清朝统治者妄自尊大。不过，从当时看来，乾隆皇帝说的也是实话。中国的生产能力仍是世界首位。就日常用品而言，中国确实不需要进口，以至于后来英国商人开始向中国贩运鸦片。

15世纪以后，欧洲开始所谓的“大航海”时代。美洲逐渐沦为欧洲的殖民地。南美成为西班牙和葡萄牙的殖民地，北美成为北欧的殖民地。在经过不断的殖民争霸战后，英国和法国占据着北美洲。最后，在18世纪中叶，英国打败法国，成为北美殖民地的霸主。欧洲人在美洲推行殖民主义，美洲原印第安人人口剧减。美洲成为欧洲的后院。凭借着美洲的白银和殖民地，欧洲国家经济迅速发展，国力迅速提高。

即使如此，在这时，欧洲对东方诸强国并没有绝对优势。

英国工业革命之后，英国的生产力迅速提升，经济实力和军事实力迅猛增强。随着工业化在欧洲展开，欧洲各国，尤其是西欧各国的经济实力和军事实力同样迅速增强。随着欧洲的崛起，世界力量版图发生巨变。

奥斯曼土耳其崛起主要得益于它的军事力量。奥斯曼土耳其的军事霸权有

[1] 参见[德]贡德·弗兰克：《白银资本——重视经济全球化中的东方》，刘北成译，中央编译出版社2000年版，第273—276页。

[2] 参见曲金良：《郑和下西洋之前的中国造船与航海技术》，《国家航海》2013年第3期。

两个因素：一个是在传统游牧民族彪悍的骑兵的基础上，建立终身职业骑兵。另一个是军事上使用火药。随着欧洲工业革命的延伸，欧洲的军事技术迅速领先于奥斯曼土耳其。其传统军事优势消失殆尽。同时，欧洲廉价产品冲击着奥斯曼土耳其的手工业，又导致其内部经济困难重重。奥斯曼土耳其先是失去对其欧洲部分的控制，接着北非各国纷纷独立。奥斯曼土耳其帝国陷入危机之中。

在 18 世纪中，印度成为英国的殖民地，成为英国女皇皇冠上“最明亮”的珍珠。英国东印度公司刚到印度时，莫卧儿王朝的中央政府还有控制力。这时，英国人老老实实做买卖。随着莫卧儿王朝中央政府失去控制力，地方势力、宗教派别纷纷割据，抗拒中央政府，谋取地方势力，国家处于分裂状态。东印度公司先支持、联合其中一个地方势力，不断扩张势力，打败其他势力，夺取政权。在这个过程中，英国人先仔细了解、研究印度人统治印度的方式。一旦学会统治印度的方法，英国人就再进一步支持其中一个派别，帮助其训练军队，反对其他派别。在打败其他派别之后，最后控制这个派别，进而统治印度。[1]

成为英国殖民地之后，英国立即用宗主国的权力，打击印度以棉纺织业为代表的传统优势产业。早在 1700 年，英国为了保护纺织工业免受印度棉纺织的冲击，就禁止在英国境内卖、穿印度优质棉布。英国统治印度之后。以倡导“自由贸易”著称的英国人对输入英国的印度商品征收的关税是英国输入印度商品的 5—20 倍。换句话，英国的工业品可以打入印度市场，而印度的工业品根本无法打入英国市场。随着工业革命纺织技术不断发展，印度的纺织业全军覆没。1815 年至 1832 年，印度棉纺织品出口额从 130 万英镑降至 10 万英镑，同一时期，进口到印度的英国棉纺织品的总值从 2.6 万英镑上升至 40 万英镑。到了 1850 年，一向出口棉布的印度进口了英国棉布的 1/4。[2]

[1] 参见［英］尼尔·弗格森:《帝国》，雨珂译，中信出版社 2012 年版，第 32 页。

[2] 参见［德］安德烈·冈德·弗兰克:《依附性积累与不发达》，高铦、高戈译，译林出版社 1999 年版，第 94—95 页。

在欧洲各国工业高歌猛进的时候，印度却在“去”工业化。印度由此成为不发达国家的代表。

1840 年以后，中国则逐渐沦为半殖民地半封建国家，国土面临着被瓜分，民族面临着生死存亡的命运。

三、工业成为现代世界强国的基石

在历史上，欧亚大陆中心地带是辽阔的草原。其中某些游牧民族崛起，凭借骑射，形成草原帝国，从欧亚大陆中心向东、南、西三个方向扩张，匈奴、蒙古和突厥等民族都曾建立过大帝国，冲击欧亚大陆。

15 世纪以后，在草原帝国之外，又出现了新的海洋贸易帝国。早期的葡萄牙、西班牙都是这样的帝国。其最主要特点是凭借海军实力控制海上贸易枢纽，控制贸易原产地，垄断贸易，从而获得财富。航海实力以及保守航线的秘密对于维护贸易帝国的地位极其重要。达·迦马开辟从好望角到印度的航线，就是得到了一位经验丰富的阿拉伯领航员的指导。葡萄牙人因此打破了阿拉伯商人的垄断。因此，葡萄牙人也严守贸易航线的秘密。但是，随着荷兰、英国的商人知道了这条航线，葡萄牙就此衰落。

工业革命之后，出现了现代工业帝国。工业革命给生产和交通运输带来了翻天覆地的变化。英国凭借全球领先的工业生产能力，获得了压倒性的军事优势，成为称霸世界的帝国。同时，军事力量又为英国资本主义工业不断开拓原料市场和产品市场。从此，大国崛起，必然以现代工业为基础。工业的兴衰，预示着霸权的交替。后来的法国、德国、美国等，都致力于发展工业争夺世界大国地位。以英国为代表的这些工业帝国的势力不再局限于欧亚大陆，而是向整个世界扩张。

1851 年，英国伦敦举行了水晶宫世界博览会，展示大英帝国的工业实力。在这次展览会上展示的有：高效的农业机械、印刷机械、自动链式精纺机、大功率蒸汽机、轨道蒸汽牵引机、高速汽轮船、气压机、起重机、机床以及先进的炼钢法、隧道和桥梁模型，甚至武器装备等。

英国的工业实力让人们目瞪口呆。这些机器只是英国工业实力的一部分。英国凭借工业实力，建立了庞大的通讯网、铁路网和海上航线。1816 年，电报被发明，彻底改变了信息传输方式。后来，马来乳胶出现，能够制造电缆。1851 年，英国开始铺设海底电缆。1851 年，第一条横跨英吉利海峡的海底电缆铺设成功。15 年后，跨大西洋海底电缆铺设成功。1880 年，世界跨海电缆总长 156105 公里。英国主宰了电报时代的通讯。随着英国资本主义的扩张，铁路也随之延伸。同时，蒸汽机和世界领先的造船工业给英国带来了最强大的海军。在 19 世纪末，跨越大西洋仅需要 10 天，从英格兰到开普敦仅需要 19 天。[1]

1866 年，英国镇压东非阿比西尼亚的军事行动，充分展示了当时英国的军事实力和工业力量。

那一年，东非阿比西尼亚（现在的埃塞俄比亚）的皇帝狄奥多尔二世认为居住在当地的英国人蔑视他的政权，就把他们抓了起来。后来，他又认为英国政府蔑视他的政权，又抓了他所能抓到的所有欧洲人。在这之后，他又把前去谈判的外交使团也抓了起来。这些人被囚禁在偏远的山区要塞。在最后通牒无效后，英国政府决定武力解决。1867 年 4 月，英国政府通过电报，命令印度孟买的总督解救人质。最后，罗伯特· 内皮尔将军负责完成这项远征任务。

要从印度跨越印度洋到非洲东海岸的内陆山区武装要塞解救大批人质，其难度可想而知。内皮尔也毫不客气开了一份战争清单：4 个印度骑兵团，1 个英国骑兵中队，10 个印度步兵团，4 门野战炮和骑乘炮，1 辆山地火车，6 门 13.75 厘米口径迫击炮，3000 人的苦力负责运输。要求得到满足后，这位将军带领远征军从印度孟买起航，驶向红海沿岸的马萨瓦。这支舰队有 13000 名英国人和印度人，26000 名随军者。还有 13000 头骡子和马、同样数量的绵羊、7000 头小牛、1000 头驴、44 头大象。这个将军还带了一个活动码头，配备了灯塔和铁路系统。

登陆之后，这支队伍又跋涉 640 公里崎岖而炎热的山路，来到阿比西尼亚

[1] 参见［英］尼尔·弗格森：《帝国》，雨珂译，中信出版社 2012 年版，第 144—148 页。

狄奥多尔二世据守的要塞。这位皇帝或许想到了英国海军的威力,因此躲到了离海岸千里的山区。但是,他根本没有想到会有这样一支远征军,能够从海岸跋涉千里来攻击他的要塞。这位皇帝没有认真备战。最后的战斗反而简单。在雷雨交加之时,罗伯特・内皮尔将军发动攻击,两个小时激战后,战斗结束。狄奥多尔二世的武装力量死亡 700 人,伤 1200 人,狄奥多尔二世自杀。而英国士兵只伤 20 人,无人死亡。阿比西尼亚是非洲唯一的基督教国家。1000 卷古阿比西尼亚基督教手抄本和狄奥多尔二世佩戴的项链被送往伦敦。[1]

英国的这次远征,完全依靠的是超强的军事实力和工业实力。这里至少包括以下方面:第一,快速的信息传播网。否则,按照传统的信息传播方式,从阿比西尼亚发生截留人质,到英国政府讨论决策,再到孟买总督府进行筹备,不知需要多长时间。第二,迅捷的陆海交通。罗伯特·内皮尔将军的远征军有近 4 万人,3.4 万多牲畜,这样一支队伍集结到孟买,再从印度沿海航行到红海,没有发达的海陆交通是无法办到的。这个将军还带了一个活动码头,配备了灯塔和铁路系统、一辆山地小火车。他有当时最强大的后勤供应能力,可以自己修筑临时码头、临时公路,至于当时最先进的武器,自不待言。

大英帝国的这支远征军显示了惊人的战斗力。英国远征军依靠的与其说是谋略和斗志,不如说是英国工业革命提供的现代大工业。

不管是传统的封建农业社会还是游牧社会,它们的军事实力和经济竞争力根本无法与现代工业帝国相抗衡。面对这些工业帝国,这些传统国家都面临着生死存亡的问题。

第二节　求生存求发展必须中华民族总动员

现代战争以现代大工业为基础。在一定程度上,现代战争是国家间工业实力的比拼。中国作为一个半殖民地半封建国家,工业发展落后,在世界工业经

[1] 参见[英]尼尔·弗格森:《帝国》,雨珂译,中信出版社 2012 年版,第 151—155 页。

济中处于边缘地带。这就使中国在维护国家主权，抵御帝国主义侵略中处于非常不利的局面。为了扭转这个局面，中华民族必须进行全民总动员，以人民的力量弥补物质力量的不足。

一、大工业是现代战争的物质基础

现代战争是总体战，打的是国家综合实力，打的是现代大工业。

随着工业的发展，生产武器的材料和工艺不断进步，武器的杀伤力急剧增加。到 1870 年，由于冶金技术提高，枪炮的射程和杀伤力大幅度提高。在这之前，滑膛前装弹步枪的射程是 90 米，新的来福线后膛装弹步枪的射程增加到 900 米。以前使用的传统火药的成分是硝石、硫磺和木炭。1861 年，诺贝尔制造出硝化甘油。后来，它被用来制造新火药，这种火药能充分燃烧，用药量少但爆炸能量却增强，用它作弹药的步枪射程更远，杀伤力惊人。1898 年，用新炸药小口径来福枪的射程能达到 3600 米。而且，新型步枪加入连发装置。火炮的技术也在突飞猛进。在拿破仑时代，火炮射程约 600 多米。新型炸药和钢管被应用于火炮。到 19 世纪末，欧洲各国军队的野战炮最大射程约 8000 米，有效射程约 3000 米到 5400 米。攻城重炮的射程更远。1898 年，欧洲各国装备了重炮、榴弹炮和迫击炮。[1] 随着枪炮技术的发展，防御工事的作用越发突出。与此同时，大兵团作战，兵力迅速集结和移动至关重要。铁路成为战争的生命线。第一次世界大战中，坦克、飞机开始在战场上应用。

没有现代工业，无法制造武器弹药，为战争提供充足的物资。因此，一个国家军事力量的发展，在一定意义上，是其背后工业力量的发展。国家间军事力量的较量，在一定意义上，也是双方工业水平和规模的较量。

1939 年，苏联和日本在诺门坎进行了一场大战。这是第二次世界大战全面爆发之前的第一次立体战对决，充分体现出现代大工业在现代战争中极其重

[1] 参见［英］F.H. 欣斯利编：《新编剑桥世界近代史第 11 卷：物质进步与世界范围的问题 1870—1898》，中国社会科学院世界历史研究所译，中国社会科学出版社 1999 年版，第 276—277 页。

要的作用。

在诺门坎大战之前，日本一直有两个扩张计划：一个是西进计划，即以日本本土和东北为依托，向苏联东部和中部扩张。另一个是南进计划，向东南亚扩张。日本在诺门坎挑起争端，也是在试探苏联军事实力。苏联领导人高度重视这次争端。这是因为，当时德国的扩张意图已经越发明显，英法一直在祸水东引，让德国进攻苏联。一旦日本从东部地广人稀的地方入侵，苏联将两线作战，陷于极其被动的战略态势。为此，苏联领导人派朱可夫到前线指挥，并大力支持，要什么给什么。在诺门坎最后的决战中，苏联军队在当时还默默无闻的朱可夫指挥下，先是重炮轰击，再飞机轰炸，然后步兵配合坦克集团冲锋。在这种钢铁洪流面前，号称日本精锐的关东军脆败，4 万人被歼灭，有的师团只剩数百人。苏联的军事实力给日本人以极大震慑。在此之后，日本人彻底打消西进侵略苏联的计划，转而南下攻打东南亚。苏联得以避免两线作战。而日本在向南扩张中，触动美国利益，太平洋战争爆发，就此走上不归路。

对于诺门坎战役的胜利，自然不能抹煞朱可夫将军的军事才能。但是，还要看到，它也是苏联军队和日本军队军事装备的差距，在更深层次上，是现代工业发展水平差距。这种工业不是纺纱织布的轻工业，而是以重工业为中心的大工业。

下面，看看日本师团和苏联步兵师之间的兵力和装备对比。

日本参加诺门坎战役的新编师团编制总兵力为 14072 人，下辖 3 个步兵大队，大队下属 4 个步兵队（每个中队 193 人），1 个机枪中队（176 人，通常有 8 挺重机枪）。

苏联步兵师编制：全师 13060 人、步兵师下属 3 个步兵团。每团 2485 人，编成 3 个步兵营，36 挺重机枪。团属支援火力为 9 门 76 毫米团炮。每营 600 人，配有 2 门 45 毫米反坦克炮和 2 门 82 迫击炮。

就机动能力来看：日本师团是 71 辆机动车。苏联步兵师 471 辆汽车、71 辆拖拉机、几十辆坦克装甲车。

就炮火能力来看：日本师团下属的野战炮兵联队包括 3 个大队，每个大队下属 1 个榴弹炮中队，2 个野炮中队。按照日本军队编制，1 个炮兵中队下辖 2 个小队，1 个小队 2 门火炮。也就是榴弹炮 12 门，其他各类火炮 24 门。苏联步兵师下设高射炮营，12 门 37 毫米高射炮，炮兵团，24 门 76 毫米火炮，12 门 122 毫米榴弹炮，12 门 152 毫米榴弹炮，榴弹炮 24 门，其他各种火炮 36 门。

仅仅数量还不能完全显示日本军队武器和苏军武器的差距。在火力方面，日军步兵能直接依靠的重武器是 92 式步兵炮。这种炮口径 70 毫米，重 204 千克，射程 2800 米。另外就是类似于轻型迫击炮的 89 式 50 毫米掷弹筒，射程 650 米。而苏联的 1913 型 76 毫米团炮，射程为 7000 米；1927 型 76 毫米团炮射程为 8500 米。苏联步兵还可以得到 82 毫米迫击炮的支援。[1] 这里，还没有算入坦克火力。

日本的武器装备和苏联的差距是全方位的。一旦苏联军队得到朱可夫这样优秀军事家的正确指挥，日本军队根本没有胜利的可能。

军事力量的巨大差距背后是两个国家工业化水平的差距。

俄国和日本都是西欧发达资本主义之外两个较早依靠政府力量推动工业化的国家，它们也得以挤上资本主义工业列强的末班车。

1853 年，俄国和英、法、土耳其之间爆发克里米亚战争。1856 年，克里米亚战争以俄国失败而告终。俄国统治者认识到俄国已经远远落后于西方，开始进行改革，进行工业化。俄国封建贵族势力强大，缺乏中产阶级和资本，俄国的工业化是由国家推动。19 世纪 70 年代，俄国开始修建庞大的铁路网，其中西伯利亚铁路横贯欧亚大陆。庞大的铁路计划拉动了俄国的钢铁和煤炭等部门。俄国通过出口谷物换取西方设备。俄罗斯出现了现代工厂，莫斯科、圣彼得堡成为工业城市。1892 年之后，财政大臣谢尔盖·维特伯爵积极推动工业

[1] 《诺门坎之战中苏日军队武器大比武》，《军事世界画刊》，凤凰网，2010 年 9 月 25 日，http://news.ifeng.com/history/shijieshi/detail_2010_09/25/2618249_0.shtml。

化。他制定关税保护本国新工业，改革银行系统，鼓励西方投资者在俄罗斯投资。到1900年，大约一半俄罗斯工厂外国人所拥有，其中大多数由外国人管理，英、法、德企业家占据领导地位。[1]

俄罗斯的早期工业化取得了一定成就，使得俄罗斯的经济有所发展，但与西欧相比还有较大差距。

同样在1853年，面对西方的威胁，日本进行了明治维新。由于资金不足，技术缺乏，日本由国家主导工业的发展。为了推动工业化，日本建立政府银行为工业提供资金，政府大规模兴建铁路，设立轮船航线，建立统一的国内市场，建立邮局，规范法律。1870年，日本建立工部省，为日本制定工业发展规划和政策。到了19世纪80年代，日本出现模范造船厂、兵工厂和其他工厂。[2]1894年，中日甲午战争爆发。中国战败，在1895年被迫签订《马关条约》。中国割地赔款。巨大的赔款更加刺激了日本资本主义工业发展。1900年，巴黎举办国际展览会。日本展出的钢甲板、管式锅炉等工业品引起欧洲人的关注。日本开始了自己的工业革命。

1904年，日俄战争爆发，日本击败俄国。日本模仿欧美，军事与工业相互推动，成为亚洲唯一进入世界工业帝国的国家。

日俄战争失败后，俄国国内一直社会矛盾重重，接连爆发革命和内战。直到1922年，在列宁领导下苏维埃社会主义共和国联盟成立，俄国国内才恢复建设。此时，苏联的生产力遭到极大破坏，工业水平大幅下降。

面对着越发紧迫的国际形势和战争风险，在斯大林的领导下，苏联建立计划经济体制，进行超高速工业化。从1928年开始，经过两个五年计划，苏联实现了对整个国民经济的技术改造，建立了大型的现代化工业基础，形成了独立完整的工业体系。苏联工业产值增长3.7倍。1936年，苏联工业总产值超过

[1] 参见[美]皮特·N. 斯特恩斯等:《全球文明史》(第三版)，赵轶峰等译，中华书局2006年版，第747页。

[2] 参见[美]皮特·N. 斯特恩斯等:《全球文明史》(第三版)，赵轶峰等译，中华书局2006年版，第756页。

了德国、英国和法国等老牌资本主义国，跃居欧洲第一位，位居世界第二位，仅次于美国。

苏联的工业发展速度远远超过其他资本主义国家,其工业化进程把日本远远甩在后面。

而这正是日本在诺门坎惨败的大背景。

二、近代中国工业在世界工业中的边缘地位

工业化决定一个国家在世界力量版图中的地位,对这个国家的军事力量有极其重大影响，标志着这个国家的战争能力，标志着这个国家维护国家主权和领土完整的能力。中国这个文明古国，在工业化的进程中，被远远地甩在后面，成为世界工业中的边缘地带。

中国有部很有名的红色经典电影，名叫《小兵张嘎》，故事发生在1943年华北大平原的白洋淀,讲述的是一个淘气孩子成为优秀游击队员的故事。故事中有一个段落，嘎子说自己革命后的理想，是开火车，或者开小火轮，从白洋淀一直开到天津卫。

电影虽然虚构，但还是形象地表现出，在一个农村孩子心中，最先进的东西——火车、小火轮。而且，这是经过革命理想教育之后才有的。应该说，这代表了当时中国普通农民所能设想的工业化的极限。

而就在1942年6月,日本和美国在距离双方本土2800英里的中途岛进行了一场海空大战。日本出动包括航空母舰、战列舰、巡洋舰、驱逐舰、潜艇等约上百只舰艇和700架舰载飞机的庞大舰队。美国依托中途岛,出动包括航空母舰、巡洋舰、驱逐舰、潜艇和数百架舰载飞机组成的舰队，展开血战。

当时中国的工业水平和世界工业最高水平的差距不言而喻。

应该说，1840年以来，中国也在致力于工业化，但是，中国和世界的差距不是缩小，而是扩大了。

我们以世界博览会上中国的产品为例。

1851年，英国在伦敦水晶宫世界博览会展示的是:高效的农业机械、印刷

机械、自动链式精纺机、大功率蒸汽机、轨道蒸汽牵引机、高速汽轮船、气压机、起重机、机床以及先进的炼钢法、隧道和桥梁模型，甚至武器装备等。

而在水晶宫中的中国展室，宫灯之下，摆满了瓷器、丝绸、花伞、刺绣屏风、绘画等传统工艺品。而中国的一项金奖——“荣记湖丝”[1]，也是传统工艺。在我国后来参加的博览会中，我国主要展出的仍旧是传统的茶叶、瓷器、景泰蓝、绣货、绸缎、古玩、玉器、雕刻、木石等。

1900年，巴黎举办国际展览会。德国展出的是：科隆的2060马力的大型发电机、来自柏林和马格堡的电机、能够举起25吨货物的起重机、西门子公司生产的一种可以利用高炉的废能源内燃机等。

1915年巴拿马博览会，中国的茅台酒和张裕葡萄酒获得金奖。而在现代工商业方面，我国展出的只是印刷工艺、化妆品、革制品、电器、铜钢制品等。

1939年，纽约承办世界博览会，美国最新工业展品让今天的读者看来也非常惊讶。这些展品包括：收音机、电唱机、电视机、电脑、电子眼、消毒用紫外线灯、机器人、机器狗和自动刷碗机。通用汽车公司甚至展示了一个未来的汽车社会，如国家公路系统、四叶式立体交叉桥。[2]

中国工业水平与世界先进水平差距之大，超乎想象，令人叹息。

这种不断扩大的差距的深层原因是主导当时推动工业化的地主阶级和新兴资产阶级的历史局限性。

洋务运动是晚清地主阶级中的优秀分子所进行的工业化运动。洋务运动建立了中国第一批现代工业，迈出了中国工业化第一步。但是，现代大工业是一种新的组织形式，它需要新的经济制度、新的政治制度、新的思想观念，它也必然带来社会阶级、阶层地位的变化。中国封建社会，或者不太严格地说，中国传统农业社会的经济结构、政治结构、阶级结构、思想观念与现代大工业是脱节的。因此，不管是官办、还是官督商办最终都失败了。这是因为传统的官

[1] 张曼：《1851，伦敦的光芒》，《中国报道》2010年第5期。

[2] [美]杰弗里·弗里登：《20世纪全球资本主义的兴衰》，杨宇光等译，上海人民出版社2005年版，第143页。

僚制度、统治方式无法与现代化大生产相契合，从而阻碍了工业技术的发挥，阻碍工业的发展。

以汉阳铁厂为例。汉阳铁厂1893年10月竣工。汉阳铁厂包括：炼铁厂、熟铁厂、贝色麻炉钢厂、马丁炉钢厂、钢轧厂、钢材厂6个大厂，另有机器、铸铁、打铁、造铁路用的鱼尾板4个小厂。铁厂有100吨炼铁炉2座，80吨贝色麻钢钢炉2座，10吨马丁炼钢炉1座。工人约3000人。日产量达到50吨，高的时候能达到60吨—70吨。这是当时东方最大的钢铁联合企业。美国驻汉口的领事查尔德（Child）的报告中这样描述："这企业是迄今为止，中国以制造武器、钢轨、机器为目的最进步的运动，因为这个厂是完美无瑕的，而且规模宏大，所以就是走马观花地参观一下，也要走几个钟头。"[1]

但是，由于官僚体系各种各样的问题，从1899年到1930年，汉阳铁厂的外债总额达58383672两。经过大量举借外债改建工厂，汉阳铁厂终于扭转了长期亏损的局面。1909年，汉冶萍公司[2]的账面上终于有了15400银元的盈余。[3]汉冶萍公司虽然在一战期间有短期繁荣，但1921年以后就走了下坡路。

封建官僚政治根本无法适应现代大工业，他们所创办的现代工业缺乏生命力，无法发展壮大。在洋务运动后期，中国民族资产阶级走上历史舞台，他们致力于民族工商业，也推动中国工业化的发展。但是，由于民族资产阶级处于封建势力和外国资本的夹缝中，他们所推动的工业化具有先天不足。

从民国初年到抗日战争爆发时期，江浙的工业有所发展。重要的产业部门有棉纺业、缫丝工业、丝织工业、卷烟工业、化学工业等。其中化学工业包括玻璃业、烛皂业、火柴业、制革业、化妆品业、制药业、造纸业、漂染印花业、珐琅业和油漆业等。这期间出现了一些新兴科技技术企业，如机电、电讯

[1] 谢放：《张之洞传》，广东高等教育出版社2004年版，第211—212页。

[2] 汉阳铁厂由于没有煤矿铁矿，后来改造，与大冶的铁矿和萍乡的煤矿合并为汉冶萍公司。

[3] 汪熙：《从汉冶萍公司看旧中国引进外资的经验教训》，《复旦学报（社会科学版）》1979年第6期。

器材、有机化工、生化医药、医疗器材等，并出现了一些名牌产品。1879 年，宁波出现第一家机器厂——广德兴机器厂，这是浙江最早的修造厂，但也只是零件修理和部件加工。1925 年，胡西园集资 10 万元，盘买兴办中国亚普尔电器厂，这是中国第一家电灯泡厂，能与外国同行业竞争。1929 年，丁佐成的大华科学仪器厂研制出第一台国产 R301 型直流电表，并自行设计了供学校物理实验用的电阻箱等多种仪器。张惠康的东方红电光公司开创了我国霓虹灯生产，他的亚光公司制造了我国第一台国产冰箱和快热电炉。叶友开在 1914 年研制出中国第一台电扇，1916 年创办华生电器厂，生产电流表等产品，创立华生牌电风扇，占领国内市场和南洋市场。在化工领域，吴蕴初的天厨味精厂的“佛手”牌味素打败了日本产品。支秉渊的新中工程有限公司生产多种设备，1935 年仿制 36 马力双塞柴油机，1939 年仿制成 35 马力 Pekins 牌发动机。[1]

但是，如果把这些企业与美国新产业相比，江浙民族工业就显得极为落后。就以汽车产业为例。1909 年，一般工厂的工人 200 个，一周生产汽车 10 辆。1913 年，亨利·福特引进流水线。1929 年，一般工厂的工人 1000 个，生产汽车 400 辆。第一次世界大战期间，福特在底特律的鲁杰河建立一体化的生产综合体，有工人 120000 人。研究、设计、原材料、生产、销售、广告，从原材料到产品出售，成为一个完整的链条。[2]

两相比较，不难得出结论。在整个全球资本主义体系中，中国资产阶级民族工业集中在轻工业，或者集中在重工业的边缘。但是，作为民族资产阶级来说，这也是最合理的、最符合经济规律的选择。这是因为，作为个人，作为资本主义市场经济体系中的个人，面对市场竞争，他们只能避开欧美的大公司，只能选择投资少、见效快的轻工业，或者是外围重工业，捡一些外国大公司不

[1] 参见陶水木:《浙商与中国近代工业化》，中国社会科学出版社 2009 年版，第 30、40、39、98、105 页。

[2] [美]杰弗里·弗里登:《20 世纪全球资本主义的兴衰》，杨宇光等译，上海人民出版社 2009 年版，第 147 页。

愿干的脏活累活。这是最经济的选择,也是最“合理”的选择。这是民族资产阶级的阶级局限性决定的。中国工业实际上是围绕着欧美资本,按照欧美资本的需要进行分工。中国民族资产阶级的软弱性造成了当时中国工业的依附性。

正是因为这个原因,中国工业无法像日本那样迅速发展,更不要说像苏联那样“急行军”。这必然导致中国的国力衰微,军事能力弱,维护国家生存与独立的能力虚弱。

三、救亡需要全民总动员

近代以来,中华民族的历史任务是生存、发展和复兴。在新中国成立以前,正是帝国主义疯狂扩张时期,中华民族的核心任务是救亡。

1870 年,资本主义转向帝国主义。无论是老牌工业强国还是新兴的工业强国都疯狂地瓜分世界。欧美之外的国家,非洲、亚洲、太平洋地区都陷入被瓜分,或者面临着被瓜分、亡国灭种的命运。

在这一波瓜分世界的狂潮中,非洲的命运最有代表性。非洲北部环地中海地区是伊斯兰世界。在撒哈拉沙漠以南地区,非洲有自己的国家和独特文明。在 1870 年之前,欧洲殖民者一般都占据沿海航线的贸易枢纽,设立武装据点,武力和外交相结合,与当地统治者结盟,控制商贸网络。虽然欧洲各强国竞相扩大自己的势力,但都没有占据非洲国家。但是,1870 之后,欧洲资本主义列强开始在非洲侵略,划分势力范围。1881 年,法国占领突尼斯。1882 年,英国占领埃及。继而从中非到东非,再从东非到西非,欧洲列强掀起瓜分非洲的狂潮。到 1914 年,非洲只剩下两个国家,一个是能抵抗意大利侵略的埃塞俄比亚,另一个是地位无足轻重的利比里亚。

这一瓜分世界的狂潮并不是偶然的,而是工业革命后资本主义生产力迅速发展的必然结果。在工业革命之前,欧洲各强国对殖民地需求是农产品。工业革命之后,随着化学工业的发展,对矿产资源的需求急剧增加,尤其是具有战略性的矿产资源。农产品的地位有所下降,但是,能作为工业原料的橡胶也成为战略资源,成为工业强国争夺的目标。同时,生产力的迅速发展要求市场。

在国内市场无法容纳生产力的情况下，必然要求国际市场。

1870 年，资本主义世界爆发危机，资本主义迅速向帝国主义阶段转变，发达资本主义经济、政治、社会和文化领域发生了深刻变化。为了缓解危机造成的国内矛盾，对内，资本主义经济走向资本垄断。对外，发达资本主义国家（除英国外）纷纷实行贸易保护主义，并对外扩张，争夺殖民地，扩大原材料市场和商品市场。这就形成了以“宗主国—殖民地”为形式的地缘经济体。在贸易保护的情况下，宗主国只能通过不断侵略，不断扩张殖民地来满足市场需求。在 1870 年以前，欧洲资本主义列强也在扩张。但是，在 1870—1914 年之间，西方列强开始有计划、系统的侵略、征伐、兼并和统治。欧洲和美洲以外的绝大部分地区，都被英国、法国、德国、意大利、荷兰、比利时、美国和日本等极少数瓜分，成为其殖民地，或者成为其势力范围。[1]

古老的中国自然成为列强的目标。在第二次鸦片战争中，英法联军攻入北京，掠夺并焚毁圆明园，清政府被迫割地赔款。中国人受到极大震撼，开始走上自强之路。洋务运动致力于富国强兵，成为现代化的第一步。但是，在中日甲午战争中，中国战败。1895 年，中国签订《马关条约》，最初规定中国割让辽东半岛、台湾全岛和附属个岛屿，赔款两万万两。

甲午战败，越发证明古老中国的衰朽，引发了列强在中国划分势力范围的狂潮。甲午战争之后几年内，德国出兵胶州湾，强行租借胶州湾 99 年，准许德国修建从胶州湾到济南的铁路，铁路附近三十里范围内煤矿由德国开挖。山东境内开办的各项事务，德国具有优先权。这样，山东成了德国的势力范围。沙俄强行租借旅顺、大连，租期 25 年；南满铁路由俄方控制的东省铁路公司建造。法国在已经取得云南、广西、广东的开矿优先权、越南至中国境内建造铁路和架设电线的权力后，又租借广州湾 99 年。英国强迫清政府把长江流域划为英国势力范围。美国则承认各列强的势力范围，要求各列强“门户开放”，

[1] [英]艾瑞克·霍布斯鲍姆：《帝国的年代》，贾士蘅译，江苏人民出版社 1999 年版，第 60—61 页。

与各列强享有相同的权力。

1900年，义和团运动迅猛发展，严重威胁西方列强在华权益。6月，英、法、意、德、奥、俄、美、日组成八国联军入侵中国，攻入北京城，烧杀抢掠。本来，欧美列强有瓜分中国的设想，但被义和团视死如归的气概所震慑，认为各国在中国建立政府不现实，不如通过清政府间接统治。1901年，清政府被迫签订《辛丑条约》，条约规定中国赔款4.5亿两白银，列强有权在北京至渤海一线驻军。

《辛丑条约》标志着中国彻底沦落为半殖民地半封建国家。《辛丑条约》之后，帝国主义列强加紧对中国的经济侵略和控制。它们进一步进入中国腹地，建筑铁路，挖掘矿藏，兴办工厂，设立租界，经营航运业，牢牢控制中国的经济命脉。外国银行不断扩大经营范围，加强控制中国的工矿交通事业，垄断中国财政金融。西方国家还在中国进行产品倾销。

帝国主义在中国的这些经济行为，不同于正常开放下的经济行为。帝国主义利用武力，获得了各种特权，获得了垄断权力，外国资本的这些特权大于中国的民族工商业的权利。中国民族工商业受到沉重打击，中国成为被掠夺者。[1]

与此同时，帝国主义对中国的争夺越发激烈。日本和俄国为争夺中国东北发生日俄战争，英国和俄国争夺西藏。不管是谁获胜，都在谋求分裂中国，把这些地区从中国版图分裂出去。

民族危亡已经迫在眉睫！

近代以来到新中国成立，中国的历史主题是救亡图存！

但是，如何救亡？

这是困惑着中国人的一个问题。帝国主义列强都是现代工业强国，凭借着强大的经济实力（尤其是廉价商品）和军事实力侵略扩张，把其他国家变成自

[1] 金冲及：《二十世纪中国史纲（简本）》（上册），社会科学文献出版社2012年版，第24—25页。

己的殖民地,变成原材料市场和商品市场。所有的传统国家都面临着这样一个困境，因为工业落后，这些国家无法抵御帝国主义列强的军事侵略，不断丧失国家主权。而没有国家主权，面对着帝国主义国家的廉价商品，这些国家就无法保护自己的工业，无法致力于发展工业。这些传统国家落入了殖民地陷阱。

中国要救亡图存，就必须进行民族革命，要推翻帝国主义在中国的统治，打倒其在中国的代理人，斩断其伸入中国的魔掌，实现国家独立，获得国家主权。而在中国工业极其落后,经济力量和军事力量与帝国主义力量悬殊的情况下，要打败帝国主义，中国必须进行全民总动员，激发出蕴含在人民群众中的伟大力量，同时，联合世界上一切被压迫者，共同斗争。那么，如何进行全民总动员？这就必须进行阶级革命，推翻中国落后腐朽的封建制度，推翻官僚资本，人民翻身解放，成为国家真正的主人。只有当人民为了自己的翻身解放，为了自己的政治地位和经济利益进行坚决斗争时,人民群众中蕴含的伟大力量才会真正爆发出来。

中国必须建立一种政治制度，在这种制度中，人民是国家的真正主人，人民才会投身于革命，人民才会投身于建设，人民才会投身于复兴。

第三节　中华民族的百年悲怆

在西方工业资本主义的挑战下，中国要建立一个强有力的政府，完成国家救亡、发展和复兴的任务，这个政治制度必须具有以下三个前提条件：第一，先进性。这个政治制度必须由先进的领导力量来指导。这是因为，西方资本主义是人类历史一个更高的发展阶段，中国致力于救亡和赶超西方，必须由代表历史发展趋势的新的、先进的力量来领导。第二，人民性。在经济力量和军事力量相差悬殊的情况下，必须集整个中华民族的力量，才有可能救亡，实现国家独立，致力于现代化。第三，效率性。为了战胜强大的敌人，政治制度内必须高度整合，团结一致，凝聚一切力量。因此，只有一个政权代表人民的利益，能够得到人民拥护，它才能最大程度进行全民动员，才能够拥有真正的国家能力。从1840年到新中国成立之前，中国各个阶级都曾建立自己的政治制度，但都不能满足上述条件，最后不得不退出历史舞台。

一、封建制度的腐朽性：甲午战争和洋务运动

晚清地主阶级中的优秀分子也曾致力于救国救民，其中，被称为“同治中兴”的洋务运动就是代表。但是，洋务运动的失败集中体现了晚清政治制度的腐朽衰败。这里，我们仅以张之洞兴建的汉阳铁厂为例来分析这个问题。

张之洞是湖广总督，洋务运动的代表人。他认识到，中国需要自己的重工业，这是自强的基础。1890年11月，张之洞开始修建汉阳铁厂。1893年10月，工厂竣工。这是当时东方最大的钢铁联合企业。但是，汉阳铁厂却遇到重重困难，最后办不下去。

首先是因为封建官僚制度和现代大工业的矛盾。即使如张之洞这样明达干练的重臣，也是如此。关于汉阳铁厂的选址，英国专家的意见是靠近大冶铁矿。在建厂之前，一定要严格化验铁矿石和焦煤，以确定炼钢炉的类型。但张之洞力主建在汉阳，决定先买炼钢炉，再找煤。结果汉阳铁厂附近无煤，而且所选煤矿含磷较高，与炼钢炉类型不匹配，所造钢轨质地不纯，影响销路。[1]其次，就是官员贪腐，成本奇高。最初汉阳铁厂的预算是2468000两，而实际花销是5586416两，多用了一倍多银两。很多银两都是被底层官员以各种名目侵吞。比如，在煤矿各房中，食盐一个月用了1000多斤，相当于每天33斤。[2]再次就是派系勾心斗角，相互拆台。张之洞致力于发展民族工业，发展重工业，功在当代，利在千秋，国家应该统一筹划，利用各种条件扶植幼稚工业。钢铁生产之后要有销路。汉阳铁厂的产品质量不高，但还是能用。当时清政府大办企业和修铁路，国内还是有销路。但李鸿章控制的北洋却以不经济为由，宁可买洋铁，也不用汉阳铁厂的钢铁。最后，清政府的财政拮据，无力扶植。

[1] 谢放：《张之洞传》，广东高等教育出版社2004年版，第208页。

[2] 谢放：《张之洞传》，广东高等教育出版社2004年版，第205页。

作为东方第一炼铁厂，又是基础工业和军事工业，清政府理应财政扶持。但是，清政府的财力不足，不能给与扶助。

1865年，另一位洋务运动的代表人物李鸿章创造江南机器制造总局。江南制造总局是当时最大规模制造厂。它第一年用于设备的经费就高达25万两。江南机器制造总局是军工企业，能够制造枪炮。道理很简单，如果武器依赖于外国人，那么，中国不可能真正自强。江南机器制造总局能制造一些毛瑟枪和小型开花炮。到1867年年中，其下属兵工厂每天能生产十五支毛瑟枪，一百发十二磅开花弹。每月能生产开花炮十八门。

但是，江南制造总局却令李鸿章非常失望。本来，李鸿章在聘请外国技术指导人员和添置新设备后，希望生产最新式的后膛来福枪。到了1873年，兵工厂工生产这种新式步枪四千二百支左右。但是，这种枪价格高，质量差，性价比远低于同类型的进口枪。就连李鸿章下属的淮军都拒绝使用这种枪。[1]

之所以出现这种情况，有客观原因。由于中国工业落后，所有的原料都需要进口。在兵工厂的总经费中，几乎一半的费用用于进口材料。这里并不包括设备。还有就是外国顾问的薪酬非常高。但是,更深层的原因是腐朽的封建官僚制度消耗大量经费。首先，就是官员的高薪酬。在总经费中，接近百分之三十经费被用于薪酬。除了外国技术人员外,都用于官员的高薪酬。其二就是人浮于事，机构臃肿。在十九世纪七十年代中，这个兵工厂就有“官员”40人，到七十年代末达到80人。很多人都有权势背景，只是挂名领薪水。其三就是在采办过程中敷衍塞责，贪腐严重。以至于1872年制定一项规定，每一项采办都必须由总办本人、采买、支应和会计三个有关单位共同批准。[2]

官办企业效率低下，与其自己造，还不如直接向外国买。但是，在晚清腐朽的官僚政治统治下，买来的先进武器也无法挽救失败的命运。

---

[1] 参见［美］费正清主编：《剑桥中国晚清史1800—1911年》（上卷），中国社会科学院历史研究所编译室译，中国社会科学出版社1993年版，第575页。

[2] 参见［美］费正清主编：《剑桥中国晚清史1800—1911年》（上卷），中国社会科学院历史研究所编译室译，中国社会科学出版社1993年版，第577页。

从1874年起，李鸿章开始筹建一支现代海军。1875年和1877年，李鸿章先后向英国订购8艘炮艇，从南洋水师调拨4艘英制炮艇。1880年—1881年，李鸿章向德国定制2艘斯特汀式铁甲舰和1艘钢甲巡洋舰。1882年，清政府已经拥有50艘战舰，其中半数是自己造的。李鸿章能控制的有12艘舰艇，1886年和1887年，李鸿章又从英国和德国各订购2艘巡洋舰。[1]

1888年北洋水师组建时，有铁甲舰2艘、快船7艘、炮艇6艘、鱼雷艇12艘，以及练船和运船8艘，共计35艘，约5万吨。其中大多数炮舰及铁甲舰都购自英国和德国。这支海军总吨位曾排名世界第四，亚洲第一。[2]而且，装备技术水平也属于先进之列。

但是，1894年甲午海战，这支海军却败于日本海军，全军覆没。何以如此？统治者只知道奢靡享受，不能励精图治，是一个根本原因。19世纪末，正是帝国主义瓜分世界，疯狂扩军备战时期，武器的发展日新月异。当时日本正在积极发展海军。清末重臣也意识到中日海军必有一战。北洋水师必须不断扩充、维护和升级。在甲午海战之前，北洋水师主要战舰计划更换新型速射炮21门，需要经费61万两。但是，因为财政不足，要分年办理，最后不能落实，以至于在海战中，北洋水师炮火被压制。而就在这期间，慈禧太后正修建颐和园和皇城三海，耗资巨大，占用巨额海军经费。更换速射炮的经费，按最保守估计，只占修建圆明园费用的1/10。有大笔银两修建豪华园林，却没有很少的一笔钱更换舰炮！实际上，不要说更换舰艇、维修、更换设备，就是炮弹都不充足，难以保证。有的炮弹甚至装的是灰沙。在海战时，济远发射的15公分榴弹击中日本海军旗舰吉野号，穿过甲板直入舰艇内部，却没有爆炸，日本最先进的吉野号竟如此躲过一劫！[3]

---

[1] 参见[美]费正清主编：《剑桥中国晚清史1800—1911年》(下卷)，中国社会科学院历史研究所编译室译，中国社会科学出版社1993年版，第291、300页。

[2] 参见吴长春：《从装备上看北洋水师覆亡的原因及几点启示》，《大连海运学院学报》1994年第3期。

[3] 参见吴长春：《从装备上看北洋水师覆亡的原因及几点启示》，《大连海运学院学报》1994年第3期。

晚清地主阶级中的优秀分子却是想富国强兵，也确实为此费尽心力。但是，地主阶级整体已经腐朽，上层统治者耽于奢侈享受，热衷于争权夺利，它们和这个政治制度已经无法承担救亡的历史使命。

二、农民阶级的革命性和历史局限性：太平天国

太平天国运动是中国近代史上最大规模的农民起义，动摇了清王朝的基础。太平天国运动代表了中国最广大农民的利益，但是，它也暴露了中国农民阶级的历史局限性。以太平天国为代表的农民政权，虽然反对地主阶级的统治，反对帝国主义，但农民阶级历史视野的狭隘性决定了这个政权既不能真正变革封建制度，也不能反对西方资本主义，不能承担起救亡的任务。

1851 年 11 月 11 日，洪秀全等人在广西金田起义。不到两年时间，起义军从广西进入湖南，接着打入湖北，人数迅速扩张到 50 万。1853 年 3 月 19 日，太平军攻入南京。太平天国定都于此，改称“天京”。太平军先北伐，然后东征西讨。1856 年，太平军大胜清军，清军统帅向荣忧惧而死。仅仅五年间，太平天国达到全盛。

太平天国建立政权后，颁布《天朝田亩制度》，勾勒出一个理想的“太平天国”。中国农民问题的核心就是土地，历代农民起义的口号都是均田免赋。太平天国超越了这一点，提出废除土地私有制。

《天朝田亩制度》中规定，土地由国家所有，国家按人口分配土地。也就是说，土地是属于天父的，国家代天父管理土地，平均分给每个人（成年人），达到“有田同耕，有饭同吃，有衣同穿，有钱同使，无处不均匀，无处不保暖”。每家周围要种上桑树，要养五只母鸡，两头猪。在粮食收获时，留足一家一年的粮食，其余收交“圣库”。每 25 家设一个“圣库”和一个礼拜堂。如果哪个家庭有婚丧嫁娶，都由“圣库”另行补助。在太平天国内部，手工业工人都组织起来，生产生活资料由国家按技术分别设立“营”和“衙”，称为“诸匠营”和“百宫衙”，集体生产。在天京有一个总管公有财富的“天朝圣库”。在天京内，政府、军队、百姓都没有私有财产。一切财富都归“天朝圣

库”。从天王到普通百姓，每日生活所需，都由圣库提供，实行供给制。[1]

这是一个农民阶级所能设想的最理想的社会图景。土地公有，按人分配土地，财富公有，按需分配。这是太平天国运动迅速扩大的一个重要原因。不过，这只是一个建立在小农经济基础上的理想社会。

1856年，太平天国发生“天京事变”。总揽政务军务的东王杨秀清向洪秀全逼宫，洪秀全暗召北王韦昌辉、翼王石达开秘密返京。韦昌辉夜袭东王府，杀死杨秀清，并屠戮杨秀清部下精锐两万人。韦昌辉又想杀掉石达开。石达开回到前线脱险。韦昌辉滥杀无辜引起太平军军民共愤，洪秀全调集军队，杀死韦昌辉及其亲信。在这之后，石达开带兵出走，最后败亡在大渡河畔。

“天京事变”的现实和《天朝田亩制度》的理想社会图景形成了鲜明的反差，它最突出地反映了中国农民起义有两面性。一方面，它们反对皇帝、贪官和地主，渴望一个理想社会，能够平均分配土地和财富。小规模起义追求的往往是聚啸山林，大块吃肉，大碗喝酒，大秤分金银。大规模的起义，往往是均田免赋。就这点来说，太平天国的《天朝田亩制度》达到了农民起义纲领的最高点。但是，另一方面，现实中的农民起义最终是推翻荒淫无道的旧皇帝，杀掉贪污腐化的奸臣，然后自己当皇帝、大臣、将军，又建立一个新的王朝。太平天国非常典型地表现出这一点。随着定都南京，农民起义领袖们迅速转化为皇帝和王侯将相，并建造皇宫和王府，紧接着就是争权夺利，你死我活。即使太平天国推翻清政府，出现的也只是个新的封建王朝。

再来看看《天条田亩制度》中描述的生产。如每一家周围种桑树，养五只鸡，两头猪。以二十五家为单位，上缴粮食。手工业者集体生产等。这是一个传统自然经济、小农经济的理想画面，完全是小农、小手工业者的视野。这个理想社会完全远离现代世界发展潮流，根本看不到现代世界的影子。太平天国各种制度设想都是建立在狭隘的小农视野上的。

1859年，洪秀全的弟弟洪仁玕来到天京，被封为干王，总揽军事政务。洪

[1] 冯友兰:《中国哲学史新编》(第六册)，人民出版社1989年版，第65—66页。

仁玕发表《资政新篇》，提出中国的主要任务是要发展资本主义。这是一个比较有现代眼光的纲领。但是，两年后，洪仁玕被剥夺了总理朝政的权力。这个纲领只是一纸空文。

太平天国领导人洪秀全借用西方基督教学说，创立拜上帝教，它成为太平天国运动的思想基础。根据教义，上帝为天父，耶稣为天兄，洪秀全自称为天王，天父通过天王统治天国。其方式就是天父附在天王身上，用他的嘴发号施令。发布完命令，天父回到天国，天王就又用自己的嘴说话。实际上，这个办法是太平天国起义的危急时刻，杨秀清急中生智使用的。因此，除了洪秀全，杨秀清也能天父附体。杨秀清也因此能成为天父代言人。这为后来的“天京事变”埋下祸根。

即使从最抽象的、最远离现实的拜上帝教纲领来看，它也是以非常隐晦的方式再现了传统小农社会的宗法特征。封建主义宗法制度主要表现为政权、族权、神权，对妇女来说还有夫权。在拜上帝教中，上帝是天父，耶稣是天兄，天王是天子，天父以神灵附体于天子的方式口授命令。在父子兄弟这类观念中，仍然体现了一种宗族的观念。而且，神权、政权和族权通过神灵附体这种最粗糙的巫术方式被紧密地联系起来。这是一种比已经存在的封建政权形式更粗糙、更落后的形式。

后来的义和团运动坚决地反对帝国主义，极大地震慑了帝国主义，使它们放弃瓜分中国的野心。但是，其政权形式也与太平天国相似，是小农社会的宗法特征、宗教、迷信和巫术混合物，不可避免地走向和太平天国相同的命运。

总而言之，以太平天国为代表的农民政权，由于农民阶级的历史局限性，无法真正完成反帝反封建的任务，无法承担起救亡的历史使命。

三、资产阶级的软弱性：无根的西方民主政体

鸦片战争以来，中国志士仁人痛感封建帝制的腐朽，希望学习西方，建立更先进的政治制度，以达到富国强兵的目的。1911 年 10 月 10 日，辛亥革命爆发，清政府土崩瓦解。1912 年 1 月 1 日，中华民国临时政府在南京成立，

资产阶级革命家、民主革命的先行者孙中山当选第一任临时大总统。随后，临时政府颁布《中华民国临时约法》。中华民国成立后，孙中山先生按照自己的民主理想，仿效西方资产阶级民主，建立现代议会共和制，确定参议两院、内阁制，鼓励多党竞争，希望以此实现国家富强。

但事与愿违，西方这套“先进”的政治制度在中国水土不服。在北洋政府时期，“民主”政治乌烟瘴气，乱象丛生，令人啼笑皆非。不仅没有富国强兵，反而陷入军阀混战。

共和制度是指政府由选举产生，它赋予人民以政治权力，鼓励人民参政议政。议会是西方议会共和制的中心环节。议会中存在各种党派，党派在定期选举中进行竞争，获得多数席位的政党负责组成内阁，形成一届政府，对议会负责。辛亥革命后，封建帝制被推翻，人们参政议政热情空前高涨，新生的政党、社团如雨后春笋。“社团之多，真如过江之鲫”，“集会结社，犹如疯狂，而政党之名，如春草怒生”。民国初年的政党数量繁多，据不完全的统计，自武昌起义至1913年底，新成立的公开的团体多达682个，其中政治类的团体312个。[1]但是，这股热情很快就被泼了一盆凉水。

1913年，就在国民党议会选举胜利在即之时，四处推动选举的国民党领导人宋教仁被刺杀。随后，袁世凯镇压孙中山等人发起的“二次革命”。1913年10月6日，袁世凯一边派出亲信率领数千人，打着“公民团”的旗号，围困国会，一边派出亲信高价收买议员。就这样从早上8时到晚上10时，胁迫议员三次投票，直到选出袁世凯为大总统为止。袁世凯成为大总统后，解散国会，废除《中华民国临时约法》，废除责任内阁，把国家的大权集于一人之手。

袁世凯死后，北洋军阀内斗不断。段祺瑞继任总统后，要收拾河山，再造共和。他决定召集临时参议院起草新的国会组织法和国会选举法，组建新议会。段祺瑞的真实目的，不是要恢复议会的权威，而是要打造一个听命于自己的议会。为了达到这个目的，段祺瑞的亲信政客在宣武门内安福胡同梁宅建立

[1] 朱建华:《中国近代政党史》，吉林大学出版社1990年版，第247页。

了一个“安福俱乐部”，用大量金钱收买议员，操纵国会议员选举。这样，安福俱乐部控制了参议院和众议院的绝大多数议员，整个国会完全听命于段祺瑞。在这之后，又出现了“曹锟贿选”的闹剧。1922 年，直系军阀曹锟、吴佩孚控制了北京中央政权。大军阀曹锟明码标价，花钱买总统。为了凑够参加选举的法定人数。曹锟的亲信把议员出席宪法会议的出席费提高到每月 600 元，比上海高一倍。议员们于是纷纷返京。选举前夕，议员们与曹锟的人不断磋商，如何付钱，两不吃亏。选举当天，曹锟的政敌收买议员不去投票，导致议员那一票身价高涨。就这样，曹锟还是以法定票数“当选”总统。曹锟以“贿选总统”而闻名民国史，而议员大多数人毫无操守，分赃贪利，有钱即卖身，被称为“猪仔议员”。

作为资产阶级政治家，孙中山在最先进的资本主义国家生活过，了解世界。辛亥革命后，孙中山建立资产阶级政权，相对于封建帝制，这个政权无疑是先进的。但是，这个制度为何无法正常运行，权力被封建军阀控制，议员们被玩于股掌之中呢？

这里的核心问题在于，当时的民国议会没有“根”，并没有真正代表利益，因此也得不到支持。西方的议会在产生时，不管是封建贵族代表、教会代表还是新兴自治城镇代表，他们实实在在地代表各自地方的利益。因此，他们也得到地方强有力的支持。而且，不管是封建贵族、地方教会还是自治城镇，也有各自的经济力量、军事力量。当君主违反议会原则的时候，他们能够与君主展开实实在在的经济斗争和军事斗争，制服君主。西方的议会制是以地方自治为基础，渗透在社会机体内部的。

但是，民国时期的议会实际上是空中楼阁。1913 年 11 月，袁世凯以查禁国民党为由，非法取消四百多名议员的资格，致使国会无法开会。参、众两院提出抗议，但无济于事。此时全国四千万所谓选举人默然无声，反倒是各省军人、官吏齐声叫好。从代议制民主来说，这是非常奇怪的。因为最高议会由省一级议会代表组成，他们代表该省的利益。可实际上选举人不抗议，地方官吏和各省督军大声喊好。这正说明,当时的议会并不代表地方利益。而各省军人官吏等地方势力,原来都是清政府的北洋系军阀或官僚,他们听命于自己的派系,而不是地方。

从根本上说,孙中山建立的资产阶级民主政治制度之所以失败,就在于民族资产阶级的弱小,它的政权没有社会基础,没有广泛性。中国资产阶级作为新生阶级,不管是与封建势力相比,还是与国际垄断资本相比,力量都非常薄弱。在孙中山领导的革命中,它赖以进行革命的力量,都是些暗杀团体、秘密会社、地下帮会、外国政府乃至军阀,他动员的主要目标是华侨、职业革命家和青年知识分子,而不是真正动员底层人民群众。因此,他领导的党根本无力打倒代表封建势力的北洋军阀,更不要说打倒帝国主义,完成中国救亡的历史使命。

四、官僚资产阶级的反动性：蒋家王朝

在孙中山晚年,他认识到,完成革命,不能依靠一个军阀打倒另一个军阀,必须有自己的革命武装,必须动员劳苦大众。孙中山接受中共代表和共产国际代表的建议,同意国共合作,对国民党进行改组。1924 年 1 月,中国国民党在广州举行第一次全国代表大会,实行“联俄、联共、扶助农工”三大政策。1925 年 7 月 1 日,广州国民政府正式成立。国共合作之后,国民党获得了从未有过的活力。1926 年 7 月,国民革命军誓师北伐。因为有了民众支持,北伐军一路势如破竹。

就在北伐不断取得胜利时,蒋介石的势力不断扩大。1927 年,蒋介石发动“四一二”反革命政变。在这之后,宁汉合流,实行“清党”,国共合作破裂,第一次大革命失败。

“清党”之后,国民党的革命性质迅速蜕变,成为代表官僚资本、封建势力和帝国主义利益的政权,被人们称为“蒋家王朝”。

在北伐过程中,一些原属北洋军阀的地方军阀纷纷投靠蒋介石,如湖南赵恒惕的第一师贺耀组部、第三师叶开鑫部、浙江周分岐部、福建曹万顺旅、

江苏陈调元部、安徽王普部、江西赖世璜部、浙江陈仪部。[1] 蒋介石的力量不断扩大。他的部队中，军阀势力已经远远超过以带有革命精神的黄埔军校为班底的第一军。

这些军阀进入国民革命军带来了一系列严重的政治后果。美国学者易劳逸认为，“对国民党之革命性质破坏最烈的新党员，是那些旧军官和旧官吏。易帜并表示忠于新政权的军阀们不仅被接纳入党，而且被举荐到党和政府中去做官，其官位大小和他们拥有的军队的规模成正比……在 1929 年，十个部长中至少有四个是由北洋军阀阵营的人担任……然而，同旧的政治力量妥协造成的长期后果是难以数计的。最直接的后果或许就是它们把军阀的价值观念、态度和方法随身带到了南京。”[2]

北伐军中北洋军阀势力的增长，必然削减国民革命军，以至于国民党的革命性。这是因为，封建军阀的经济基础就是封建土地所有制，政治基础就是地主阶级。因此，国民革命军和国民党中封建军阀势力越是增加，推翻封建统治，对封建土地所有制进行革命所遇到的阻力就越大，直到反革命势力压倒革命力量。

即使力量有所增加，如果没有帝国主义的支持，蒋介石也不敢轻易进行反革命政变。在当时，长江一带是英美势力范围，日本也虎视眈眈。随着革命形势高涨，帝国主义势力受到威胁，它们要寻找代理人。在日本代表与蒋介石会谈后，日本当局认为蒋介石是稳健派。帝国主义开始把蒋介石视为代理人人选。[3] 同时，蒋介石又得到具有买办背景的上海大资本的支持。

在依靠帝国主义这种情况下，以蒋介石为代表的国民党又如何反对帝国主义呢？

---

[1] 参见金冲及：《二十世纪中国史纲（简本）》（上册），社会科学文献出版社 2012 年版，第 178 页。

[2] [美] 易劳逸：《流产的革命——1927—1937 年国民党统治下的中国》，陈谦平、陈红民等译，中国青年出版社 1992 年版，第 15—16 页。

[3] 参见金冲及：《二十世纪中国史纲（简本）》（上册），社会科学文献出版社 2012 年版，第 177 页。

国民党迅速蜕变，不仅仅在于上层，还在于进步力量被清除。“四一二”反动政变后，为了反共，1927 年和 1928 年，国民党开始大规模“清党”。国民党中的共产党员被清除。这是对国民党革命性的致命打击。当时的共产党员都是新生力量，朝气蓬勃。“清党”实际上是把国民党中最富有革命性的力量清除掉了。而且，在这个过程中，估计很多不是共产党，而只是进步青年，也被排除掉。这样，原北洋军阀和官吏所占比重大大增加。另外，共产党员能够深入底层，擅长进行工运和农运，发动群众，这是国民党做不到的。“清党”之后，国民党和底层民众的联系被彻底割断。

1928 年，国民党打败北洋军阀，名义上统一全国。但是，国民党迅速丧失革命性。不但如此，蒋介石集团在获得政权后，迅速成为以“蒋宋孔陈”为代表的大家族，利用政府权力控制金融和商业命脉，大肆攫取国民财富。上行下效，贪腐横行。为了加强统治，蒋介石成立特务组织，维护独裁统治。

蒋家王朝的阶级基础和性质，决定了它不能动员人民群众，不可能完成反帝反封建的任务，不可能真正完成救亡的历史使命。[1] 它最后被工人阶级、农民阶级、小资产阶级和资产阶级所抛弃。在解放战争中，即使得到美国的支持，也改变不了它失败的命运。

---

[1] 在抗日战争中，蒋介石没有投降，有他的历史功绩。但是，蒋介石政权无法真正完成国家独立、统一和发展的历史任务。

| 第二章 |

新中国不一样

新中国成立后，古老的中华民族焕发生机，面貌一新。面对复杂的国际形势，中国完成国家统一，坚持维护民族独立自主，经过艰苦奋斗，初步建成完整的工业体系和国民经济体系。在这之后，又不断进行改革开放，探索出一条中国特色社会主义道路，取得举世瞩目的成就。新中国成立六十多年来，完成了旧中国想完成却无法完成的任务，完成了绝大多数发展中国家想完成而无法完成的任务。之所以有如此巨大的变化，就在于中国建立了人民民主政权，人民成为国家的真正主人。下面，就从中国的军事、工业和廉政等有代表性的三大成就进行简要论述。

第一节　不要同中国军队在地面交手

从 1840 年到新中国成立以前，百年之间，面对外来侵略者，中国军队屡败屡战，难有胜机。中国军队成为被强国嘲笑和蔑视的对象。但是，新中国成立后，中国人民解放军成为令对手胆寒的力量，成为任何大国不敢小视的力量。

一、“不要同中国军队在地面交手”

“不要同中国军队在地面交手”，说这句话的是蒙哥马利。提起这句话，就要说起蒙哥马利单枪会杨勇的故事。蒙哥马利是英国元帅，二战名将，当时是北大西洋公约组织的最高指挥官。杨勇是中国人民解放军著名战将,新中国成立后被授予上将军衔。

故事发生在1960年。那一年，蒙哥马利到中国访问。作为元帅，自然要与中国军人交往。在一次军事表演中，蒙哥马利观看了中国军队的军事表演。人民解放军表演的是刺杀、射击、投弹和擒拿格斗等传统军事技能。蒙哥马利认真观看表演，在他身边陪同的就是时任北京军区司令的杨勇上将。

观看表演后，蒙哥马利提出，他要到表演的士兵中看一看。他让战士们摘掉帽子，仔细看士兵的额头。然后，又从一名士兵手中拿过一支半自动步枪，立姿击发。二战名将名不虚传，钢板靶应声倒下。随后，蒙哥马利把步枪递给杨勇将军。杨勇将军是老红军老八路,是从战火中走出来的。他从蒙哥马利手中接过步枪，举枪连击，弹弹中靶，9块钢板靶接踵倒下。二人相视一笑。

三天后，蒙哥马利元帅在香港举行的记者招待会上说起中国军人。他说，中国士兵的武艺精湛，开始他以为都是军官，可当他走进队伍时，看到士兵的额头都是光光的，没有皱纹，确实都是年轻的士兵。中国军队从士兵到将军都是最优秀的。最后，蒙哥马利郑重地说："在这里，我要告诫我的同行，不要同中国军队在地面上交手，这要成为军事家的一条禁忌……"[1]

中国人民解放军的战斗力给老牌帝国军人留下了深刻印象。

蒙哥马利这句话，不是仅仅从一次演习中得来的。毕竟，从整个军队中挑出少数优秀者进行培训，专门表演，并不能代表整个军队的战斗力。这是蒙哥马利把枪交给杨勇，让他打几枪的用意。他要看看不参加训练的军人的水平。

蒙哥马利之所以说这句话，是因为就在1950年到1953年，中国人民志愿军抗美援朝，与以美国为主力的联合国军进行了为期三年的血战。

朝鲜战争爆发后，美军参战。美国五星上将麦克阿瑟被任命为联合国军总司令。麦克阿瑟率领美军偷袭朝鲜人民军，在仁川登陆成功，朝鲜人民军大败。以美国为首的联合国军向北进攻，推进到三八线，美国空军也不断袭扰

[1] 舒云:《不要同中国军队在地面交手》,《文史博览》2014年第2期。

我东北边境。1950 年 10 月 1 日，周恩来总理在国庆庆祝会上宣布："中国人民热爱和平，但是为了保卫和平，从不也永不害怕反对侵略战争。中国人民绝不能容忍外国的侵略，也不能听任帝国主义者对自己的邻人肆行侵略而置之不理。" 3 日凌晨 1 时，周恩来总理召见印度大使，郑重表达中国态度，印度政府将谈话内容通报美国国务院。[1]

对于中国政府的警示，联合国军总司令麦克阿瑟根本不放在眼里。在威克岛与美国总统杜鲁门商讨朝鲜战局时，就中国出兵问题，麦克阿瑟认为中国不会出兵，因为中国出兵一定会遭到极为惨重的伤亡。中国人民志愿军入朝参战后，在第一次战役中，歼灭联合国军 1.5 万人。麦克阿瑟仍不相信中国军队会大规模参战。他认为中国军队出击是象征性的，并许诺，战争在两个星期内会结束，他还说，中国军队"不是一个不可侮辱的势力"。[2]

抗美援朝第一阶段，中国人民志愿军和朝鲜人民军共进行五次战役。第一次战役小试牛刀。第二次战役大败联合国军，扭转战局，收复平壤。第三次战役，突破三八线，越过汉江，攻占汉城。第四次战役，对联合国军展开大规模攻击，取得巨大战果。但是，由于志愿军后勤补给能力弱，仅能维持七天的粮食弹药。在志愿军从攻击转入防御时，联合国军伺机发动反攻，志愿军转入运动防御，把敌人遏制在三八线。又经过第五次战役，战线固定在三八线。在这之后，战争从运动战转为阵地战。敌我双方边打边谈判，直到美国在停战协议上签字。

在五次战役中，第二次战役最为精彩，成为中国人民解放军运动战的典范。志愿军利用敌人骄傲轻敌的弱点，先诱敌深入、然后穿插迂回敌后，断其退路，将其分割包围，各个击破。在战役实施中，作战部队穿插坚决，攻必克，守必坚。其中最有代表性的是 38 军 113 师。该师于 27 日晚从德川出发，沿小路向三所里迂回，14 小时前进 70 余公里，于 28 日 8 时到达三所里，切

[1] 金冲及:《二十世纪中国史纲（简本）》（下册），社会科学文献出版社 2012 年版，第 495 页。

[2] 史歌:《较量：朝鲜战争中的麦克阿瑟与彭德怀》，《党史纵横》1992 年第 5 期。

断了美军第9军的退路。在这之后，任凭美军飞机大炮坦克轮番攻击，就是难以前进半步。最后，美军被迫遗弃大量辎重装备，从另一条路逃走。在第二战役中，志愿军取得超出预定计划的胜利，共毙伤俘敌3.6万余人，其中美军2.4万余人，缴获大量物资。战役中，联合国军溃逃，道路上挤成一团。在二战的欧战战场驰名的美军第8集团军司令W．H．沃克将军在撤退中车祸身亡。只是中国没有空军，如果有空军助战，战果之大将会超乎想象。战役之后，傲慢的麦克阿瑟被撤职，黯然结束其军旅生涯。

欧美大国只承认强者。要被承认是一个大国，你必须击败一个大国。抗美援朝之战奠定了新中国军事强国的地位。中国军队赢得了世界声誉。作为对手，官修的美国海军陆战队队史这样写道："虽然中国红军只是一支由农民组成的军队，但从它具备的战略战术水平来看，仍不失为一支第一流的军队。不妨说，由于武器装备的某些不足，它在军需方面是贫乏的。然而，它的半游击式的战术正是建立在一种没有重武器和大量运输负担的机动性的基础上。在同一件事上，穿棉制服的中国苦力可以比世界上其他任何士兵都高出一筹，他能够神不知鬼不觉地接近任何一个敌方阵地。只有经过这样遭遇的美国人才能理解，在半夜，那些精灵一般地从地底下钻出来的进攻者的手榴弹爆炸和冲锋枪扫射是何等令人心惊胆战。"[1]

蒙哥马利元帅说，不要和中国军队在地面交手。实际上，抗美援朝之后，美国就已经在遵守这个禁忌。越南战争时，中国政府警告美国，美军一旦越过北纬17度线，中国将出兵。越战虽然不断升级，但美国却一直不去触动这个底线。

二、不堪一击的旧中国军队

美国五星上将麦克阿瑟看不起中国军队，认为中国军队不堪一击。结果经过抗美援朝之战，这个曾经在二战叱咤风云的名将的军旅生涯暗淡收场。但

[1] 费正清、罗德里克·麦克法夸尔：《剑桥中华人民共和国史（1949—1965）》，王建朗等译，上海人民出版社1990年版，第294页。

是，麦克阿瑟看不起中国军队，也不是毫无道理。因为纵观中国近现代史，在新中国成立以前，中国军队确实不堪一击。

两次鸦片战争不说了。在这之后，晚清兴起洋务运动，有了中兴气象。清政府建立了亚洲第一海军,大力加强军队武装。1894年中日甲午战争爆发。李鸿章苦心经营的北洋水师与日本海军在黄海苦战一场，然后就此躲进威海卫避战，最后全军覆没。战争爆发后，清军撤至平壤，由叶志超统领。平壤地形险要，易守难攻，而且双方兵力相等。只激战一天，清军投降，向北撤退，遭遇日军伏击，伤亡惨重。清军溃败，6天狂奔五百里退至鸭绿江。日本就此占领朝鲜全境。10月25日，日军进攻，仅3天，清军三万人镇守的鸭绿江防线崩溃。

辛亥革命后，中华民国成立，但这种溃败仍在继续。1928年，国民政府名义上统一中国。1931年日本发动"九一八"事变，以蒋介石为首的国民政府奉行不抵抗政策，不到半年，东北三省沦陷。

抗日战争爆发后,国民党军队与日军进行大规模会战二十二次。这应该给予肯定。但是，国民党军队的战斗力，确实让人失望。在这二十二次会战中，国民党政府也宣称取得过一些胜利，如第一次徐州会战和第二次长沙保卫战。在网络中，一些网友也谈论过这些大胜。

不过，听听当事人的说法，也许更真实可信。

抗日战争时期，张发奎是第四战区司令官，负责两广地区守备。他讲述说,"1944年6月18日，长沙失守。我对此并不惊奇，事实上我们已经打了很多次败仗了。三次所谓长沙大捷（1939年秋、1941年、1941年12月至1942年1月）同所谓粤北大捷相似，敌军志不在长沙，犹如它志不在韶关，它们只不过是佯攻而已。我的观点是一个简单的理由：我感觉敌人能攻占任何他们想要的目标；倘若他们没有占领某地，那是因为他们不想要。在整个抗日战争期间我思路一贯都是这样。一切都是时间问题。"[1] 张发奎是北伐名将,他统帅

[1] 张发奎：《张发奎口述自传》，当代中国出版社2012年版，第267页。

的第四军在北伐时被誉为“铁军”，以能打硬仗著称。作为国民党军队著名将领，张发奎的话更能说明国民党军队的战斗力。

国民党军队最大的溃败是豫湘桂战役。1944 年，为摧毁美国在中国的空军基地，阻止美军对日本本土进行轰炸，同时，为了打通平汉、粤汉、湘桂铁路，掌握一条陆上交通线，日本决定发动豫湘桂战役。日军集结兵力约 51 万。这是抗日战争爆发以来，日本发动的最大规模的一次进攻战。战役的第一阶段在河南。4 月至 5 月，日军先后攻克郑州和洛阳。6 月，日军攻陷长沙。8 月，日军攻占衡阳。随后，日军从湖南、广东及越南 3 个方面向广西进攻，11 月，日军攻陷桂林、柳州，12 月 2 日占领独山。在短短的 8 个月中，日军打通了从华北到华南以至印支的通道。国民党军在豫湘桂战场上损兵六七十万人，丧失国土 20 余万平方公里，丢掉城市 146 座，还丢失了重要的空军基地和机场。

1944 年，世界反法西斯战争形势早已扭转，日本和德国失败已成定局，只是时间问题。当苏德战场和太平洋战场不断取得胜利时，国民党军队却在强弩之末的日军面前大溃败。这种鲜明对比，使当时在中国战场的美军将领对中国军队的战斗力极度不信任。

还有一点必须强调，国民党军队在装备上与日本军队确实存在差距。但是，并非所有的失败都是装备问题。

在豫湘桂战役中，1944 年 9 月，日本分兵四路进犯广西。其中一路沿湘桂铁路进攻全州县城。全州是中国军队的西南补给站，堆积的枪支、弹药、大炮、机枪、被服、粮秣以及各种物资、原料、美制汽车、汽油，多到数不清，还有杜聿明率领的机械化第五军的后方仓库也堆积在全州。

如果了解当时中国的工业生产能力，就知道这些物资何其宝贵。晚清至抗日战争爆发以来，中国新兴的民族工业基本上局限于轻工业，或者轻化工业。中国重工业基础薄弱，没有完整的工业体系，轻工业的机器设备需要从外国购买，军工生产能力弱，没有能力生产重武器。在抗日战争爆发前，国民政府才匆忙制定一个重工业发展计划。抗日战争爆发后，中国沿海地区迅速被日本帝国主义侵占。东部沿海地区工业遭到重大打击，重要城市和海港几乎全被占领。内迁的工业实际上难以支持中国的战争需求。国民党大后方的经济、军事严重地依赖外部援助。

在抗日战争中，中国有四条生命线。第一条是以兰州为枢纽的西部交通线。1938 年至 1940 年，为了牵制日本，苏联为中国提供了大批的武器和军用物资。第二条是从现在越南的海防港到昆明的滇越铁路，海外华人、其他国家支援的物资、商贸货物由海防上岸，通过广西运往昆明。1940 年，法国政府在日本的威胁下，关闭这条运输线。第三条是滇缅公路，这是最著名的运输线。该公路 1938 年修建。20 万劳工，其中大多数是老人、妇女和孩子，在崇山峻岭中修建了一条直通缅甸首府仰光的公路。这条公路可以避开日本的威胁。在抗日战争初期，中国军队的武器，维持经济运行的物资，中国不能生产的各种物资，都依赖这条公路。1942 年 8 月，缅甸失陷，滇缅公路被截断。在这之后，美国开辟从印度飞跃喜马拉雅山的空中运输线，被称为“驼峰”运输线。

在这种情况下，全州补给站的物资何其宝贵！

镇守全州县城的是中央军九十三军。九十三军都是精良的美式装备——卡宾枪和冲锋枪。蒋介石命令九十三军死守三个月。蒋介石问九十三军军长陈牧农能否守三个月，陈牧农说能。蒋介石于是下令运送三个月的医药、弹药和粮食。战区司令张发奎视察城防，发现没有城墙，野战工事也不合格。他认为守不到三个月，甚至三天都难。但他认为，如果努力想办法，至少能在两周内把宝贵的物资运走。因此，他向蒋介石请求，让九十三军只守两周。军长陈牧农向张发奎承诺坚守两个星期。可是，谁也没想到，当日军逼近全州时，陈牧农惶恐之下，9 月 13 日晚，竟放火点燃贮满弹药和粮食的仓库，然后撤离全州县城。[1] 宝贵的物资损失得一干二净！

这样的中国军队，谁会放在眼里？更何况指挥过海陆空联合作战，从东南亚打到日本本土的麦克阿瑟呢？

[1]　参见张发奎:《张发奎口述自传》，当代中国出版社 2012 年版，第 273—275 页。

三、人民军队脱胎换骨

从 1944 年豫湘桂大溃败到 1950 年，短短数年间，中国军队如何能脱胎换骨？

前几年,有一部名为《亮剑》的军事题材电视剧风靡全国。该剧主人公是一位解放军将领，名叫李云龙。此人没有文化，却足智多谋，既有中国农民式的狡黠，又快意恩仇，立马横刀，有舍我其谁的霸气，一扫影视人物的脂粉气。该剧之所以取名为《亮剑》，就是来自主人公李云龙的格言，“面对强敌，就是明知不敌，也要像古代剑客那样，敢于亮剑，一决高下”。李云龙还有一句，“就是死，也要死在冲锋的路上”。一时间，李云龙的“亮剑”精神被认为是人民解放军的铁血军魂。

《亮剑》作为文艺作品无疑是精彩的，铁血传奇令人荡气回肠。但是，从思想理论上来说，把“亮剑”精神作为军魂，作为中国人民解放军战无不胜的根本原因，却是错误的。

回想一下中国近现代军事战争历史，不管是军阀还是后来国民党的军队，并不缺少骄兵悍将，也并不缺少铁血精神。

其实，中国人民解放军的脱胎换骨，不是突然发生的。就在国民党军正面战场不断失败时，共产党领导的八路军和新四军正在敌后抗日根据地作战，抗日根据地不断发展壮大。

下面看一下一个日本军人眼中的八路军作战，这是发生在 1943 年 5 月的事情。

“青烟（青岛—烟台）公路在蓬莱和栖霞境内山区的路面高出地面六七米，眺望的风景令人心旷神怡。在山峡之间可见点点村庄，一片和平景象——而这些全部是八路军控制的村子！”“夜间，监视并发现日军讨伐队从宿营地出发，八路军会派出两三名奔跑迅速的民兵，预先赶到日军进发的前方线路上等待。他们在路上埋设地雷并盖上伪装网，布置拉火索。为了达到‘一击必杀’的目的，他们借助遮蔽物在不过十米远的地方隐蔽，其目标通常选择骑马的日军军官。他们会在目标踏上地雷的一瞬间，拉发地雷并伴随着爆炸一跃而起，如狡兔般脱离。由于他们熟悉地形，要想抓住他们实在并非易事。但是，这种任务，显然如果不是特别敏捷和矫健的人也无法完成。”[1]

这是二战结束后，日军军医桑岛节郎根据自己日记所著的《华北战纪》。前面引述是桑岛描写自己所在中队进攻八路军时，如何遭遇地雷战，如何伤亡十余人，如何疲于奔命而又一无所获。

在这个日本底层军人的描述中，我们可以看到，日本军队明知道八路军就在那些村庄里，却无可奈何。同时，也能看到，在日本士兵的心中，当时的八路军是如何机智、勇敢和神出鬼没，令武器先进的日本兵无可奈何。这与美国陆战队军史中对志愿军的描述何其相似！

中国军人这种战斗精神、这种战斗力是在革命战争中不断培养起来的。所谓“亮剑”精神，所谓铁血军魂，都是这种战斗精神的外部表现，但不是这种战斗精神的力量之源。中国人民解放军的力量之源在于它的本质。中国人民解放军是人民的军队，它来自于人民，为人民翻身解放而战斗，为了人民成为国家真正的主人而战斗，为了维护人民在国家中的地位而战斗。它是人民的子弟兵，它是为了捍卫人民的利益而战斗。这才是工农红军、八路军和人民解放军真正的力量之源，这是它与旧军队的根本区别。

人民军队的这种本质，在各个方面都有所体现。这里，仅介绍一下红军初期的士兵委员会，以此说明人民军队的革命性。

在人民军队建军之初，毛泽东同志创造性地在工农革命军中建立士兵委员会，改造旧军队，激发士兵的主人翁意识、革命军人的责任感，建立真正的人民的军队。士兵委员会是人民解放军民主制度的重要形式，也是我国人民民主政治制度在军队中的萌芽，是人民当家作主的一种具体形式。

秋收起义失败后，毛泽东带领工农革命军来到江西永新县三湾村，进行了

[1] 转引自《一名侵华日军眼中的地雷战 下》，萨苏的博客，2010 年 2 月 20 日，http://blog.sina.com.cn/s/blog_476745f60100h7n1.html。

著名的“三湾改编”，将“党支部建在连上”，确立党指挥枪的原则。同时建立士兵委员会，在军队中建立基层民主制度。

早期的国民革命军沿袭了旧军队的那一套，军官与士兵不平等，差别很大。军官们吃小灶，士兵们很多时候吃不饱。军官们往往腰插皮鞭，抽打士兵。旧军队实际上是雇佣制度，当官是为了高官厚禄，当兵为了养家糊口。当时，军官分三等九级，少将月薪300大洋，校级月薪240元，尉级军官每月160元。士兵也分等级，每月从8元到20元不等。因此，在旧军队，没钱是打不了仗的。武昌起义后，孙中山归来受到欢迎，一方面是因为他的革命威望，另一方面也是人们传闻他带回了多少多少金钱。袁世凯签订臭名昭著的“善后大借款”，实际上是为他的北洋军筹措军费。没有钱，他也无力驱动北洋军队。在旧军队中，军阀有时对士兵抢劫财物睁一只眼，闭一只眼，也是弥补军费不足，更有甚者放纵劫掠。当时攻克某个地方，军阀会“放假三天”，实际上就是放纵士兵抢劫。归根结底，这是因为这些军队是统治阶级的暴力工具，并不代表人民利益。

毛泽东同志建立士兵委员会，就是要加强士兵的民主权利，提高士兵的地位，能够参与管理，把军队变为工农自己的军队，为穷人翻身得解放而斗争的军队。

士兵委员会分为三级：连、营、团。在连一级，由全连官兵推选士兵代表五至七人，组成士兵委员会，设主席一人。士兵委员会的任务和职责是：一是参加军队管理；二是维持红军纪律；三是监督军队的经济；四是做群众运动；五是做士兵政治教育。通过士兵委员会，士兵们可以参与军队的管理，批评军官，监督财务开支，管理伙食。

最初，对于军官指挥打仗，士兵委员会也可以发表自己的意见。后来，鉴于这样会导致极端民主化，影响指挥作战，改为可以提出质疑，但命令要服从。营、团根据相关规定也设立士兵委员会。通过士兵委员会，士兵获得了说话的权利，不仅可以说话，而且有作用。士兵委员会开士兵会时，每个士兵都有发言权。例如：班长派班公平不公平，哪位军官说话态度不好，士兵都可以在大会上进行指名批评。对经济上的意见，士兵同样可以在大会上讲。对排长、连长、党代表的缺点都有批评的权力。士兵委员会设有经济委员会或小组，管理连队的伙食，每个礼拜或每半个月，经济委员会要清算管理员的账目，做到经济公开。[1]

井冈山会师后，中国工农红军第四军成立，毛泽东任军委书记，进一步推广士兵委员会,后来成为十大元帅之一的陈毅就是红四军士兵委员会主任（以前称主席），他亲自指导，建立士兵委员会。

在红军中，官兵一致，官兵平等，官兵同吃同住，遇到困难大家一起讨论，想办法，人民军队内部的凝聚力和战斗力提高，精神氛围焕然一新。遥想当年，朱军长和战士一样挑军粮，毛委员和战士分一样的粮食尾子，让人为之神往。

士兵委员会是人民民主在革命战争时期的一种特定形式,是人民当家作主在军事领域的特殊形式。它破除官僚等级，雇佣思想，密切党与士兵群众的联系，团结广大的士兵群众，士兵成为军队的主人，军队成为士兵自己的军队。正因为人民民主，军队成为人民的军队，获得了力量之源。这是它与旧军队的根本区别。尽管条件艰苦，敌人强大，人民军队还能不断发展、壮大，战胜一切反动力量。

人民解放军脱胎换骨的力量之源，就是人民民主的力量。只有在为了人民成为国家真正的主人而战斗时，人民才会爆发出伟大的力量。

第二节　为什么在人口过亿的大国中只有中国完成了初步工业化

工业化是现代化的轴心。只有完成工业化，才能真正完成现代化，才能真正实现人民生活富裕，国家强盛。但是，对所有发展中国家来说，工业化又是

[1] 参见刘晓农:《朱毛红军士兵委员会制度的建立与取消》,《中国井冈山干部学院学报》2011 年第 6 期。

一个极其艰巨的任务。在绝大多数发展中国家中，只有中国建立了完整的工业体系，在人口过亿的大国中，只有中国完成了初步工业化。如果没有人民民主政权，没有由人民成为国家真正主人所带来的主人翁精神，这一切是无法实现的。

一、发展中国家的工业化在大危机下止步

工业化是国家富强的基础。1900 年时，拉美国家开始致力于工业化，希望成为美英那样的发达国家。这些国家物产丰富，自然环境得天独厚，又没有长年的战乱。如阿根廷这样的国家就已经参与了当时的全球经济，利用优厚的自然条件，向世界市场出售农产品和肉类，经济增长非常迅速，居民的平均生活水平高于日本，接近于欧洲的平均水平。阿根廷、巴西等一些拉美国家都曾创造过这样的经济奇迹，引起世界关注，被认为是代表未来的国家。但是，在经济奇迹之后，这些国家又都陷入危机、停滞，社会动荡，成为永远的“发展中国家”。拉美国家的这种现象被称为“拉美病”。

这不是拉美特有的现象。二战以后，原殖民地国家和地区纷纷独立。这些发展中国家纷纷致力于工业化，并取得了一定的成绩，有的国家甚至出现持续快速增长的经济奇迹。但是，在 20 世纪 70 年代中期，发展中国家的工业化突然出现困境，有的国家的工业化甚至就此中断。

我们看一下二战以后第三世界国家国内生产总值的平均增长率。在 1956—1960 年为 4.19%，1961—1965 年为 5.11%，1966—1970 年为 5.16%，1971—1975 年间为 6.16%，1976—1980 年为 4.15%，1981—1990 年为 2.16%，1991—1994 年竟为 -0.111%。[1]

从数字来看，第三世界国家在 20 世纪 60 年代和 70 年代前半期经历了高速发展的 15 年，这是奇迹般的 15 年。但是从 70 年代后期开始，特别是进入 80 年代以后，这些国家陷入了停滞和衰退。第三世界国家经济发展基本上经

[1] 房宁：《第三世界发展的陷阱与新世纪的全球矛盾》，《当代思潮》2000 年第 1 期。

历了这种“钟形曲线”，先是十余年的经济奇迹，在这之后出现危机、经济停滞，然后是持续的经济衰退。这被称为“发展的陷阱”，似乎成为规律，成为发展中国家的宿命。

这些国家工业化突然中断，那么，到底发生了什么？

1973 年是一个分水岭。1973 年之后，世界上相继发生“石油危机”“粮食危机”和“债务危机”。正是这些危机持续的组合拳，打倒了绝大多数第三世界国家。

1973 年 10 月，第四次中东战争爆发。石油生产国组成石油输出国组织，对西方实行禁运，石油从每桶不足 3 美元迅速上升到 13 美元。随后，又不断攀升。虽然是针对西方发达国家，但是，真正陷入困境的却是第三世界非产油国。

二战以后，亚非拉第三世界国家都致力于工业化，且都有不同程度的发展。拉丁美洲诸国的进口替代工业化战略、非洲新独立国家的工业化，以及亚洲各国，都搞得有声有色。但是，石油危机后，油价暴涨数倍，非产油国必须拿出原来 4 倍的外汇储备来购买石油。这样，这些国家只好用原来的进口技术、设备，发展农业的资金进口石油。石油暴涨，发展中国家的贸易赤字随之暴涨数倍。比如印度。印度 1974 年有外汇储备 6.29 亿美元，如果按照原来的油价，印度只需要 3 亿美元进口石油，还剩下 3 亿多美元的结余。这笔钱可以进口技术、设备。但是，油价暴涨后，印度需要用 12.41 亿美元进口石油。突然，就在一年间，印度从 3 亿多美元盈余变为 6 亿多美元的赤字。这个缺口几乎等于它的全部外汇储备。这样，像印度这样的发展中国家就不得不大额度举借外债购买石油。[1]

更糟糕的是，1974—1975 年，世界粮食大减产，一些发展中国家又不得不举借外债进口粮食。其冲击不亚于石油危机。美国记者丹·摩根走访了利比里亚、摩洛哥、加纳、菲律宾、印度尼西亚，发现这些国家的粮食进口都已经达

[1] 参见［德］威廉·恩道尔：《石油战争》，赵刚、旷野等译，知识产权出版社 2008 年版，第 151 页。

到了危险程度，花在粮食进口的钱几乎同用于进口石油的钱一样多。比如摩洛哥。当时摩洛哥每年要花将近 5 亿美元的外汇，从北美进口小麦，从其他地区进口食糖。这笔金额大体上相当于摩洛哥出口的磷酸盐所换取的全部外汇。[1]

石油危机后，在当时出现了“石油美元循环”。石油暴涨，石油输出国组织获得巨额石油美元收入（石油以美元结算，这是沙特与美国结盟的协议），这些收入存入欧美大银行，又被以贷款的形式借给第三世界国家。这些国家用这些借款购买石油、化肥、粮食等，又回到欧美大银行。这样形成“石油美元循环”。其结果就是第三世界国家债台高筑，债务累累。比如加纳。在 1978 年时，该国生产汽车轮胎和手电筒电池等基本商品的工厂，由于中央银行没有外汇，不能进口必要的原料，已经暂时关闭。粮食极度匮乏，而且加纳已经无力偿还债务，其经济已经处于绝境。[2]

在这个巨变之前，本来发展中国家还有一些外汇购买机器设备，发展工业。可是，这一切突然逆转，为了购买工业运转必不可少的石油，再加上必须购买的粮食，这些国家突然背上了巨额债务。

还有一点被很多人所忽视，这些贷款中的私人银行商业贷款占有很大比例，而且是浮动利率。

1979 年 6 月，为了解决持续多年的通胀，英国撒切尔夫人政府把银行利率从 12% 提高到 17%。在这之后不久，美联储主席保罗・沃尔克把美联储短期利率从 10% 提升到 15%，最后升到 20%。由于第三世界国家商贷与美联储基准利率挂钩，发展中国家债务暴涨。美国利率每上升一个百分点，第三世界国家就要多付 40—50 亿美元利息。不久，新兴经济体墨西哥、阿根廷宣布无力还债。第三世界国家陷入债务危机。[3]

---

[1] ［美］丹・摩根：《粮食大亨》，崔高壁等译，对外贸易出版社 1982 年版，第 437—438 页。

[2] ［美］丹・摩根：《粮食大亨》，崔高壁等译，对外贸易出版社 1982 年版，第 439 页。

[3] 参见［美］杰弗里・弗里登：《20 世纪全球资本主义的兴衰》，杨宇光等译，上海人民出版社 2009 年版，第 345 页。

如果说这些第三世界国家在危机一开始还是贷款买石油、粮食、机器设备，那么，随后则是债务延期，借新债还旧债，而到了最后，就只能不断借款还原来的债务利息。仅有的国民财富根本不是进行工业积累,投入工业和基础设施，而是不断流向欧美银行。这些国家的工业又如何能发展。不管是用阴谋论解释，还是用精巧的西方经济学理论进行解释，总之，大多数发展中国家在劫难逃，被“债务”这根绳子吊了起来，繁荣富强的工业化成为南柯一梦。

二、中国工业开始起飞

1973 年以来国际经济相继发生了石油、粮食和债务三次大危机，第三世界大多数国家的工业化陷入困境。但是，在同一时期，中国经济却高歌猛进。从 1973 年到 1979 年，是中国发展的重要时期，是从计划经济模式向社会主义市场经济模式转变的重要时期。在国人回顾那一段时期时，都在谈“文革”中的政治问题、经济问题和社会问题，谈改革的酝酿，谈发展道路之间的思想争锋。但是，在共和国历史上，这改变第三世界发展轨迹的三大危机几乎没有留下什么痕迹。

在计划经济时期，对于社会主义工业化，三届人大的政府工作报告曾提出分两步走:从第三个五年计划开始，用十五年时间，即在一九八〇年以前，建成一个独立的比较完整的工业体系和国民经济体系;第二步，在本世纪内，全面实现农业、工业、国防和科学技术的现代化。1975 年，周恩来总理在四届人大一次会议上所做的政府工作报告中提出，要在 1975 年超额完成第四个五年计划，这样，就可以完成当初预想的第一个战略目标，即可以在 1980 年以前建成一个独立的比较完整的工业体系和国民经济体系。从周总理的发言看，中国领导人对工业发展充满信心。看不到任何国际危机冲击的痕迹。

实际上，在这一时期，中国正在利用正在好转的国际形势，根据财力尽可能地进口急需技术和设备。

1972 年，西方正处于经济危机，我国根据实际需要，决定引进一些急需的技术，包括：化纤新技术成套设备4套、化肥设备2套，以及部分关键设备和材料，约需4亿美元。这些设备投产后，一年可以生产化纤24万吨（相当于500万担棉花，而耐用方面，比棉织品高几倍），化肥400万吨；进口一米七大型钢板冷轧机、配套的热轧机，估价约4亿美元；进口23套化工设备，估价约6亿美元。

1973年，我国根据长远发展的需要，决定对前一阶段和今后的对外引进项目作出总结和统一规划，在其后三五年内引进43亿美元的成套设备。其中包括：13套大化肥、4套大化纤、3套石油化工、10个烷基苯工厂、43套综合采煤机组、3个大电站、武钢一米七轧机、透平压缩机、燃气轮机、工业汽轮机工厂等项目。这个方案被通称为“四三方案”，是继20世纪50年代的156项引进项目后的第二次大规模引进计划。在此方案基础上，又陆续追加了一批项目，计划进口总额达到51.4亿美元。利用这些设备，通过国内自力更生的生产和设备改造，兴建了26个大型工业项目，总投资额约200亿元。到1982年，26个项目全部投产。其中投资额在10亿元以上的有：武钢一米七轧机、北京石油化工总厂、上海石油化工总厂一期工程、辽阳石油化纤厂、黑龙江石油化工总厂等。[1]

1978年，我国对外又进行大规模技术引进，一般被称为“78亿计划”。当年国务院批准，国家计委、建委下达《1978年引进新技术和成套设备计划》，批准各部门用汇总额85.6亿美元，当年成交额59.2亿美元，当年用汇11.7亿美元。这个计划实际上达到协议金额78亿美元，简称“78亿计划”。包括著名的上海宝钢在内的22个重点项目，涉及钢铁、煤炭、冶金、化纤、彩电等成套技术设备。进口需要外汇130亿美元，约折合人民币390亿元，加上国内工程投资200多亿元，共需600多亿元。整个1978年，引进项目已经签约58亿美元。从1950年到1977年28年间，中国引进技术累计完成金额65亿

---

[1] 陈东林：《七十年代前期的中国第二次对外引进高潮》，《中共党史研究》1996年第2期。

美元，1978 年一年引进额相当于 28 年总额的 89.2%。[1]

这次技术引进过于急迫、匆忙，明显远远超过了国力，被称为“洋跃进”。1978 年需要投资 600 亿元，但我国财政收入才 1132 亿元。随后，不得不进行经济调整。但是，这从另一面说明，中国还在大规模进口技术设备。

同时，中国也不存在粮食危机问题。美国记者丹·摩根在采访了很多陷入粮食危机“陷阱”的发展中国家后，他这样评论中国：“中国走的是一条不同的道路。中国的杰出的成就是通过采取严厉的、有时甚至是镇压的手段取得的。这一点，甚至连那些支持中国的人也是知道的。但是，在这个过程中，中国这个世界上人口最多的国家并没有依靠进口粮食，这是毋庸置疑的（最近几年，中国也进口了少量粮食，但显然是为了运输上的方便和合理。用进口粮食供应东部的大城市，比从内地运去要容易得多）。中国不存在饥饿问题。中国进口粮食的数量，比某些只是中国人口十分之一的国家进口的数量还要少。从这个意义上来说，在反对全球性食品通货膨胀的斗争中，中国所做的贡献比世界上任何国家都要大。”[2]

也就是说，当大多数发展中国家受到石油危机和粮食危机的巨大冲击，为了进口石油和粮食而背上巨大债务时，中国正引进技术对我国工业结构进行一次大调整，进一步完善。在 1979 年债务危机横扫发展中国家时，中国领导人讨论的焦点问题根本没有还债的问题。因为中国是当时世界上唯一一个既没有外债，也没有内债，更没有通货膨胀的国家。中国领导人讨论的焦点是如何正确理解“独立自主，自力更生”，在外汇紧缺的情况下，中国是不是应该向发达国家贷款进口技术，借多少合适等问题。

从 1973 年起，绝大多数发展中国家（除产油国外）陷入经济困境，工业化停滞甚至中断。但是，就在同期，中国完成了自己的初步工业化，建立起一个独立的、相对完整的工业体系。有西方学者这样评价这个伟大成就：

[1] 陈东林：《七十年代前期的中国第二次对外引进高潮》，《中共党史研究》1996 年第 2 期。

[2] [美] 丹·摩根：《粮食大亨》，崔高壁等译，对外贸易出版社 1982 年版，第 443 页。

“毛泽东时代是一个趋向工业化的时代……工业总产值增加了38倍，重工业产值增加了90倍。从1950年—1977年，工业产量以每年平均13.5%的速度增长，即使是从1952年算起，每年的增长速度也在11.3%。与世界上的发展中国家及主要发达国家的早期发展相比，中国增长率是较高的。在毛泽东时代，工业总产值在工农业总产值的比重由30%增加到72%，这就反映了中国已经从一个基本的农业国转变为一个初具规模的工业国……尽管有着这些失误和挫折，人们还是会得出这样的结论，毛泽东时代是中国现代工业革命的时代。50年代初期，中国从比比利时还要弱小的年代，到毛泽东时代结束时，长期以来被耻笑为‘东亚病夫’的中国已经跻身于世界前6位最大的工业国家之列……尽管毛泽东时代的中国经济存在着多方面弊端，但这一时期中国经济发展的记录仍然是为中国的现代工业奠定了基础的时代记录。与德国、日本和苏联早期工业化的进程相比，中国的经济发展的速度更快。在那些较晚出现在工业舞台上的国家中，这三个国家是成功地实现了工业化的最突出的历史范例。”[1]

正是因为有了这个坚实的工业体系基础，实行改革开放后，中国工业起飞，参与全球竞争，进入新的发展阶段。

三、中国工业建设中的主人翁精神

从发展中国家所受到的石油、粮食和外债大冲击来看，中国在当时石油完全自给，而且还能够出口，石油出口还是外汇的重要来源。中国的粮食基本上能自给自足，而且有充足的战备粮食。中国更是既无外债，也无内债，财政稳健之极。所以，三大危机对中国根本没有任何冲击。

为什么中国不一样呢？

除去国家版图大小、资源禀赋的区别外，中国的工业化和其他发展中国家工业化的一个最大的不同，就是中国的工业化是在敌对势力包围下，是在

[1] [美]莫里斯·迈斯纳：《毛泽东的中国及后毛泽东的中国——人民共和国史》，杜蒲、李玉玲译，人民出版社1990年版，第537、540页。

没有外援（苏联早期曾给予援助，但1960年停止，并索要债务，中国在60年代中期还清债务），没有外部贷款和外部投资情况下，凭借着中国人民高度的主人翁精神、革命精神，自力更生，艰苦奋斗建设出来的。这是一个完整的、高度自主的经济体系。

在这样的建设中，中国人民凭借着主人翁精神，凭借着高度的奉献精神来进行工业化，来克服各种艰难困苦。

这里，我们仅以石油工业为例。[1]

在解放前，中国石油工业极其薄弱。中华人民共和国成立时，全国只有西北地区的甘肃玉门、陕北延长、新疆独山子几个小油田，一共有6000多工人，各级各类工程技术人员600多人，地质勘探、钻井、采油技术人员只有172人。[2]更为严重的是，美国美孚石油公司的技术人员和日本人在不同时期在中国进行过勘探，无果而终，最后得出了一个“中国贫油论”。经过第一个五年计划，我国石油工业有一定提高。但是，由于我国工业化正大规模展开，石油工业发展远远落后于工业建设。中国石油进口率高达62%，仅为进口石油花费1.34亿美元，占国家外汇总额的7%。到了1960年，石油的缺口越来越大，而且也没有过多的外汇购买石油。另外，中苏关系破裂后，不要说中国缺少资金外汇大量购买石油，就是有，也很难大量买到石油，尤其是军品油。中国工业化严重“贫血”，而且无处“输血”。

好在中国人没有迷信西方技术人员的“科学”结论，根据地理学家李四光的理论，我国把石油勘探重点东移。经过艰苦努力，终于在松辽平原发现大油

[1] 中国解决粮食问题也是强调自力更生，艰苦奋斗。之所以提倡“农业学大寨”，抛开具体的细节，就是要农民组织起来，在国家财政有限、优先发展重工业，在农村投入有限的情况下，农民们在人民公社这一组织下，利用集体的优势，兴修水利，开垦荒山，平整土地，提高粮食生产，自己动手，丰衣足食。利用集体可以发挥集中起来兴修水利，合理规划土地的优势，中国在一定程度上保证了粮食生产、农村和国家的稳定。

[2] 余秋里是当时的石油部长，大庆石油会战的组织者、亲历者，他的回忆更具权威性。因此，本节内容除特别注释外，事件、数据均摘自《余秋里回忆录》。余秋里：《余秋里回忆录》（下），人民出版社2011年版，第415页。

田。1960年，石油部长余秋里决定抽调全国石油工业、科研院所的骨干力量，在松辽平原进行石油会战，以军事化的方式，争取一举拿下大油田。余秋里提出，“松辽石油会战，只能上，不能下，只能前进，不准后退，就是有天大的困难，也要硬着头皮顶住”[1]。这一决定得到了党中央和国务院的支持，并在极其困难的情况下给与大力支持。

1960年，千军万马来到松辽平原的萨尔图。石油系统1.5万人，其中地方和兄弟部门5000多人，当年转业退伍兵3万人，参战队伍超过5万人。这一年共动用钢材、设备和其他器材16万吨，除国家分配、地方和兄弟部门支援的以外，石油系统1959年底的库存几乎用光了。

萨尔图当时只有几处牧场和几百户人家。突然间，成千上万的人来到萨尔图，从安达到萨尔图50公里的铁路线上，到处是机械、设备、物资、材料，人们分散在这片大草甸上，开矿找油。当时的景象既壮观又混乱。刚开始，后勤供应一片纷杂混乱，没有吃喝，没有运输工具，缺少物资。但是，人们一刻也没有休息，立即开始投入工作。经过奋战，全年共钻进91口，试井63口。全年共生产石油97万吨，年底日产水平达到7000吨。

1964年12月，周总理在三届人大一次会议的《政府工作报告》中宣布，“我国经济建设、国防建设和人民生活所需要的石油，不论在数量上或者品种方面，基本上都可以自给”。

1965年年底，全国炼油加工能力达到1423万吨，原油加工量突破1000万吨，汽油、柴油、煤油、润滑油四大产品产量达到617万吨，产品收率达到56.9%，石油产品品种累计达到494种，石油产品自给率100%，产品质量优良，合格率全部为100%。我国可以自己研制、自己设计、自己制造设备、自己安装、建设大型炼油厂，并形成了产、运、炼、销的协调发展的产业布局。[2]

正因为有了大庆这个超大油田以及完整的石油工业，中国才没有受到石油

[1] 余秋里：《余秋里回忆录》（下），人民出版社2011年版，第485页。

[2] 余秋里：《余秋里回忆录》（下），人民出版社2011年版，第836—837页。

危机的冲击。不过，这里还要说说，大庆会战中的主人翁精神的作用，没有这种主人翁精神，大庆会战是不会成功的。

一个工人的工资在正常情况下，最少应该包括该工人的衣、食、住、行的费用，同时包括一定家人生活的费用，尤其是抚养、教育子女的费用。当然，这些费用中一部分可以通过福利的方式来表现。

但是，按照这种通常的标准来衡量，大庆油田初建时期的工人工资是极低的。国家投入的资金,更多的是投在了机械设备上。对参加会战的人的衣食住行投入不多。在三年困难时期，甚至连住宿和吃饭都无法解决。

这里只说住。大庆油田会战所在地萨尔图草原位于北纬 46 度,夏短冬长，4 月份解冻，国庆前后就下雪，冬季最低气温 –36℃。大庆石油会战是一种非常规的工业发展。五万人和大量的设备迅速涌进萨尔图。会战初期，工人居住的是简易帐篷、木板房、牛棚，连修理设备的厂房都没有。面对冬季严寒，工人必须要有住处，机械必须要有厂房，蔬菜必须有地方储存。可是，如果建职工宿舍楼，需要几十万平方米，既没有资金，也没有建筑材料、施工队伍和设备，而且时间也来不及。如果在冬天撤走职工，实际上一年只能开工 6 个月，工期就会大幅度拖延。最后，大庆会战指挥部决定模仿当地东北老乡，大建“干打垒”。

“干打垒”是萨尔图当地老乡住的房子。它除了门框和房檩需要少量木材，几乎全部用土筑成。墙壁就地取土，装入活动木夹板内，用木槌、铁钎分层夯实而成。房顶不用瓦，而是把当地的羊草和芦苇编成草把子做垫子，再覆上碱土泥巴，抹平而成。取暖则用火墙或土炕。这种房子样子土气，却墙体厚实，结实，冬暖夏凉，适合居住。

大庆会战指挥部先组织青年团员,搞“共产主义义务突击队”,突击搞“干打垒”。然后组建专业队伍,又号召广大职工自建“干打垒”。在正常石油开采之余，经过 120 天的奋斗，全油田完成 30 万平方米“干打垒”，实现人进房、机进房、菜进窖、车进库。

建“干打垒”节约了巨额的建设资金。土就地取材，劳动是义务的，从劳动力中挤出来的。“干打垒”造价每平方米30元，30万平方米投资900万元。如果是宿舍楼，每平方米至少需要200元，30万平方米需要6000万元。仅此就节省5000万元。[1]

这个5000万元是个什么数字呢？为了支持大庆会战，国家在极其困难的情况下，在1960年给大庆追加2亿元建设经费。从1960年—1963年，国家在大庆共投资7.1亿元人民币。一个“干打垒”，当年节约国家追加投资的25%，节省了总经费的7%。

换一种说法，本该解决职工住宿的经费，被全部投入建设。而住宿问题，不仅压低标准，而且完全由工人通过自己的劳动解决。用于住宿的资金，以及其他各类资金，完全依靠工人自己的“劳动”来解决。但是，工人、技术人员和干部们毫无怨言，仍然忘我地工作。这种牺牲精神，就是主人翁精神，就是用给自己家里干活的态度对待国家的建设。

这种主人翁精神，实际上就是中国社会主义工业化和其他发展中国家工业化发展命运迥然的秘密。

工业发展需要资金积累。快速发展就需要投入大量资金，保持高比例的积累。我国是一个落后的农业国，工业发展极度落后，又饱受帝国主义的侵略、掠夺，经历了长期的国内战争，一穷二白，发展工业的资金极度匮乏。中国要从一个落后的农业国快速发展为一个现代工业国，要优先发展重工业，奠定工业化的基础，就必然需要大量资金投入工业发展。但是，同时，重工业投资周期长，收效慢。这就意味着，中国人民必须长期勒紧裤带进行工业建设。最初，中国政府积极争取外援，从苏联获得约3亿贷款。抗美援朝后，中国真正被苏联为首的社会主义阵营所接受，获得了一定贷款，苏联援建的“156项工程”为中国建立工业体系，我国的重工业快速发展。但是，1960年后，中苏关系破裂，中国不但不能获得苏联援助，而且要在经济极度困难时向苏联还

[1] 余秋里：《余秋里回忆录》（下），人民出版社2011年版，第546—548页。

债。美国则对中国进行经济、军事封锁。中国在工业发展资金极度稀缺的情况下，不仅无法获得援助、贷款，宝贵的资金还在不断地流出。

在这种情况下，一般来说，从纯粹经济的角度看，一个国家已经无法对工业进行大规模投入，尤其是投资大、周期长、见效慢的重工业。但是，唯独中国不一样，打破了这种“经济规律”。一个根本原因就在于，中国能够以“劳动”代替“资金”，通过巨大的“劳动”解决资金匮乏，继续推进中国的工业化。大庆油田的石油工人建设最重要的特征就是以劳动代替资本。

为什么中国和其他发展中国家不一样？为什么中国能够长期以“劳动”代替“资金”？为什么中国劳动者能够发扬主人翁精神，能够发扬高度的主动性和自觉性？

因为新中国成立后，建立了人民民主，人民成为了国家的真正主人。

第三节 举世瞩目的反腐肃贪

贪污腐败是一种顽疾。历史上，任何国家都不乏腐败。在现代社会，不管发达国家还是发展中国家，腐败也是屡屡曝光。当很多国家对腐败已经习以为常，不以为意时，中国却掀起了空前的反腐风暴。人民民主作为政权的性质，人民作为当家主人的地位都决定了，中国与其他国家不一样，绝不会对腐败听之任之。

一、中国的反腐肃贪风暴

中国特色社会主义道路取得了伟大成就，党员干部队伍在其中发挥着中流砥柱的作用。党员干部的主流始终是好的。但是，在一些领域，消极腐败现象多发，出现了一些重大违纪违法案件，人民群众对此表示不满。反腐肃贪，以实际成效取信于民，已经成为一项重要的任务，它事关国计民生，事关党和国家的命运。

党的十八大以后，习近平总书记在第十八届中央纪律检查委员会第二次全体会议上的讲话中指出，“坚定不移惩治腐败，是我们党有力量的表现，也是全党同志和广大群众的共同愿望。我们党严肃查处一些党员干部包括高级干部严重违纪问题的坚强决心和鲜明态度，向全党全社会表明，我们所说的不论什么人，不论其职务多高，只要触犯了党纪国法，都要受到严肃追究和严厉惩处，决不是一句空话。从严治党，惩治这一手决不能放松。要坚持‘老虎’‘苍蝇’一起打，既坚决查处领导干部违纪违法案件，又切实解决发生在群众身边的不正之风和腐败问题。要坚持党纪国法面前没有例外，不管涉及到谁，都要一查到底，决不姑息。”[1]

一些人以为，这不过是新官上任三把火，敲山震虎，吓唬吓唬也就算了。但是，一场反腐肃贪风暴随即展开。其规模之大，影响之深，出乎很多人的预料。下面，看一下在这场风暴中落马的官员。

“国”字级干部：原中央政治局常委、政法委书记周永康；原中央军委副主席、政治委员徐才厚；原全国政协副主席、中央统战部部长令计划；原十二届全国政协副主席苏荣。

军队高级干部：原中央军委副主席徐才厚；原中央军委副主席郭伯雄；原第二炮兵副政委于大清；原总后勤部副部长谷俊山。

国企系统：原国资委主任、中石油董事长蒋洁敏；原中石油集团公司副总经理王永春；原中国石油天然气股份有限公司董事冉新权；原昆仑能源董事长温青山；原中石油集团公司副总经理李华林；原中国石油天然气股份有限公司总地质师王道富。

金融领域：原内蒙古银行董事长杨成林；原邮政储蓄银行行长陶礼明；原中国信保副总经理戴春宁；原四川信托总裁陈军。

能源系统：原国家能源局副局长许永盛；原新能源和可再生能源司司长王

[1] 习近平：《把权力关进制度的笼子里》，人民网—中国共产党新闻网，2015年7月21日，http://cpc.people.com.cn/xuexi/n/2015/0721/c397563-27338646.html。

骏；原煤炭司副司长魏鹏远；原核电司司长郝卫平。

教育系统：原中国人民大学招生就业处处长蔡荣生；原陕西党校副校长秦国刚。

网络反腐：原重庆北碚区区委书记雷政富（不雅视频）；原山东省农业厅副厅长单增德（为情妇写离婚保证书）；原陕西省安监局局长杨达才（巨额财源不明）；原广州番禺区城管局政委蔡彬（网称“房叔”）。

中纪委内部：原山西省委副书记、纪委书记金道铭；原山西省纪委常务副书记杨森林。

党的十八大以来，中纪委的反腐一再打破舆论关于反腐肃贪的思维定式。根据中纪委公开通报的查处情况，十八大以来，在省级党委常委任上落马的官员至少已达 22 人，来自 14 个省份。[1]

这次反腐肃贪不循惯例，不留暗门，不设禁区，没有职位上的安全岛，如政治局常委周永康被调查，也没有年龄上的安全期，多名已经从省部级岗位上退休的贪官被挖出。

如此规模空前的反腐，是否能够持续，是否会搞成一个短期运动呢？这种社会上的顾虑是可以理解的。实际上，反腐是世界难题。贪官污吏的出现有它的土壤，有经济、政治和文化根源。仅仅整肃贪官，只能震慑一时，要有效地防治腐败，必须清除贪污腐化产生的土壤。

习近平同志指出：“要继续全面加强惩治和预防腐败体系建设，加强反腐倡廉教育和廉政文化建设，健全权力运行制约和监督体系，加强反腐败国家立法，加强反腐倡廉党内法规制度建设，深化腐败问题多发领域和环节的改革，确保国家机关按照法定权限和程序行使权力。要加强对权力运行的制约和监督，把权力关进制度的笼子里，形成不敢腐的惩戒机制、不能腐的防范机制、不易腐的保障机制。”[2]

---

[1] 《中纪委“打虎”观察：反腐不设禁区 不循惯例》，中国新闻网，2015 年 10 月 12 日。

[2] 习近平：《把权力关进制度的笼子里》，人民网—中国共产党新闻网，2015 年 7 月 21 日，http://cpc.people.com.cn/xuexi/n/2015/0721/c397563-27338646.html。

2013年11月16日，习近平同志在《中共中央关于全面深化改革若干重大问题的决定》所作的说明中指出："全会决定对加强反腐败体制机制创新和制度保障进行了重点部署。主要是加强党对党风廉政建设和反腐败工作统一领导，明确党委负主体责任、纪委负监督责任，制定实施切实可行的责任追究制度;健全反腐败领导体制和工作机制，改革和完善各级反腐败协调小组职能，规定查办腐败案件以上级纪委领导为主;体现强化上级纪委对下级纪委的领导，规定线索处置和案件查办在向同级党委报告的同时必须向上级纪委报告;全面落实中央纪委向中央一级党和国家机关派驻纪检机构，改进中央和省区市巡视制度，做到对地方、部门、企事业单位全覆盖。"[1]

中国的现代化是政府推动型。在中国的社会主义市场经济建设中，政府发挥着重要作用。在反腐肃贪的过程中，一些"国"字级、省部级干部落马，这必然会在他们所负责的领域产生影响。因此,社会上有了反腐肃贪影响经济的声音。实际上, 反腐肃贪好比车辆大检修。在检修换件过程中, 车辆确实无法开动。但是，如果不检修，就会在开动时发生危险，甚至车毁人亡，造成不可估量的损失。但是，这种声音也从一个侧面反映了反腐肃贪的艰巨性。

2015年6月26日, 中共中央政治局就加强反腐倡廉法规制度建设进行第二十四次集体学习。习近平同志发言时强调："党的十八大以来……党风廉政建设和反腐败斗争取得了新的重大成效, 党风政风为之一新, 党心民心为之一振。同时，我们也要看到，这些成效是阶段性的，当前，党风廉政建设和反腐败斗争形势依然严峻复杂。开弓没有回头箭,反腐没有休止符。我们必须保持政治定力，以强烈的历史责任感、深沉的使命忧思感、顽强的意志品质，以抓铁有痕、踏石留印的劲头持续抓下去。"[2] 这表达了党中央继续反腐肃贪, 把权力关进制度的笼子里的巨大决心。

---

[1] 习近平:《关于〈中共中央关于全面深化改革若干重大问题的决定〉的说明》,人民网，2013年11月16日，http://cpc.people.com.cn/n/2013/1116/c64094-23561783.html。

[2] 习近平:《加强反腐倡廉法规制度建设 让法规制度的力量充分释放》,新华网,2015年6月27日，http://news.xinhuanet.com/politics/2015-06/27/c_1115742379.htm。

二、“你这个三点水不能加”

中国之所以能有雷厉风行的反腐风暴，是因为不论在革命还是在和平建设中，中国共产党始终把保持先进性、保持政权的人民性视为党和国家的生命线，对任何侵蚀这条生命线的贪腐分子，不论其功绩，不论其地位，都毫不留情地清除掉。延安时期的“黄克功事件”和解放初期“刘青山张子善案”最有代表性。

1937年10月，黄克功时任红军抗日军政大学第三期第六队队长，他因逼婚未遂，在延河畔枪杀了进步青年、陕北公学学员刘茜，在边区内外引起了很大的震动。

黄克功少年时代就参加了中国工农红军，经历过井冈山斗争和二万五千里长征，在长征中立过大功。红一、二、四方面军会师时，他已是身经百战的红军旅长。他在抗大学习后留校任职，1937年，他是延安抗日军政大学第六队队长。很多人认为，黄克功确属死罪，但他有大功于革命，当此民族危亡紧要关头，不能再损失革命力量，应该免除死刑，减轻刑罚，叫他上前线去，戴罪杀敌，将功赎罪。为此，毛泽东对死刑判决做了批示，并给当时任陕甘宁边区高等法院刑庭审判长的雷经天写了一封信，让他在宣判时公开宣读此信。毛泽东在信中严肃指出：“黄克功过去斗争历史是光荣的，今天处以极刑，我及党中央同志都是为之惋惜的。但他犯了不容赦免的大罪，以一个共产党员、红军干部而有如此卑鄙的，残忍的，失掉党的立场的，失掉革命立场的，失掉人的立场的行为，如为赦免，便无以教育党，无以教育红军，无以教育革命者，并无以教育做一个普通的人，因此中央与军委便不得不根据他的罪恶行为，根据党与红军的纪律，处他以极刑。”[1]

稍微了解一点解放军战史的人都会知道，以黄克功这样的资历，如果顺利发展，新中国成立后肯定成为声名赫赫的战将。但是，即使这样的人，即使在战争期间急需军事人才的情况下，一旦腐化堕落触犯法律，也绝不会被姑息。

[1] 陈文胜：《详说“黄克功事件”》，《百年潮》2009年第1期。

1952年，发生“刘青山张子善贪污案”。此时新中国成立刚刚两年多。刘青山历任冀中区任河县委书记、八地委组织部长、地委书记、天津地委书记。被捕前任石家庄市委副书记。张子善历任献县县委书记、八地委组织部长、十地委书记、天津地委副书记兼专员，被捕前任天津地委书记。他们参加革命斗争均已20年左右，在艰难的八年抗日战争和三年多的人民解放战争中，都进行过英勇的斗争，为人民的解放事业建立过功绩。

1950年至1951年，他们在担任天津地区领导期间，迅速腐化堕落，盗窃地方粮款289151万元（旧币1万元合新币1元）、防汛水利专款30亿元（还10亿元）、救灾粮款4亿元、干部家属救济粮款14000万元，克扣修理机场民工供应补助粮款54330万元，赚取治河民工供应粮款37473万元，倒卖治河民工食粮从中渔利22亿元；此外还以修建为名骗取银行贷款60亿元，从事非法经营。以上共计1554954万元。他们还借给机关生产名义，进行非法经营，送49亿巨款给奸商倒卖钢材，使人民资产损失14亿元，还派人员冒充解放军，用救灾款从东北套购木材4000立方米，严重影响了灾民的生产和生活。在获非法暴利、大量贪污之后，他们任意挥霍，过着极度腐化的生活。刘青山甚至吸食毒品成瘾。经调查，刘青山贪污达1.84亿元（旧币），张子善贪污达1.94亿元（旧币）。[1]1952年2月10日，河北省人民政府召开公审大贪污犯刘青山、张子善大会。河北省人民法院临时法庭奉最高人民法院令准，判处二犯死刑，立即执行，并没收其本人全部财产。

刘青山和张子善已经是较高级别的干部，又有一定的履历和功劳，在处理二人时，毛泽东估计，肯定会有高级干部来求情。毛泽东命令凡是求情者一律不见。在处决刘青山、张子善的第二天，《人民日报》在一版显要位置报道公审大会的消息。案发前，刘青山刚出席世界和平友好理事大会，还当选了常务理事，《人民日报》已经报道。报社领导担心发表刘青山被处决的消息，会在

[1] 参见：《刘青山、张子善案件》，中国共产党新闻网，http://cpc.people.com.cn/GB/64156/64157/4512322.html。

国际上产生不好的影响。一位报社领导建议，把刘青山的“青”加上三点水，写成“刘清山”，让人以为这是两个人。毛泽东对此干脆地说：“不行！你这个三点水不能加。我们就是要向国内外广泛宣布，我们枪毙的这个刘青山，就是参加国际会议的那个刘青山，是不要水分的刘青山。”[1]

刘青山和张子善的迅速腐化堕落，引起党中央的高度警觉，随后“反贪污、反浪费、反官僚主义”运动在全国开展。刘青山、张子善被执行枪决两个月后，《中华人民共和国惩治贪污条例》出台。这是新中国第一部专门惩治贪污腐败的法律条例。

新中国成立之初对腐败下重拳狠手，对党员干部敲响警钟，对党员干部队伍保持清正廉洁起到了极大推动作用。

十一届三中全会后，我国开始把工作重点转移到经济建设上来，拉开改革开放大幕。在从计划经济向社会主义市场经济转变中，如果利用权力在市场经济中谋求私利，就会迅速获得巨大利益。这对领导干部中的意志薄弱者，是一个巨大诱惑，也是对执政党的严峻考验。

1982 年初，时任中央副主席、中央政治局常委、中央纪委第一书记的陈云同志看到一份中央纪委向中央政治局、书记处递交的《信访简报》，反映广东一些地方走私活动猖獗，少数领导干部带头走私。陈云在当期《信访简报》第一页的右侧空白处批示：“我主张要严办几个，杀几个，判刑几个，并且登报，否则党风无法整顿。”陈云的批示得到了中央政治局常委们的支持，邓小平还在陈云的批语旁加写了“雷厉风行，抓住不放”8 个字。随后，新时期反腐风暴展开。

1982 年 2 月，广州电信局党委书记王维经被逮捕，后被开除党籍，撤销党内职务。原潮阳县委常委周勤增，直接参加走私和贪污分赃，被开除党籍。1982 年 8 月 11 日，国务院决定撤销杨义邦化工部副部长职务。这是改革开放

---

[1] 《毛泽东对刘青山张子善案态度：死刑不准求情》，《北京日报》，2011 年 5 月 18 日，转引自环球网，http://history.huanqiu.com/china/2011-05/1700917_8.html。

后因经济问题被撤职的最高级别官员。1983 年 1 月 17 日，海丰县委书记王仲因走私判处死刑，成为改革开放后第一个被枪毙的县委书记。八个月后，海丰县委副书记叶妈坎也因犯巨额走私罪被判处死刑。1985 年，江西省省长倪献策因徇私舞弊罪被开除党籍，被判处有期徒刑 2 年。

1981 年至 1984 年间，一些高干子弟经常纠合在一起，进行强奸、猥亵等犯罪活动，罪行特别严重，犯罪情节特别恶劣，对社会危害极大。中央对此案件态度非常明确："不管是什么人，依法处理，杀一儆百。" 1986 年 2 月 1 日，3 名罪大恶极的高干子弟被判处死刑，剥夺政治权利终身。

回顾历史，不得不说，贪腐以巨大的历史惯性在不断滋生，同时，也必须看到，中国共产党人，中国历届领导人，都在与贪腐进行坚决的斗争。在这一点上，中国与其他大多数发展中国家迥然不同。

三、"贪污是印尼生活的一部分"

贪污腐败为千夫所指，万人痛恨，清除腐败任务艰巨，但是，必须清除贪腐分子，在中国，大家认为这是天经地义。即使有所疑虑，也是担心在全球经济不景气的情况下，反腐是否会影响经济，而不是反对反腐本身。但是，在其他很多发展中国家，人们对于腐败的态度却是偏于冷漠麻木。有位学者在南亚访问，他的感受是，那里的腐败非常严重，但是，却没有人人喊打的气氛。[1]

印尼是全世界腐败程度最高的国家之一。前总统苏哈托在位 30 余年，苏哈托家族的贪腐也是世界闻名。苏哈托长女曾为国家社会事务部长，4 个儿女和 1 个儿媳都是国会议员。在政府部门以及军队的要职中，苏哈托任人唯亲，大搞裙带关系。印尼重要高官大多是他的亲信。有权选举产生总统的最高权力机关——人民协商会议的组成人员大多数也是由苏哈托指定的。苏哈托家族利用权势，建立起家族帝国，其家族控制着印尼的金融业、汽车业、电力、交通运输业、森林、矿山、新闻媒介和房地产业，可以说控制了印尼的经济命脉。据

[1] 参见黄平、姚洋、韩毓海:《我们的时代——现实中国从哪里来，往哪里去？》，中央编译出版社 2006 年版，第 394 页。

估算，苏哈托家族聚敛的财富高达400亿美元，占印尼GDP的40%左右，足够支付印尼拖欠国际货币基金组织和世界银行的所有债务。苏哈托家族如此，其政府各级官僚纷纷仿而效之。在中央和地方政府层面，腐败比比皆是，以致影响到各级行政部门的管理层，从最高层到最底层概莫能外。印尼前副总统哈达曾说："贪污是印尼生活的一部分，苏哈托则把贪污扩大化、合法化了。"[1]

实际上，苏哈托只是继承了历史上的贪腐传统，大多数人习以为常。有印尼学者认为，印尼社会日常生活中普遍存在的感恩习俗也是反腐艰难的原因之一。感恩习俗源于宗教仪式，是在某人好运降临或者达成心愿后举行表达感激的仪式，这种仪式逐渐演变成宴席，美其名曰与人分享好运。尽管属于自愿性质，但会有来自社会、家人、邻居、同事或其他人要求他这样做的压力，因为一旦不这样做，会被别人认为小气吝啬不说，还会遭到排挤。这种感恩宴滋生着分得一杯羹的习惯。[2]

这种说法并不准确。所谓贪腐文化，中国人并不陌生。王公贵族在中国历朝历代都有。朱门酒肉臭，路有冻死骨，也不罕见。为什么中国上下对贪污腐化的反应如此强烈？实际上，这是对权力的理解问题。在传统的封建社会，打天下、坐天下，权力是属于皇帝和王公大臣的，他们是高居老百姓之上的统治者。他们利用权力搜刮财富，只要不危及统治，就被认为是正常的。新中国成立后，中国建立人民民主政权，人民是国家的真正主人，而各级领导干部被人民所授权管理国家，人民有权对其进行监督，这是中国不能容忍腐败的根本原因，这是政权的本质决定的。

东南亚以至于大多数发展中国家老百姓对腐败现象的淡漠，其根本原因在于老百姓知道他们的国家不管外在形式如何，国家的主人不是来自百姓，而是那些富豪家族，他们利用权力奢靡腐败，再正常不过，谁上去都是如此。

[1] 刘金源：《现代化进程中的腐败与反腐败——印尼难题及对中国的警示》，《人民论坛·学术前沿》2014年第7期。

[2] 朱刚琴：《印尼民间力量在反腐斗争中的角色与作用——以2009年印尼根除腐败委员会领导人事件为例》，《东南亚研究》2010年第3期。

我们再看另一个国家菲律宾。据香港《文汇报》报道，超强台风“海燕”横扫菲律宾，造成数千人死亡，上万人受伤，千余人失踪，财产损失巨大。台风过后，总统阿基诺到灾区视察。当时，有受灾商人投诉，称灾区治安混乱，自己曾被人持枪抢劫。没想到总统不胜其烦，回应说，“你还没死掉，对不对”。[1]

很难想象能够赤裸裸地说出这种话的国家首脑心里装着人民，能够代表民众的利益。实际上，在菲律宾，政治选举已经被少数大家族所控制，成为现代新的“世袭贵族”，他们根本不代表人民，自然也不关心底层民众的利益和命运。

菲律宾总统阿基诺被称为阿基诺三世。他是1986年到1992年的总统阿基诺夫人之子。阿基诺家族还有个四世，他是现任总统的侄儿，今年已经成为议员，可谓长江后浪推前浪。当然，这不是特例，上届总统阿罗约夫人也是前总统马卡帕加尔（1961—1965）的女儿。这是政治世袭化、家族化的必然。菲律宾有178个政治世家，在80个省中，这些家族把持了73个。在国会两院中，160个家族一直占有议席，并仍有上升趋势。在2013年议会选举中，在上议院24个议席中，政治世家占据21席，在下议院229个议席中，政治世家占据其中的80%。[2]

在议会民主制的油彩下面，选举已经成了少数大家族的游戏，是十足的贵族政治，何来人民的利益和权利?

这种现象并非菲律宾所特有，在东南亚国家，以至于更广泛的地区都是如此。当这些家族利用手中权力谋取私利时，也就没有什么可奇怪的了。上层大家族为了自己的利益而腐败，在他们的控制下各种检察机关反腐不力，而老百姓对此漠然视之，就更不奇怪了。

人民不是国家的真正主人，这才是人们对反腐肃贪毫无热情的真正的、根本的原因。

---

[1] 《台风海燕重创菲律宾 阿基诺三世:你还没死对不对》，观察者网，2013-11-11，http://m.guancha.cn/Neighbors/2013_11_11_184750。

[2] 陈永杰:《菲律宾大选:世家政治与既得利益》，《21世纪经济报道》2013年5月17日。

第三章

人民民主专政：唤起人民群众中蕴藏的伟大力量

新中国气象一新，蒸蒸日上，最根本原因就在于新中国的国体是人民民主专政，它是工人阶级领导的、以工农联盟为基础的、实行人民民主和人民专政的国家政权。人民民主专政是马克思主义国家理论和中国实际相结合的产物。正因为人民民主政权使人民群众获得了政治权利和经济权利，人民群众为了翻身解放，保卫胜利果实，才会以极大的热情投身阶级革命和民族革命，人民民主政权才会逐渐发展壮大，战胜强大的敌人。也正因为人民成为国家的真正主人，人民才会以主人翁精神建设新中国。

第一节　人民民主政权的历史发展

自从国家产生以来，掌握政权的就是王公贵族。资本主义产生以来，资产阶级高举主权在民的旗帜，从封建地主阶级手中夺取政权，通过各种制度设计，成为新的统治者，主权在民成为空洞的口号。随着生产力的发展，无产阶级登上历史舞台，它代表着新的历史发展方向，它要求超越资产阶级民主，实现真正的主权在民。1871 年，巴黎工人阶级成立自己的政权——巴黎公社。巴黎公社的精神和原则薪火相传，人民民主政权在俄国革命和中国革命中不断发展。

一、巴黎公社：第一个无产阶级政权萌芽

巴黎市内城东拉歇兹神甫公墓东北区有一段矮矮的灰砖墙，这就是享誉世界的“巴黎公社社员墙”。1871 年 5 月 28 日凌晨，巴黎公社战士弹尽粮绝，最后的 147 名社员在这段矮墙下被反动军队全部屠杀。这段矮墙成为无产阶级为自由解放和真正的民主而献身的历史见证。

巴黎公社是法国无产阶级在 1871 年 3 月 18 日革命后建立的工人革命政权，是人类第一个无产阶级政权，是无产阶级专政的萌芽。

1870 年，法国在普法战争中惨败。法兰西第二帝国被推翻，法兰西第三共和国宣告成立，建立了资产阶级国防政府。为了抵抗普鲁士的侵略，巴黎工人成立以工人为主体的国民自卫军，迅速发展壮大到 30 万人。但是，法国新政府一面向普鲁士签订条约，割让阿尔萨斯和洛林，赔款 50 亿法郎，一面镇压无产阶级，妄图解除工人阶级武装，巴黎工人阶级奋起反抗，举行武装起义，占领巴黎市政府，反动政府及其军队逃往凡尔赛。1871 年 3 月 26 日，巴黎人民进行公社委员选举，28 日，巴黎公社成立，人类历史上第一个无产阶级政权诞生。巴黎公社宣布，公社委员会是取代旧政府的唯一政权，新建 10 个委员会负责行政事务;取消征兵制和常备军，宣布以工人为主体的国民自卫军是唯一的武装力量; 实行民主选举与群众监督相结合的民主制度; 废除高薪，实行兼职不兼薪的制度。公社还颁布一系列保护劳工的法令。

不久，反动的梯也尔政府纠集武装力量进攻巴黎公社，无产阶级战士誓死捍卫自己的政权。1871 年 5 月 28 日凌晨，最后一批巴黎公社战士牺牲在巴黎公社社员墙下。在保卫巴黎公社的战斗中，共有 7.29 万公社战士献出生命，2 .98 万人被枪杀，6 万多人被投入监狱或被流放。

5 月 30 日，马克思代表国际工人协会总委员会起草宣言，这就是著名的《法兰西内战》。马克思在宣言中对巴黎公社给予了极高的评价，他指出：“公社是由巴黎各区普选选出的市政委员会组成的。这些委员是负责任的，随时可

以罢免。其中大多数自然都是工人或公认的工人阶级代表。”[1]“公社的真正秘密就在于：它实质上是工人阶级的政府，是生产者阶级同占有者阶级斗争的结果，是终于发现的、可以使劳动在经济上获得解放的政治形式。”[2]

已往的民主，不管是雅典的奴隶制民主，还是英国、美国和法国建立的各种形式的资产阶级民主制度，都是代表统治阶级的利益，财产是获得选举权、参与政治活动的第一前提。广大劳动人民、被压迫者被排除在民主制度之外。这是这些民主制度的历史局限性。

巴黎公社是第一个无产阶级政权，是真正的被压迫者的民主制度，是人民民主专政的萌芽。巴黎公社委员会是由巴黎各区普选出来的城市代表组成，这些代表对选民负责，随时可以撤换。其中大多数代表是工人，或者能代表工人阶级的人。公社委员会不是议会，是兼管立法和行政的工作机关，包括公社委员的每一个公职人员，都领取和工人工资相当的薪水。这就是说，一切特权被取消了，国家从原来的阶级压迫机器转变为社会管理机构，官吏成为公仆，为公社内的人民服务，并且随时可以撤换，这些措施都是对人民民主制度的宝贵探索。

在巴黎革命和巴黎公社的建立过程中，工人阶级是领导阶级，一直发挥社会首倡精神。巴黎公社政权解决了中产阶级的债权和债务问题，得到了中产阶级的拥护。公社发表声明，阐明工人阶级政权和农民的利益是一致。巴黎公社政权成为一切健全成分的真正代表，它得到富有的资产阶级以外一切阶级的一致认同，是真正的国民政府。

巴黎公社的政权体现了人民自己管理自己事务这一民主原则，各种措施都维护最广大劳动者的利益。巴黎公社禁止面包工人做夜工；禁止以罚金的名义压低工人工资；把一切企业主已经逃掉的工厂和作坊交给工人协作社，但同时也保证企业主能有所补偿。

[1] 《马克思恩格斯选集》第三卷，人民出版社 1995 年版，第 55 页。

[2] 《马克思恩格斯选集》第三卷，人民出版社 1995 年版，第 59 页。

这就是为什么巴黎工人阶级誓死保卫公社的原因所在。

巴黎公社是短暂的，但作为人民民主的萌芽，它代表着未来。

巴黎公社彪炳青史！

二、工兵代表苏维埃：第一个取得胜利的无产阶级政权

2008年9月18日，一个名为“美国国家宪法中心”的独立非营利机构向苏联总统戈尔巴乔夫颁发“自由勋章”，颁奖原因是他给铁幕下的年轻人带来自由和民主，老布什作为颁奖嘉宾参加该仪式。但是，苏联民众对戈尔巴乔夫的评价正相反。1996年6月，俄罗斯进行总统选举。由于改革失败，俄罗斯经济凋敝，民怨沸腾。前苏联总统戈尔巴乔夫跃跃欲试，大有“吾曹不出，如苍生何”的感觉，他来到他的故乡罗斯托夫市和他任职8年的斯塔罗普省举行竞选演说。但是，出乎戈尔巴乔夫和随行的西方记者意料，在自己的“大本营”，戈尔巴乔夫受到的是民众的冷遇和指责，人们攻击戈尔巴乔夫给俄罗斯人带来的“自由”“民主”，公开怀念那个由他帮助摧毁的苏联社会主义制度。戈尔巴乔夫在竞选中惨败，就此淡出政治舞台。

如果真正了解了什么是“苏联”，什么是苏维埃，人们就可以理解为什么戈尔巴乔夫会被人民所抛弃。苏联的全称是苏维埃社会主义共和国联盟。那么，苏维埃是什么呢？“苏维埃”一词是俄文汉语的音译，即“代表会议”或“会议”。沙皇统治时期的国务会议就叫国务苏维埃。1905年，俄国发生第一次革命。同年3月，乌拉尔的阿拉帕耶夫斯克工厂的工人首先建立工人代表苏维埃，由它领导罢工。这是历史上从未存在过的苏维埃。1905年夏，俄国各地不断涌现出工人代表苏维埃、工兵代表苏维埃、工农代表苏维埃。工人代表苏维埃最初是组织工人进行经济斗争，如罢工等。后来，苏维埃逐渐转变为准备和组织进行政治斗争和起义的机关。苏维埃是与反动的沙皇政权斗争中产生的权力机构，它一经诞生，就成为新政府的萌芽，它把沙皇的政府机关抛到一边，自己发布决定、指示和命令。苏维埃执行过镇压暴徒和流氓、监督厂主发放工资、武装工人、控制交通和贸易、实行八小时工作日等任务。苏维埃充分

显示了人民民主制度的特征，它是以工人、士兵和农民为主体的群众性组织，有着广泛的代表性，并且不受性别、民族差别等限制而实行自由选举。

革命导师列宁敏锐地意识到苏维埃的历史意义。列宁认为，苏维埃是无产阶级斗争历史上崭新的组织形式，是革命行动的机关，它能体现工农民主专政的性质，是新的革命政权的萌芽。

1905年革命失败后，沙皇取缔苏维埃。但是，苏维埃有它产生的土壤，历史有它自己的记忆。

第一次世界大战中，沙皇俄国节节失利，军事危机引发国内经济危机和政治危机。1917年2月，俄国爆发二月革命，沙皇尼古拉二世无奈退位，沙俄帝制就此成为历史。1917年二月革命后，彼得格勒建立工兵代表苏维埃。俄国各地纷纷重建苏维埃。沙皇帝制垮台后，俄国出现了资产阶级临时政府和工人士兵苏维埃并立的局面。苏维埃控制着陆海军、交通运输通讯等部门，掌握着实际权力。临时政府只有依靠苏维埃才能运转。但是，由于缺乏正确的领导，劳动者虽然拥有真正的力量，却不能运用这种力量，而是把权力交给资产阶级临时政府。

列宁认为，苏维埃是一种新型国家，它是巴黎公社的进一步发展。苏维埃政权的本源不是由议会预先讨论和通过法律，而是直接夺权，它能保证工农拥有自己的武装力量。这是一种新型的民主政治制度。苏维埃的成员不是经过官僚主义的手续，而是根据民意选出，并且随时更换的。因此，官员成为人民公仆。苏维埃政权和各行业保持密切联系，能保证被压迫阶级中最有觉悟、最有力、最先进的部分建立组织形式，领导人民群众，把议会制的长处和直接民主制的长处结合起来，立法和执法的职能在人民代表身上统一。

因此，列宁提出，一切权力归苏维埃。无产阶级政党应该参加苏维埃，领导苏维埃，成为苏维埃的领导核心。正是在列宁的领导下，布尔什维克逐渐占据了大城市中苏维埃的多数席位，成为领导核心。俄共领袖托洛茨基成为最有影响的彼得格勒苏维埃主席。

1917年11月7日（俄历10月25日），俄国人民在以列宁为首的布尔什维克党领导下，取得了十月革命的胜利。胜利的当天即召开全俄苏维埃第二次代表大会，通过了列宁起草的《告工人、士兵和农民书》，宣布全部政权归苏维埃。从此，苏维埃成为俄国无产阶级专政的政权组织形式。随后，全国各地相继建立苏维埃政权。1918年1月25日，全俄苏维埃第三次代表大会通过《被剥削劳动人民权利宣言》，宣布俄国为工兵农代表苏维埃共和国。1922年12月30日，苏联苏维埃第一次代表大会通过了《联盟条约》和《联盟成立宣言》，宣告苏维埃社会主义共和国联盟成立，简称苏联。

这是世界上第一个取得胜利的无产阶级政权，它极大地鼓舞了全世界无产阶级和全世界被压迫民族。这就是前苏联人怀念苏维埃的一个重要原因。

对于世界上第一个人民民主政权，有着各种各样的争议。这里，进行一下简要澄清。

有一种流行的观点认为，苏维埃是一个“早产的”、畸形的政权。按照生产力的水平，俄国应该先进行资产阶级革命，建立资产阶级专政政权，发展资本主义，再进行社会主义革命。这种观点实际上把马克思主义的历史形态论教条化、机械化。俄国的特点就是封建力量强大，资产阶级有所发展，但弱小。它既不能反封建，也不敢反对英法帝国主义。因此，在二月革命后，资产阶级各党派轮流执政，有五届政府之多，但居然拿不出任何可行的、能够满足工人、农民和士兵愿望的政策。1917年8月，当沙皇将军科尼洛夫发动政变进攻彼得格勒时，资产阶级临时政府还要求助工兵代表苏维埃。这只能说明俄国资产阶级天生软骨，难当大任。这个历史任务只能落到无产阶级头上，也只能进行社会主义革命。

还有一种流行的观点，认为十月革命是布尔什维克这样的极少数人的阴谋集团凭借暴力夺取政权，建立专制制度的革命，这也是错误的，它忽视了无产阶级专政和民主相统一的特征。从历史看，十月革命是建立在苏维埃基础上的，苏维埃是工人和士兵代表的会议，布尔什维克首先赢得了苏维埃的信任，然后才有十月革命，而后，苏维埃上升为真正的国家政治制度。它是真正的无产阶级政权，获得最大多数劳动人民的支持，有广泛的阶级基础，这是苏维埃强大和稳定的基础。如果认为苏俄政权只是简单地依赖暴力，那就无法解释，为什么新政权能够打败帝国主义干涉，解决粮食危机，获得内战胜利，也就无法解释，沙皇有几百万军队，却为何瞬间成为阶下囚，而流亡国外的列宁和布尔什维克却能逐渐稳定局势，越战越强，并建立苏维埃社会主义联盟。

三、中华人民共和国：以工农联盟为基础的人民民主专政的国家

国体是指国家的性质，即社会各阶级在国家中的地位。政体是指国家政权的组织形式。中华人民共和国是工人阶级领导的，以工农联盟为基础的人民民主专政的社会主义国家。人民民主专政是中华人民共和国的国体。中华人民共和国的一切权力属于人民。人民行使国家权力的机关是全国人民代表大会和地方各级人民代表大会。人民代表大会制度是中华人民共和国的政体。

人民民主专政及其相应的形式——人民代表大会制度不是某一个人或者某一个党派设计的产物，它是在中国人民艰苦卓绝的革命中不断探索、不断发展而形成的。在革命政权中，被压迫的工人和农民获得解放，以巨大的热情参加革命，支持革命，从而在中国共产党的领导下，推翻帝国主义、封建主义和官僚资本主义，完成了民族独立和阶级解放这一艰巨的历史使命，为中国的现代化开辟道路。

第一次国内革命战争时期，中国共产党就为实现人民民主而进行探索，已经出现了罢工工人代表大会和农民协会。比如，1925 年成立的广东省农民协会和 1927 年成立的上海特别市民代表会议等，这是人民代表大会制度的萌芽。

在第一次土地革命时期，中国共产党人进行武装割据，建立工农政权，继续探索人民民主专政。1927 年 11 月 28 日，江西茶陵县工农兵政府成立，这是井冈山革命根据地的第一个县级红色政权。根据毛泽东的倡议，自下而上民主产生政府领导人，先由基层推选出工人代表谭震林、农民代表李炳荣、士兵

代表陈士榘，组成新政府常委，再由代表推举谭震林任政府主席，然后设立了民政、财经、青工、妇女等部门。茶陵县工农兵政府的组成人员主要是工人、农民、士兵代表，并吸收革命知识分子。在政权建设中，充分发挥工农兵代表大会的作用。茶陵县工农兵政府的领导人是通过自下而上层层推举出来的，因而，这个政权来自群众，代表群众，能赢得群众的承认和拥护，同时也锻炼和提高了群众政治觉悟。这种自下而上民主产生政府领导人的做法，为各根据地政权建设、各级苏维埃代表会议、各级人民代表大会积累了经验。

土地革命风起云涌，人民民主政权不断壮大。1931 年 11 月 7 日至 20 日，中华苏维埃第一次全国代表大会在瑞金叶坪隆重开幕，大会通过了《中华苏维埃共和国宪法大纲》以及《中华苏维埃共和国土地法》、《中华苏维埃共和国劳动法》、《中华苏维埃共和国关于经济政策的决定》等法律文件。这些文件奠定了苏维埃政权的基本制度架构。中华苏维埃共和国成立，首都定在中央苏区的江西瑞金。

《中华苏维埃共和国宪法大纲》规定：中华苏维埃政权所建设的是工人和农民的民主专政国家。苏维埃政权是属于工人、农民、红色战士及一切劳苦民众的。在苏维埃政权下，所有工人、农民、红色战士及一切劳苦民众都有权选派代表掌握政权的官吏。它规定政权的运行方式：中华苏维埃共和国之最高政权为全国工农兵苏维埃代表大会，在大会闭会期间，全国苏维埃临时中央执行委员会为最高政权机关，在中央执行委员会下组织人民委员会处理日常政务，发布一切法令和决议案。它规定法律面前一律平等：在苏维埃政权领域内，工人、农民、红色战士及一切劳苦民众和他们的家属，不分男女、种族（汉、满、蒙、回、藏、苗、黎和在中国的台湾、高丽、安南人等）、宗教，在苏维埃法律面前一律平等，皆为苏维埃共和国的公民。为使工、农、兵、劳苦民众真正掌握着自己的政权，苏维埃选举法特规定，凡上述苏维埃公民在十六岁以上皆有苏维埃选举和被选举权，直接派代表参加各级工农兵苏维埃的大会，讨论和决定一切国家的地方的政治事务。

抗日战争爆发后，中国共产党公布《抗日救国十大纲领》，纲领明确提出召集真正人民代表的国民大会，通过真正的民主宪法，决定抗日救国方针，选举国防政府；国防政府必须吸收各党各派及人民团体的革命分子，驱逐亲日分子。1939 年，陕甘宁边区筹建参议会。边区各级参议会是边区各级人民代表机关，建立“三三制”民主政权。

解放战争后期，人民民主政权进一步发展。1948 年 8 月 7 日，华北临时人民代表大会在石家庄正式开幕。出席这次大会的代表 542 人，其中党员 376 人，非党人士 166 人。大会历时 18 天，一致通过华北人民政府组织大纲，选出华北人民政府委员会，成立华北人民政府。大会代表包括工、农、兵、学、商、妇女、开明绅士等各阶级各阶层的人士。这是我国正式确立人民民主专政国体和人民代表大会制度政体的一次预演。

1948 年 4 月 30 日，中国共产党提出著名的“五一”口号，号召“各民主党派、各人民团体、各社会贤达迅速召开政治协商会议，讨论并实现召集人民代表大会、成立民主联合政府！”民主党派、人民团体和社会人士作出热烈反应，克服各种困难，纷纷北上，参加中国人民政治协商会议。1949 年 9 月 29 日，中国人民政治协商会议第一届全体会议选举了中央人民政府委员会，宣告中华人民共和国的成立，并且通过了《中国人民政治协商会议共同纲领》。

《共同纲领》具有临时宪法的地位，规定了新中国的国体和政体。《共同纲领》确认，中华人民共和国为新民主主义即人民民主主义的国家，实行工人阶级领导的、以工农联盟为基础的、团结各民主阶级和国内各民族的人民民主专政。中华人民共和国的国家政权属于人民，人民行使国家政权的机关为各级人民代表大会和各级人民政府。各级人民代表大会由人民用普选方法产生，各级人民代表大会选举各级人民政府。各级人民代表大会闭会期间，各级人民政府为行使各级政权的机关。国家最高政权机关为全国人民代表大会。全国人民代表大会闭会期间，中央人民政府为行使国家政权的最高机关。

1953 年，在全国范围内进行中国历史上第一次空前规模的普选，并在此基础上自下而上逐级召开人民代表大会，为全国人民代表大会的成立奠定了法律基础和组织基础。这次选举具有普遍性和公正性，凡年满18周岁的中华人民共和国公民，不分民族、种族、性别、职业、社会出身、宗教信仰、教育程度、财产状况和居住期限，均有选举权和被选举权。1954年9月15日，第一届全国人民代表大会第一次会议在北京召开，标志着人民代表大会制度在全国范围内建立起来。这次会议通过的《中华人民共和国宪法》明确规定：中华人民共和国的一切权力属于人民；人民行使权力的机关是全国人民代表大会和地方各级人民代表大会，全国人民代表大会和地方各级人民代表大会都实行民主集中制。

人民代表大会制度的建立，为我国社会主义制度的建立打下了政治基础，极大地调动了全国各族人民建设国家、管理国家的积极性。

第二节　人民是国家的真正主人

人民民主专政是中华人民共和国的国体，它的实质在于人民是国家的真正主人，它是马克思主义关于国家和无产阶级专政的一般原理同中国具体实际相结合的产物，是无产阶级专政学说的进一步发展。人民民主专政是人民民主和人民专政的统一。没有人民民主，就不是真正的当家作主，没有人民专政，就不能保护人民当家作主的地位。经过长期的探索和不断完善，我国已经建立起一套相对完整的政治制度。人民民主专政还在进行新的探索和发展。

一、人民民主专政是新中国的国家政权本质

人民民主专政是马克思主义关于国家和无产阶级专政的一般原理同中国具体实际相结合的产物，是无产阶级专政学说的进一步发展。

马克思主义认为，在人类社会生产力发展到一定阶段时，出现了剩余产品，随后出现私有制，社会分裂为阶级，出现了剥削者和被剥削者，经济利益互相

对立冲突。当这种冲突不可调和时，就形成国家。剥削阶级成为压迫者和统治者，被剥削阶级成为被压迫者。统治阶级需要一种表面上凌驾于社会之上的力量来统治被统治阶级，缓和冲突，于是国家产生。国家表面上凌驾于社会，但是，本质上国家是统治阶级压迫被统治阶级的暴力机关，是一个阶级剥削、压迫另一个阶级的暴力工具。哪个阶级掌握国家政权，是国家的核心问题。

马克思主义的阶级斗争和国家学说认为，随着生产力的发展，人类进入资本主义社会，社会分裂为两大对立的阶级，即资产阶级和无产阶级。资产阶级成为国家的统治阶级，无产阶级成为被统治阶级。虽然有各种各样的形式如君主立宪、总统制、议会制，这些都是资产阶级国家的具体形式，但资产阶级国家的本质是一样的，这就是资产阶级专政。随着生产力的发展，资本主义经济中不可克服的内部矛盾必然越来越大，最终导致资本主义总危机爆发。在否定资本主义内在矛盾的基础上，一种新的社会，即社会主义社会必然到来。这种到来，不是自然发生的，必须通过无产阶级的斗争，打破资产阶级国家机器，自己上升为统治阶级。阶级斗争必然导致无产阶级专政，这个专政不过是达到消灭一切阶级和进入无阶级社会的过渡。1850年，马克思在《1848年至1850年的法兰西阶级斗争》中第一次明确提出了“工人阶级专政”的口号，号召工人阶级建立自己的政权，马克思说：“这种社会主义就是宣布不断革命，就是无产阶级的阶级专政，这种专政是达到消灭一切阶级差别，达到消灭这些差别所由产生的一切生产关系，达到消灭和这些生产关系相适应的一切社会关系，达到改变由这些社会关系产生出来的一切观念的必然的过渡阶段。”[1] 马克思非常明确指出了工人阶级专政的实质。从巴黎公社到俄国十月革命，马克思主义国家和无产阶级专政不断发展。

1840年以后，中国逐渐沦为半殖民地半封建社会。随着资本主义进入帝国主义阶段，帝国主义国家疯狂瓜分世界，中华民族危在旦夕。而十月革命一声炮响，给中国送来了马克思主义，中国进入新民主主义革命阶段。

[1] 《马克思恩格斯选集》第一卷，人民出版社1995年版，第462页。

中国的革命如何进行？中国应该建立什么样的政权？

中国半殖民地半封建社会的基本国情和阶级状况与西方发达资本主义国家不同，也与苏联不同。在1840年以前，中国是封建社会，资本主义对中国来说是一个更高的阶段。但是，在当时的国际和国内情况下，在帝国主义的剥削压迫下,中国走不了资本主义。中国的资本主义民族工商业虽然具有进步性，但却极度弱小，只能在封建主义和帝国主义的夹缝里生存。无产阶级虽然具有先进性，代表着未来，斗争性坚决，但力量小。因此，在当时的历史情况下，中国的历史任务是救亡，中国社会的主要矛盾是无产阶级、农民阶级、小资产阶级、资产阶级和封建地主阶级、官僚资产阶级、帝国主义及其买办的矛盾，中国革命的任务是推翻封建主义、帝国主义和官僚资本主义在中国的统治。为了完成这个任务，必须在无产阶级领导下，联合一切可以联合的爱国力量。这与西方发达资本主义国家的无产阶级革命任务有着重大区别。

在新民主主义革命时期，毛泽东根据中国国情运用无产阶级专政的理论，经过艰辛探索，创造性地建立了人民民主专政。1939年5月4日，他在《青年运动的方向》的演讲中提出“人民民主专政共和国”这一概念,把建立“人民民主主义制度”看成是实现社会主义的第一步。1940年1月，毛泽东在《新民主主义论》中指出：“现在所要建立的中华民主共和国，只能是在无产阶级领导下的一切反帝反封建的人们联合专政的民主共和国……这种新民主主义共和国，一方面和旧形式的、欧美式的、资产阶级专政的、资本主义的共和国相区别，那是旧民主主义的共和国，那种共和国已经过时了;另一方面，也和苏联式的、无产阶级专政的、社会主义的共和国相区别……”[1]1945年4月，毛泽东在党的七大政治报告中指出：“建立一个以全国绝对大多数人民为基础而在工人阶级领导之下的统一战线的民主联盟的国家制度,我们把这样的国家制度称之为新民主主义的国家制度。”[2]1949年3月毛泽东在党的七届二中全会

[1] 《毛泽东选集》第二卷，人民出版社1991年版，第675页。

[2] 《毛泽东选集》第三卷，人民出版社1991年版，第1056页。

的报告中指出："无产阶级领导的以工农联盟为基础的人民民主专政，要求我们党去认真地团结全体工人阶级、全体农民阶级和广大的革命知识分子，这些是这个专政的领导力量和基础力量。没有这种团结，这个专政就不能巩固。同时也要求我们党去团结尽可能多的能够同我们合作的城市小资产阶级和民族资产阶级的代表人物，它们的知识分子和政治派别……"[1]

正因为人民政权的革命性和广泛性，它才能不断发展壮大，打败强大的敌人，成立新中国，为后来的社会主义建设奠定坚实的政治基础。

总之，人民民主专政的国家政权，就是以最广大劳动者为主体的人民当家作主的政权。

二、人民民主专政是民主和专政的统一

人民民主专政是人民民主和人民专政的有机统一。1949 年 6 月 3 日，毛泽东在《论人民民主专政》中明确指出："人民是什么？在中国，在现阶段，是工人阶级，农民阶级，城市小资产阶级和民族资产阶级。这些阶级在工人阶级和共产党的领导之下，团结起来，组成自己的国家，选举自己的政府，向着帝国主义的走狗即地主阶级和官僚资产阶级以及代表这些阶级的国民党反动派及其帮凶们实行专政，实行独裁，压迫这些人，只许他们规规矩矩，不许他们乱说乱动。如要乱说乱动，立即取缔，予以制裁。对于人民内部，则实行民主制度，人民有言论集会结社等项的自由权。选举权，只给人民，不给反动派。这两方面，对人民内部的民主方面和对反动派的专政方面，互相结合起来，就是人民民主专政。"[2]

毛泽东这篇文章发表在新中国成立前夕，中国正处于新民主主义革命阶段。虽然历史条件发生了很多变化，但对人民民主专政中民主与专政的基本关系论述仍有指导意义。

人民民主是人民当家作主，人民成为国家的真正主人，它区别于抽象的资

[1] 《毛泽东选集》第四卷，人民出版社 1991 年版，第 1437 页。

[2] 《毛泽东选集》第四卷，人民出版社 1991 年版，第 1475 页。

产阶级民主，是真正的主权在民，即主权在绝大多数劳动者手中。人民享有民主权利，如人民有言论集会结社等项的自由权。在人民享有的各项基本民主权利中，参与国家管理的权利是根本的权利，是其他一切权利的基础。毛泽东读苏联《政治经济学教科书》时深刻地提出："这里讲到苏联劳动者享受的各种权利时，没有讲劳动者管理国家、管理军队、管理各种企业、管理文化教育的权利。实际上，这是社会主义制度下劳动者最大的权利，最根本的权利。没有这种权利，劳动者的工作权、休息权、受教育权等等权利，就没有保证。"[1]

人民专政就是利用国家暴力机器打击敌对阶级和敌对势力，维护、巩固人民政权。毛泽东用最通俗的话，非常明白地说明人民专政的含义："这些阶级在工人阶级和共产党的领导之下，团结起来，组成自己的国家，选举自己的政府，向着帝国主义的走狗即地主阶级和官僚资产阶级以及代表这些阶级的国民党反动派及其帮凶们实行专政，实行独裁，压迫这些人，只许他们规规矩矩，不许他们乱说乱动。如要乱说乱动，立即取缔，予以制裁。"[2]

人民民主和人民专政是相互统一的。人民民主是讲人民在国家中的主人地位，所享受的参与国家管理的政治权利和各种其他权利，这种政治权利最终表现为经济权利，分享社会发展成果，不断提高物质和文化生活水平。人民专政就是利用国家这一暴力机器，保护人民当家作主的地位，保护人民的各种权利。

没有人民民主，人民就不会支持国家政权，国家政权就会失去力量之源。中国共产党领导的革命政权之所以能战胜封建主义、帝国主义和官僚资本主义这些强大的敌人，就在于它是人民民主政权，是人民翻身的解放，所以人民踊跃投身革命。如果没有人民专政，没有国家暴力机器，就无法保护人民民主，无法保护人民的主人地位，国家就无法进一步发展，人民生活水平就无法进一步提高。

---

[1] 《毛泽东文集》第八卷，人民出版社 1999 年版，第 129 页。

[2] 《毛泽东选集》第四卷，人民出版社 1991 年版，第 1475 页。

马克思主义认为，国家是阶级专政的暴力机器，只要有阶级存在，国家就会存在，阶级专政就会存在。只不过，历史上的剥削阶级对专政都虚以粉饰，只有无产阶级政权敢于明确说明。毛泽东面对敌对势力的各种质疑和嘲讽，在《论人民民主专政》中针锋相对地说："帝国主义还存在，国内反动派还存在，国内阶级还存在。我们现在的任务是要强化人民的国家机器，这主要地是指人民的军队、人民的警察和人民的法庭，借以巩固国防和保护人民利益。以此作为条件，使中国有可能在工人阶级和共产党的领导之下稳步地由农业国进到工业国，由新民主主义社会进到社会主义社会和共产主义社会，消灭阶级和实现大同。军队、警察、法庭等项国家机器，是阶级压迫阶级的工具。对于敌对的阶级，它是压迫的工具，它是暴力，并不是什么'仁慈'的东西。'你们不仁'。正是这样。我们对于反动派和反动阶级的反动行为，决不施仁政。我们仅仅施仁政于人民内部，而不施于人民外部的反动派和反动阶级的反动行为。"[1]

随着生产力的发展，中国综合国力不断提高，国家政权已经稳定，中国现阶段的主要矛盾是人民日益增长的物质文化需要同落后的社会生产之间的矛盾。但是，还要看到，阶级斗争虽然不是主要矛盾，但它仍然存在，在特定条件下还有可能激化。现阶段中国面临着复杂的国际环境，西方国家西化、分化我国，颠覆社会主义制度、党的领导地位的图谋一直存在。因此，只有坚持人民民主专政，才能有力量捍卫社会主义制度、党的执政地位，才能真正坚持以经济建设为中心，真正进行改革开放，实现伟大的民族复兴。1989 年政治风波之后，邓小平指出："无产阶级作为一个新兴阶级夺取政权，建立社会主义，本身的力量在一个相当长时期内肯定弱于资本主义，不靠专政就抵制不住资本主义的进攻。坚持社会主义就必须坚持无产阶级专政，我们叫人民民主专政。在四个坚持中，坚持人民民主专政这一条不低于其他三条。"[2]

[1] 《毛泽东选集》第四卷，人民出版社 1991 年版，第 1476 页。

[2] 《邓小平文选》第三卷，人民出版社 1993 年版，第 365 页。

在现阶段，为了坚持人民民主，保护人民在国家中的主人地位，必须坚持人民专政，即无产阶级专政。

三、人民当家作主的制度保障

人民民主专政是中华人民共和国的国体，它的实质就在于人民是国家的真正主人。人民成为国家的主人，需要通过一定的制度设计来体现、来保证。经过长期的探索和不断完善，我国已经建立起一套相对完整的政治制度。人民代表大会制度是我国的根本政治制度，中国共产党领导的多党合作和政治协商制度、民族区域自治制度、基层群众自治制度是我国的三大基本政治制度。同时，随着社会不断发展，我国的政治制度也在进行新的探索。

人民代表大会制度是我国的根本政治制度。人民代表大会制度保障了人民当家作主。凡年满 18 岁的中华人民共和国公民（触犯法律被剥夺政治权利者除外）都具有选举权和被选举权，不受任何其他限制。全国人大代表的选举具有广泛性和真实性。人民通过普遍的民主选举，产生自己的代表，组成各级人民代表大会，各级人民代表大会都对人民负责、受人民监督。各级人大及其常委会集体行使职权，集体决定问题，这样能够集中人民的共同意志，代表人民的根本利益。国家行政机关、审判机关、检察机关都由人大产生，对人大负责，受人大监督，有力地保证了人民依法实行民主选举、民主决策、民主管理、民主监督，真正施行宪法和法律规定的广泛的民主、自由和权利。人民通过自己选举出的代表参与国家事务。同时，人民群众通过广泛的、直接的、普遍的、平等的县乡两级人大代表的选举参与地方事务的管理。通过人民代表大会制度，人民真正成为国家的主人，人民群众以极大的积极性、主动性、创造性建设社会主义。这是实现好、维护好和发展好最广大人民根本利益的可靠保证。

中国共产党领导的多党合作和政治协商制度植根于中国独特的经济、政治和文化传统的土壤之中，是中国近代以来历史发展的必然结果。1949 年 9 月 21 日，第一届中国人民政治协商会议召开。这次会议通过了《中国人民政治协商会议共同纲领》和《中央人民政府组织法》，并依据《中央人民政府组织法》选举产生了第一届中央人民政府委员会。中国共产党领导的多党合作和政治协商制度正式形成。1990 年 2 月公布的《中共中央关于坚持和完善中国共产党领导的多党合作和政治协商制度的意见》中确定："中国共产党领导的多党合作和政治协商制度是我国一项基本政治制度。"

在多党合作的关系中，中国共产党同其他民主党派在法律上是完全平等的，组织上是独立的。但中国共产党是处于政治领导地位的唯一政党，在中国共产党领导下，民主党派与中国共产党是一种政治合作关系，即共产党执政、各民主党派共同参政。多党合作的指导方针是"长期共存、互相监督""肝胆相照、荣辱与共"。共产党和民主党派的合作形式是多种多样的，在各种合作形式中，中国人民政治协商会议是最重要的组织形式。中国共产党领导的多党合作和政治协商制度能够最大限度在社会各个阶层中进行沟通和协商，达成共识，能够最大限度地调动各个阶层的积极性和创造性，使人民民主政权保持广泛的政治基础，保持生机与活力。

基层群众自治制度是城乡居民群众以相关法律法规政策为依据，在城乡基层党组织领导下，在居住地范围内，依托基层群众自治组织，直接行使民主选举、民主决策、民主监督和民主管理等权利，实行自我管理、自我服务、自我教育、自我监督的制度。基层群众自治包括城市社区自治和村民自治。

基层群众自治制度是在新中国成立后的民主实践中逐步形成的，最先出现的是城市居民委员会。在新中国成立之初，一些城市的群众自己组织起来，出现了防护队、防盗队和居民组等群众性自治组织。1953 年，城市居民委员会被确认为群众性自治组织。它的主要任务是把党政企事业单位以外的街道居民组织起来，在居民自愿的原则下，办理有关居民的公共福利事务。党的十一届三中全会后，农村实行联产承包责任制，原有的人民公社政权形式解体，一些农民自发组织起来选举管理机构，维护村中秩序和公共服务，后来统一称为村民委员会。1982 年，全国人大常委会在起草宪法修改草案时，把村民委员会和居民委员会一起写进了宪法，并对村民委员会的性质、任务和组织原则作出明确规定。党的十七大报告第一次把基层群众自治制度确立为我国民主政治的四项制度之一。

基层群众自治组织是人民当家作主在基层的具体体现，人民群众可以直接选举、参与、监督与自己利益直接相关的基层事务，既能保证人民群众的民主权利和正当利益，又能调动人民群众的积极性。

随着改革开放的进程不断加快，社会利益格局不断分化、复杂化，出现了社会新旧矛盾相互交织的新变化，我国的人民民主也在不断探索发展。协商民主正成为保证人民当家作主权利的一种重要形式。我国在继续重点加强政党协商、政府协商、政协协商的同时，正积极开展人大协商、人民团体协商、基层协商，逐步探索社会组织协商。

第三节　为了我们的明天而奋斗

近代以来，中国一直面对着西方资本主义国家的强势扩张，而中国传统的政治制度无力应对挑战。建立一个能办事的政府，构建一个高效率的、拥有强大的国家治理能力的现代民族国家，动员人民群众，救亡图存，发展复兴，是中国近现代史的中心议题。晚清政府曾尝试君主立宪，孙中山在辛亥革命后移植西方民主制度，蒋介石在20世纪30年代力图建立法西斯一党专制，但这些政权对外不能抵御侵略，维护国家独立，对内无力展开大规模工业化建设，都失败了。随着中国共产党领导的人民民主政权的发展、壮大，蕴藏在中国人民中的伟大力量被真正动员起来。在新民主主义革命中，中国人民推翻“三座大山”，当家作主。新中国成立后，广大人民群众以主人翁责任感投入到社会主义建设中，在短短三十年间初步建成了完整的工业体系和国民经济体系。改革开放以来，我国又取得了举世瞩目的成就。

历史证明，人民民主是国家治理能力的力量之源。那么，人民民主是如何让国家政权获得力量,使其能够高效率地履行自己的职能呢？本书从基层民主历史发展的视角来探讨这一问题。

一、真实的政治权力激发人民的革命热情

中国人民民主政权发展的过程,是与如何有效地动员人力物力资源去完成革命，尤其是在广大乡村中动员农民参加革命紧密相连的。

在革命过程中,中国共产党对人民民主进行了积极探索,先后建立广东省农民协会、1927 年的上海特别市民代表会议、工农兵代表苏维埃、实行“三三制”的陕甘宁边区政府、华北临时人民代表大会选举的华北人民政府委员会,直到建立人民民主主义的国家，实行工人阶级领导的、以工农联盟为基础的、团结各民主阶级和国内各民族的人民民主专政。

但是，动员广大人民群众，尤其是农民，并非易事。农民是被压迫者，有革命性，但是，长期被压迫也使农民具有浓厚的小农思想，目光狭隘，对政治冷漠。建立政权的过程中，中国共产党通过人民民主，使人民当家作主，让以农民为主的人民群众把政权视为自己的政权，从而积极参加革命，这是中国革命取得胜利的关键，其采取的主要措施是赋予人民群众以选举权、监督权，同时通过各种制度、政策使政权代表人民的利益。

首先是选举权。在人民民主政权的建设中,中国共产党人高度重视人民的选举权,通过真实的选举使政权代表人民利益。1927 年 11 月 28 日,江西茶陵县工农兵政府成立,这是井冈山革命根据地的第一个县级红色政权。根据毛泽东的倡议，自下而上民主产生政府领导人，先由基层推选出工人代表谭震林、农民代表李炳荣、士兵代表陈士榘，组成新政府常委，再由代表推举谭震林任政府主席，然后设立了民政、财经、青工、妇女等部门。茶陵县工农兵政府的组成人员主要是工人、农民、士兵代表，并吸收革命知识分子，在政权建设中,充分发挥工农兵代表大会的作用。茶陵县工农兵政府的领导人是通过自下而上层层推举出来的，因而，这个政权来自群众，代表群众，能赢得群众的承认和拥护，同时也锻炼和提高了群众政治觉悟，这成为后来苏区政权的萌芽。

在苏区,共产党人不断推动基层群众选举。在毛泽东和张闻天的《区乡苏维埃怎样工作》中，在毛泽东的农村调查中，有十分生动、令人神往的记载。《长岗乡调查》中有一章专讲“此次选举”，评论其缺点是:候选人名单没有差别，群众对名单没有批评；选委会在提候选名单中没起作用，只有党的活动。《才溪乡调查》则称赞了选举中的差额和批评[1]。

在政权建设中,领导人非常关注工农兵代表对政府的监督权。毛泽东在井冈山时期就指出:“现在群众普遍知道的‘工农兵政府’，是指委员会，因为他们尚不认识代表会的权力,以为委员会才是真正的权力机关。没有代表大会作依靠的执行委员会，其处理事情，往往脱离群众的意见，对没收及分配土地的犹豫妥协，对经费的滥用和贪污，对白色势力的畏避或斗争不坚决，到处发现。”[2] 毛泽东主张从工农兵群众中选出代表,组成代表大会,由代表大会选出执行委员会。代表大会由工农兵群众直接选举，是工农兵政府的权力机关。执行委员会受代表大会的委托进行工作。在平时的政治生活中,不能由执行委员会大权独揽，而应该充分尊重代表会议的权力和职能。在执行委员会内不应由常委、主席或秘书处理决定，而应该充分尊重委员会集体的职能和权力。这样，通过代表监督，就能够保障政权代表人民群众的利益，保持人民民主性质。

还有一点非常重要,就是政权要真正关心人民的利益,为人民做实事。只有这样，才能得到人民的拥护。毛泽东在中央苏区有针对性地指出：“我们要胜利，一定还要做很多工作。领导农民的土地斗争，分土地给农民;提高农民的劳动热情，增加农业生产;保障工人的利益;建立合作社;发展对外贸易;解决群众的穿衣问题，吃饭问题，住房问题，柴米油盐问题，疾病卫生问题，婚姻问题。总之，一切群众的实际生活问题，都是我们应该注意的问题。”[3]

抗日战争时期，中国共产党领导的边区政权建立了广泛的基层民主政权。

---

[1] 龚育之:《党史札记》，浙江人民出版社 2002 年版，第 176 页。

[2] 《毛泽东选集》第一卷，人民出版社 1991 年版，第 72 页。

[3] 《毛泽东选集》第一卷，人民出版社 1991 年版，第 136—137 页。

民主政治建设是一项艰苦的工作。在政权建设中，最突出的一点就是通过真实的参与权来克服北方落后地区农民的政治冷漠。

在以陕甘宁边区为代表的革命根据地中，每次组织进行基层选举时，都要花费很大的力气进行组织动员。如专门成立选举委员会，成立选举训练班，针对选举的技术问题专门进行培训。有的地方还编出《选村长》这样的戏剧到处演出，形象地告诉农民选上自己合意的人会带来什么好处。为了宣传选举，各个边区还印行大量的小报和宣传品，仅晋察冀边区就出版各种报刊100余种。

为了真正吸引人民参加选举，参加革命政权，边区政府就要让群众认同这个政权，把它视为自己的政权。为此，政府在两个方面着力：第一，政权代表群众的利益。边区政府清除旧政权中的土豪劣绅和贪污分子，消除衙门气，让老百姓有亲切感，能最大限度地代表大多数农民说话。在处理乡民日常纠纷时一碗水端平，具有公正性。但是，这是权力自上而下发挥作用，还没有脱离“青天”这样的传统观念。第二，自下而上，农民说话要有用，最普通的农民可以对直接管自己的权力机构“说三道四”，实际上是加强农民对日常事务的决策参与权。为此，边区在农村实行真正的普选，设立民意机构。在乡村这一级，除了以前的村民（或乡民）大会外，设立了村民代表会，作为村民大会的常设机构，村民代表会由村长和各个公民小组选出的代表组成，平时有权过问村里的一切事务，并监督村公所的工作，凡公民小组认为不合格的代表，小组可以随时撤换，只是村长必须由村民大会改选，过半数以上的公民小组同意，可以随时召开临时村民大会。[1]

正是因为中国共产党领导的政权的人民民主性质，人民群众才真正认同这个政权，把它看作自己的政权，才愿意积极参与民主政治，支持革命战争。这是人民民主政权能够有效地把千百万农民以及更广大的民众组织起来，凝聚成伟大的力量，抗击帝国主义的侵略，推翻封建势力和官僚资本主义的统治的根本原因。

---

[1] 参见张鸣：《抗日根据地的基层政权建设》，《党史纵横》2006年第1期。

二、社会主义建设中的主人翁精神

新中国成立后，中国面临的一个核心任务，就是如何从一个落后的农业国迅速发展为一个社会主义工业强国。发展现代大工业是维护国家独立统一的要求，也是国家未来发展的要求，但是，工业化需要积累资金，快速工业化需要大规模资金投入，而中国却面临着极大的困难。首先，中国是落后的农业国，生产力、经济、科学、教育极其落后，工业基础薄弱。其次，百年来，中国饱受帝国主义侵略和欺凌，战争连绵不断，国家和人民极其穷困。再次，中国面临复杂的国际局势。朝鲜战争后，美国在中国东部建立军事包围圈，进行军事和经济封锁。苏联 1960 年在我国经济处于困境时，突然撕毁合同，撤走专家，并追讨债务，以此迫使我国屈服。在 1960 年以后，中国处于被围困的状态，没有外部援助。最后，出于国家安全考虑，中国无法按照“农—轻—重”的顺序依次发展工业，必须实行赶超战略，集中一切资源，以重工业为重点，高积累、低消费，进行快速工业化。

新中国成立后不久，中国建成苏联模式的社会主义基本制度，这个制度的特点就是国家权力高度集中，可以集中一切可能的人力、物力和财力，进行高速工业化。在这三十年中，中国完成了初步工业化，建立了比较完备的国民工业体系，建立了以“两弹一星”为代表的国防工业体系和科技研发体系，为国家独立、发展打下了坚实的物质基础。

工业化是世界发展的潮流。就一个国家的生存与发展而言，工业化是必须的，但是，就现实而言，并不是每一个国家都能够完成工业化。中国是二战后人口过亿的第三世界大国中唯一一个完成初步工业化，建成完整工业体系的国家，而许多发展条件远好于中国的国家，工业化却没有完成。就此而言，中国政府是高效的，国家治理能力是强大的，这种国家治理能力的来源就是人民民主专政。

人民民主专政就是人民当家作主。人民是国家的主人。人民不仅有选举权，还有参与国家事务的权利。而社会主义工业化是为了人民的长远利益。因此，中国人民能够以主人翁精神，以极大的主动性、积极性、创造性投入国家建设，甚至献身于社会主义事业。这样，在缺乏外援的情况下，中国人民能够以精神力量弥补物质力量的不足，以劳动代替资本投入，不断地进行工业积累，推进中国的工业化，这是其他第三世界国家无法做到的。在计划经济时代的基层民主建设中，这一点表现得非常突出。

在农村，人民公社实行“三级所有，队为基础”，也就是人民公社、生产大队（一般是村）和生产小队。人民公社、生产大队的领导一般由上级任命，而生产小队的队长则是由该小队的社员定期选举。在国家整体计划的安排下，对如何发展生产、安排劳动、分红以及日常事务等，小队成员具有相应自主权。在工业部门，基层民主的建设更是受到重视。其中，最有代表性的就是“鞍钢宪法”。1960年3月，中共鞍山市委把鞍钢开展的技术革新、技术革命和合理化建议活动的经验进行总结，以《关于工业战线上的技术革新和技术革命运动开展情况的报告》为名上报中央。这份报告引起毛泽东同志高度重视，他在批示中将鞍钢的报告总结概括为五个方面的内容，即“坚持政治挂帅，加强党的领导，大搞群众运动，实行“两参一改三结合”，大搞技术革新和技术革命运动”。这样，鞍钢的经验被称为“鞍钢宪法”，其基本原则就是“两参一改三结合”，即干部参加劳动，工人参加管理；改革不合理的规章制度；实行领导干部、职工群众和技术人员三结合。[1]“鞍钢宪法”成为我国工业企业管理的重要原则，对工业企业基层民主发展起到了推动作用，如后来的职工代表大会、合理化建议等都受其影响。

毛泽东高度重视“鞍钢宪法”，并非偶然兴之所至。实际上，“鞍钢宪法”的灵魂，就是人民当家作主。它的宗旨是保证人民真正参加国家管理，具体地说，就是参加所在工业企业的管理，成为企业的主人。在1959年读苏联政治经济学教科书时，毛泽东就对书中所说的，吸收广大劳动群众“直接地和积极

[1] 参见刘青山：《“鞍钢宪法”始末——中国现代企业管理模式的早期探索》，《国企》2011年第7期。

地参加生产管理，参加国家机关工作，参加国家社会生活的一切部门的领导”极为关注。毛泽东指出，“这里讲到苏联劳动者享受的各种权利时，没有讲劳动者管理国家、管理军队、管理各种企业、管理文化教育的权利。实际上，这是社会主义制度下劳动者最大的权利，最根本的权利，没有这种权利，劳动者的工作权、休息权、受教育权等等权利，就没有保证”。[1]毛泽东还结合我国的一些实际情况指出，“如果干部不放下架子，不同工人打成一片，工人就往往不把工厂看成自己的，而看成干部的。干部的老爷态度使工人不愿意自觉地遵守纪律，而且破坏劳动纪律的往往首先是那些老爷们”[2]。

可见，毛泽东认识到，只有人民真正参与管理，人民群众才会成为国家真正的主人，这样，人们才会以极大的主人翁精神进行社会主义建设。这是在物质匮乏的条件下，推进社会主义工业化和社会主义建设的保障。

可以说，计划体制可以扩大国家汲取物质资源的能力，但计划体制要高效地运行，必须以人民民主为基础。

三、群众管理自己的事务促进社会和谐

改革开放以来，我国面临新的历史任务。从工业化的角度看，我国初步工业化已经完成，但是，由于当时优先发展重工业，农、轻、重的比例关系不合理。同时，随着工业规模的不断扩大，苏联模式的弊端也开始显露，其核心症结就是计划的效率和经济的动力问题，过去是用革命理想、主人翁精神来作为经济发展的动力，来提高效率，但这种精神动力不是无限的，由于企业生产、销售都是按照计划，企业缺乏外部竞争，自身没有自主权，因此缺乏激励机制，从而影响生产效率，削弱工业发展的动力。

因此，我国开始改革，建立社会主义市场经济。社会随之发生深刻的变化。在所有制上，我国出现了以公有制为主体的多种所有制共存的结构。在资源配置上，在国家指导下，市场逐渐发挥越来越大的作用。在市场经济中，

[1] 《毛泽东文集》第八卷，人民出版社 1999 年版，第 129 页。

[2] 《毛泽东文集》第八卷，人民出版社 1999 年版，第 129 页。

个人追求自己的利益成为经济发展的动力，市场竞争提升经济效率。在这种基础上，社会也出现分化，出现了不同的阶层、利益集团，出现了相应的矛盾。而国家也出现了相应变化。随着社会主义市场经济的发展，国家不再控制一切资源，不再对经济进行全盘计划，国家逐渐从一些经济领域退出，由市场发挥配置资源的作用。同时，在国家之外，逐渐出现了一个庞大的社会空间。

在这种情况下，我国要维护国家安全，推动经济发展，促进社会和谐，人民幸福，这给国家治理能力提出了极大的挑战。坚持和完善人民民主，丰富人民民主的内容和新形式，仍然是提升国家治理能力的保证。

改革开放以来，我国基层民主取得了很大的发展，出现了村民自治、城市社区自治等基层民主形式，保证了人民群众的选举权、参与权、监督权。其中，在基层民主发展中，重参与协商成为一大趋势，这是社会主义市场经济条件下人民民主的重要体现，也为提升国家治理能力提供了有益的经验。

2003 年 6 月 13 日，由浙江温岭市新河镇政府部门、工会出面，召集羊毛衫行业劳资双方坐下来进行“职工工资恳谈会”，协商工价。13 位职工代表和 8 位企业老板开始坐下来，面对面商谈，确定各个工序统一、合理的工价。经过反复商讨，双方在 8 月 8 日签订《2003 年下半年羊毛衫行业职工工资（工价）集体协商协议书》。这是我国第一份工资商讨协议，曾引起国家高层领导人的高度关注。

就在“工资协议”签订后的第二天，长屿羊毛衫行业工会成立，这是我国第一个非公有制企业的行业工会。行业工会委员会由 9 人组成，除镇工会副主席陈福清兼任主席外，其余 8 位委员，都由十几家较大规模企业的一线工人选出。在此后 8 年时间，新河镇长屿羊毛衫行业工会主席带领行业的 1.2 万名职工与企业老板坚持不懈地进行工资谈判，每年职工工资都有约 10% 的增长。[1]

这就是引起广泛关注的浙江温岭民主恳谈会。这一代表性的基层协商民主包含着丰富的信息。

[1] 陈玮：《浙江温岭工资协商制度纪实》，《中国市场》2008 年第 29 期。

在这之前，当地工人和企业老板之间矛盾激化，出现过罢工、暴力事件，工人不断上访，经济发展遭受损害，社会秩序受到影响。地方政府既不能强迫企业老板给工人提高工资，也不能帮助老板强迫工人生产，还要应对各种事件，也是苦恼不堪，地方政府的传统治理方法已经难以应对新挑战。

工资协商会议这种新的基层民主协商形式解决了这一难题。主要表现在以下几点：

第一，在市场经济条件下，集体协商给了私营企业中的农民工（工人）以参与权。农民工和私营企业老板是两个新兴阶层，不管从经济还是社会地位而言，农民工都是相对弱势的。作为个人，农民工很难要求提高工资，难以维护自己的切身利益。但是通过集体协商的形式，新河镇羊毛衫行业职工提高了工资，并且随着企业发展，连续增加工资。职工通过民主权利，在涉及自身利益的事务中，获得了参与权、发言权，在经济和社会发展中获得自身应得的利益。

第二，注重各方利益，维护多元一体。私营企业在社会主义市场经济中发挥着重要作用。促进私营企业的良好发展是政府的责任。在协商中，政府既要维护工人的利益，也要尊重企业老板的利益。通过集体协商的形式，工人代表和企业老板都提出自己的意见，讨价还价，最后达成共识，对企业利润进行相对合理的分配。

第三，注重发挥社会力量的作用。在协商中，作为社会组织的工会发挥了重要作用。在第一次协商后，长屿羊毛衫行业工会成立，这是非公有制企业的行业工会。除镇工会副主席陈福清兼任主席外，其余八位委员是相关企业的一线工人。他们能够代表职工与企业老板谈判，维护工人的利益。政府通过发挥工会的作用，协调、解决社会矛盾。

第四，平等有序参与。协商具有平等性。民主协商的机制承认，不管参与的人是什么身份、地位，有什么样的经济条件，每一种利益诉求都应当得到尊重，在协商议事的过程中，都有同样的参与权、发言权和参与决策的权利，这为人民群众的利益表达和政治参与搭建了平台。同时，这种参与是有序的，是由地方政府和工会组织进行的，并且，随着发展，这种恳谈会不断制度化、法律化。

温岭“民主恳谈会”是来自基层自发的创新。在温岭市政府的推动下，在基层公共决策、劳资纠纷协商、参与式公共预算等领域，出现各种形式的“恳谈会”。温岭的“民主恳谈会”这种新型的基层协商民主是人民民主在社会主义市场经济条件下的新形式，代表一种新趋势，它通过广泛政治参与、多元共存、有序协商，维护人民当家作主的地位，维护人民的利益，使人民能够从社会发展中获得应得的利益。因此，它能够消除潜在的社会利益冲突，推动社会和谐发展。

四、必须反对两种错误观念

坚持人民民主专政，保证人民是国家的真正主人，要反对各种各样的错误思想。这里，要着重注意：

第一，坚持人民民主专政不等于“以阶级斗争为纲”。

人民民主专政是人民民主和人民专政的统一。坚持人民当家作主的地位，必然要坚持人民民主专政。有些人一见“人民民主专政”“无产阶级专政”，就望文生义，认为要大搞阶级斗争，“以阶级斗争为纲”。这些观点实际上误解了阶级斗争和人民民主专政的关系，也不了解我国社会主义初级阶段的基本路线。

党的社会主义初级阶段的基本路线是以经济建设为中心，坚决反对“以阶级斗争为纲”，但并不否认在一定范围内存在阶级斗争。我们党早在党的十一届三中全会会议《公报》中就提出，“把全党工作的着重点和全国人民的注意力转移到社会主义现代化建设上来”。同时，会议《公报》也强调：“我们国内现在还存在着极少数敌视和破坏我国社会主义的反革命分子和刑事犯罪分子，我们决不能放松同他们的阶级斗争，决不能削弱无产阶级专政。”[1] 党的十三大

[1] 中共中央文献研究室：《改革开放三十年重要文献选编（上）》，中央文献出版社2008年版，第15页。

明确提出党的基本路线，即“一个中心、两个基本点”。对于阶级斗争，十三大报告指出：“我们在现阶段所面临的主要矛盾，是人民日益增长的物质文化需要同落后的社会生产之间的矛盾。阶级斗争在一定范围内还会长期存在，但已经不是主要矛盾。”[1]

从党的社会主义初级阶段的基本路线来看，承认阶级斗争在一定范围内存在，因此要坚持无产阶级专政，但是，阶级斗争已经不是我国现阶段的主要矛盾，所以，我们要否定“以阶级斗争为纲”。一看到“专政”就联想起大规模的阶级斗争，本身就是一种错误。同时，坚持人民民主专政，在一定范围内进行阶级斗争，是全面建成小康社会、实现中华民族伟大复兴的有力保障。

阶级斗争是客观存在的，它在经济、政治、文化等领域以不同的形式表现出来。阶级敌人主要表现为：各种各样的刑事犯罪分子；以推翻国家政权为目标的犯罪分子；各种类型的民族分裂分子；以颠覆我国社会主义制度为目标的国际垄断资本势力。如果视而不见，阶级敌人的势力就有可能发展蔓延，并且在特定情况下激化、引发大规模的社会动荡，破坏我国的经济建设，尤其表现在我国与外部强大的敌对势力进行斗争的过程中。没有人民民主专政，就无法打击敌人，无法维护党的领导地位，无法维护政权，无法保持稳定和保障人民的正常生活，就无法坚持中国特色社会主义道路。

因此，邓小平同志一再强调人民民主专政的重要性。1990年，在与中央负责同志的谈话中，邓小平同志指出：“无产阶级作为一个新兴阶级夺取政权，建立社会主义，本身的力量在一个相当长时期内肯定弱于资本主义，不靠专政就抵制不住资本主义的进攻。坚持社会主义就必须坚持无产阶级专政，我们叫人民民主专政。在四个坚持中，坚持人民民主专政这一条不亚于其他三条。”[2]

在这里，非常重要的一点，就是要正确区分两类不同性质的矛盾。

在阶级斗争中，存在敌我矛盾和人民内部矛盾。如何正确区分呢？首先要

[1] 中共中央文献研究室：《改革开放三十年重要文献选编（上）》，中央文献出版社2008年版，第476页。

[2] 《邓小平文选》第三卷，人民出版社1993年版，第364—365页。

清楚人民的概念。人民民主专政是以工人阶级和农民阶级联盟为最主要的基础，以一切热爱祖国、热爱社会主义事业的社会主义建设者为最广泛的联盟，这是人民所包括的范围。1999年3月，第九届全国人大二次会议上审议通过《中华人民共和国宪法修正案》，第一次把“个体、私营经济等非公有制经济，是社会主义市场经济的重要组成部分”写进了《宪法》。也就是说，在社会主义初级阶段，个体从业者、私营企业主都是社会主义建设者，他们也属于人民的范畴。在工人、农民、个体从业者、私营企业主之间出现的矛盾，是人民内部矛盾，不能激化矛盾，搞阶级斗争，而是要通过民主协商沟通来解决。

第二，发展、完善人民民主不等于移植西方民主制度。

邓小平同志曾旗帜鲜明地指出：“资本主义社会讲的民主是资产阶级的民主，实际上是垄断资本的民主，无非是多党竞选、三权鼎立、两院制。我们的制度是人民代表大会制度，共产党领导下的人民民主制度，不能搞西方那一套。”[1]

全面移植西方的民主制度，最终的结果就是实行资产阶级民主。原因很简单，国体与政体是内在联系的，国体是内容，政体是与内容相适应的形式。西方的政体是维护资产阶级在国家中的统治地位，也是维护这一国体的。在历史上，西方民主制度的胜利被称为“驯服王权”。西方民主的初衷就是避免出现威胁资产阶级利益的新王权。因此，在制度设计上，一方面是权力的制衡，另一方面就是金钱的地位。西方的金钱民主并不是制度不完善造成的弊端，而是制度的本质表现。

在西方的选举中，每个公民都有选举权和被选举权。但是实际上，绝大多数人只有选举权，而没有实际的被选举权。这是因为，选举要有雄厚的资金支持，否则，就无法获得选举胜利。这样一来，就变成了金钱先挑选“代理人”，然后才是普通公民在“代理人”之间进行选择，公民的选举权由此变成了形式。

[1] 《邓小平文选》第三卷，人民出版社1993年版，第240页。

2008年，美国国务卿希拉里为竞选总统花了2.5066亿美元，最后铩羽而归，被媒体称为竞选总统中最昂贵的“失利”。根据统计，截至2008年6月为止，希拉里选举阵营的负债款项累计高达2250万美元，创下历年来美国总统选举参选人当中的最高负债纪录。2008年，罗姆尼在参加共和党党内初选时，花费了1.1360亿美元却遭到挫败，成为竞选美国总统参选人中最昂贵的“失利”。[1]一直以来美国被视为西方民主的典范。但是，这样的选举，普通人实际上被排除在外，而金钱成为选举的中心。

乌克兰在苏联解体后，实行西方民主制度，最后沦为财阀寡头政治，这是社会主义国家政治体制改革的前车之鉴。“乌克兰寡头是苏联解体后乌克兰产生的新的统治精英，他们拥有雄厚的经济资源和政治实力，左右着乌克兰经济政治转轨，影响国家对外战略的制定和执行，将利益触角延伸到乌克兰的各个层面。他们身份多重，不仅是富可敌国的商人，还是政党的组织者、领导者或拉达（乌克兰议会）议员、政府要员。可以说如今在乌克兰，商业资本与政治权力已经紧密结合在一起，主宰国家金融、经济和政治的工具已经牢牢控制在他们手里。”[2]

乌克兰显赫的财阀有：利纳特·阿赫梅托夫，乌克兰首富，被称为顿巴斯地区的无冕之王和乌克兰地区党的最大寡头，是前总统亚努科维奇的支持者；媒体大亨维克多·平丘克，乌克兰著名的亿万富翁，前总统库奇马的女婿；根纳季·博戈柳博夫和伊格尔·科洛莫伊斯基，是季莫申科的支持者；天然气大亨德米特里·菲尔塔什，季莫申科的反对者；彼得·波罗申科，乌克兰现任总统，拥有生产轿车和公交车的工厂、列宁锻造造船厂、Roshen糖果公司、乌克兰汽车零部件控股公司、《记者》杂志、第五电视频道和其他数十家企业；尤利娅·季莫申科，乌克兰曾经最大的金融工业集团乌克兰统一能源系统（UESU）公司创始人和总裁；谢尔盖·塔卢塔，乌克兰金融工业集团顿巴斯工业联盟董

[1]《希拉里曾花2亿巨资选总统失利 成近年最“贵”败》，中国新闻网，2012-02-03，http://www.chinanews.com/gj/2012/02-03/3641968.shtml。

[2] 李秀蛟：《乌克兰著名寡头及其金融工业集团》，《国际研究参考》2015年第2期。

事会主席，亚努科维奇的反对者。

2003 年，乌克兰爆发颜色革命，从此激烈的政治纷争不断，政治家走马灯似的上台下台。在民主选举的政治游戏之下，实际是寡头们争夺财富的斗争。这些寡头不仅掌握着经济命脉，有自己的军队，有自己的代理人，还控制着媒体，有自己的“喉舌”。他们争夺，他们妥协，他们分化组合。西方民主制度成为他们控制政权、扶植代理人的工具，而广大乌克兰民众，则成为斗争的牺牲品。

我国的国体是人民民主专政，人民群众是国家的真正主人。我们的各项制度，由于各种历史条件的制约，还有不完善的地方。但是，我国政治发展的目标，不是废弃这些制度，移植西方制度，最后导致人民丧失国家主人的地位，而是完善我国的根本政治制度和基本政治制度，进一步保证人民当家作主的地位。

第四章

人民代表大会制度：人民当家作主的根本政治制度

人民代表大会制度是我国的根本政治制度。人民代表大会是国家权力机关，政府、法院和检察院由其产生，对其负责受其监督。人民通过人民代表大会制度成为国家真正的主人。人民代表大会制度是在无产阶级革命、中国新民主主义革命中产生、发展、壮大的。人民通过人民代表大会制度当家作主，成为政权的主人，国家的主人，从而激发出巨大的革命和建设热情，这是中国道路取得重大成就的力量之源。人民代表大会制度是马克思主义国家学说和中国实际相结合的产物，它具有人民性、先进性和效率性，三者相统一，具有巨大的优越性和活力。

第一节　人民代表大会制度的历史

人民代表大会制度不同于以往的政权形式，它是人民当家作主的政治保证，在无产阶级革命和中国新民主主义革命中产生，从最基层人民民主政权开始，逐渐形成全国性政权组织。只有了解这个历史，才能更加深刻地理解人民代表大会制度。

一、在无产阶级革命中萌芽并发展

人民当家作主,作为一种理想古代就曾经存在过。我国古代典籍中就不乏这样的记录。《礼记》中就记载有“大道之行也，天下为公，选贤与能，讲信修睦”。在大同社会中，人们通过选举，让道德高尚、能力出众的人作为领导人，为大家服务。历史学和人类学研究证明，在原始社会时期，就曾存在着民主制度。由于生产力低下，人们结成群体，共同劳动，共同消费，共同生活。这种群体建立在血缘关系上，被称为氏族公社。氏族公社有氏族大会，首领由选举产生。氏族公社成员通过氏族大会决定一切大事，日常事务按照惯例解决。首领没有特权。氏族大会是当时氏族成员当家作主的主要形式。随着生产力发展，阶级分化，国家产生，世袭的君主制出现，人民成为被统治者。

在奴隶社会，一般实行君主制，但在特定历史条件下，尤其在国土面积不大的国家，也曾存在过民主制。雅典是著名的代表。雅典是古希腊时期的城邦国家，它的民主制度由公民大会、五百人议事会、陪审法庭和十将军委员会等机构组成。公民大会是最高的权力机构，每隔 10 天召开一次，一年召开 40 次。年满 20 岁的男性公民都有权参加，讨论通过有关城邦的内外政策、法律和法令，审查公职人员等。会上，公民可以自由发言，展开辩论，然后进行表决。五百人议事会成员由各部落推选的人组成，或者由公民抽签产生，其主要职责是为公民大会筹备提案,处理公民大会休会期间城邦的日常行政事务。[1] 雅典民主被很多人视为民主制度的典范。它的主旨是人民主权,各项制度都保证城邦由人民统治，而不是个人或者寡头。它是真正的直接民主，每个公民都可以直接参与重大决策。任何公民都可当选雅典国家的一切公职(除了十将军委员会以外)。从形式来看，雅典的公民大会是雅典民主的重要组织形式。在一定意义上,它是原始社会中氏族大会在特定的奴隶制历史条件下的进一步发展。

在资本主义社会，资产阶级民主被确立。自由、民主、人权成为资产阶级

---

[1] 参见王绍光:《民主四讲》，生活·读书·新知三联书店 2008 年版，第 4—10 页。

革命的动员口号。“主权在民”被视为资产阶级民主的根本原则。但是，资产阶级民主本质上是资产阶级专政，它通过各种制度，不管是选举还是权力制衡，都是为了保证资产阶级的统治地位，而包括无产阶级在内的最广大劳动者实际上被排除在政权之外。就这一点，很多西方学者也承认。正是由于无产阶级不断斗争、国际共产主义运动的发展以及两次世界大战，西方国家劳动者的政治权利才在一定程度上有所扩大。

人民成为国家真正的主人，是无产阶级斗争的目标，无产阶级的政权及其相应的政权组织形式就是在这一斗争中不断发展的。巴黎公社是第一个无产阶级政权，它为后来无产阶级创建国家根本政治制度提供了宝贵的历史经验。

1871 年 3 月，巴黎人民起义。3 月 26 日，巴黎人民进行公社委员选举。3 月 28 日，巴黎公社成立，人类历史上第一个无产阶级政权诞生。巴黎公社宣布一系列制度：公社委员会是取代旧政府的唯一政权，新建 10 个委员会负责行政事务；实行民主选举与群众监督相结合的民主制度；废除高薪，实行兼职不兼薪的制度。公社还颁布一系列保护劳工的法令。

马克思对巴黎公社给予了极高的评价。他指出：“公社的真正秘密就在于：它实质上是工人阶级的政府，是生产者阶级同占有者阶级斗争的结果，是终于发现的、可以使劳动在经济上获得解放的政治形式。”[1] 同时，马克思对巴黎公社的普选制度给予关注，他指出：“公社是由巴黎各区普选选出的市政委员会组成的。这些委员是负责任的，随时可以罢免。其中大多数自然都是工人或公认的工人阶级代表。公社是一个实干的而不是议会式的机构，它既是行政机关，同时也是立法机关。”[2]

恩格斯还就如何保持无产阶级当家作主，如何保持政权不蜕变这个问题，对巴黎公社的相关制度予以高度评价。他认为：“为了防止国家和国家机关由社会公仆变为社会主人——这种现象在至今所有的国家中都是不可避免的——

[1] 《马克思恩格斯选集》第三卷，人民出版社 1995 年版，第 59 页。

[2] 《马克思恩格斯选集》第三卷，人民出版社 1995 年版，第 55 页。

公社采取了两个可靠的办法。第一，它把行政、司法和国民教育方面的一切职位交给由普选选出的人担任，而且规定选举者可以随时撤换被选举者。第二，它对所有公务员，不论职位高低，都只付给跟其他工人同样的工资。”[1]

苏维埃政权是巴黎公社的进一步发展。“苏维埃”一词是俄文汉语的音译，即“代表会议”或“会议”。1905年，俄国发生第一次革命。同年3月，乌拉尔的阿拉帕耶夫斯克工厂的工人首先建立工人代表苏维埃领导罢工，这是历史上首次存在的苏维埃。工人代表苏维埃最初是组织工人进行经济斗争。1905年夏，俄国各地不断涌现出各种形式的苏维埃。

列宁认为，苏维埃是一种新型国家政权组织形式，它是巴黎公社的进一步发展。苏维埃政权的本源不是由议会预先讨论和通过法律，而是直接夺权。它能保证工农拥有自己的武装力量。这是一种新型的民主政治制度。苏维埃的成员不是经过官僚手续，而是根据民意选出，并且随时更换的。因此，官员成为人民的公仆。它和各行业保持密切联系，能保证被压迫阶级中最有觉悟、最有力、最先进的部分建立组织形式，领导人民群众。它把议会制的长处和直接民主制的长处结合起来，使立法和行政的职能在人民代表身上统一。[2]

因此，列宁提出，一切权力归苏维埃。无产阶级政党应该参加苏维埃，领导苏维埃，成为苏维埃的领导核心。正是在列宁的领导下，布尔什维克逐渐占据了大城市中苏维埃的多数席位，成为领导核心。这为十月革命的胜利打下坚实的基础，并在苏维埃的基础上建立全国性政权。

二、半殖民地半封建国家的新民主主义革命政权形式

我国的人民代表大会制度是在马克思主义国家理论的指导下，在借鉴俄国苏维埃的形式基础上，结合中国革命实践，不断探索、发展、完善的产物。

我国人民代表大会制度初步发展是在土地革命战争期间，这一时期的政权建设，明显受到苏联苏维埃政权组织形式的影响。

---

[1] 《马克思恩格斯选集》第三卷，人民出版社1995年版，第12—13页。

[2] 《列宁选集》第三卷，人民出版社1995年版，第19—20页。

第一次国内革命战争时期，在中国共产党的领导下，出现罢工工人代表大会和农民协会。这是人民代表大会的萌芽。

大革命失败后，中国共产党领导土地革命。1927 年 11 月 28 日，江西茶陵县工农兵政府成立，这是井冈山革命根据地的第一个县级红色政权。根据毛泽东的倡议，自下而上民主产生政府领导人。先由基层推选出工人代表谭震林、农民代表李炳荣、士兵代表陈士榘，组成新政府常委，再由代表推举谭震林任政府主席，然后设立了民政、财经、青工、妇女等部门。茶陵县工农兵政府的组成人员主要是工人、农民、士兵代表，并吸收革命知识分子。在政权建设中，充分发挥工农兵代表大会的作用。这种自下而上民主产生政府领导人的做法，是我国人民代表大会制度在基层乡村的初步发展。

随着革命根据地不断扩大，人民民主政权不断壮大。1931 年 11 月 7 日至 20 日，中华苏维埃第一次全国代表大会在瑞金叶坪隆重开幕，大会通过了《中华苏维埃共和国宪法大纲》等法律文件。《中华苏维埃共和国宪法大纲》规定：中华苏维埃政权所建设的是工人和农民的民主专政的国家。苏维埃政权是属于工人、农民、红色战士及一切劳苦民众的，在苏维埃政权下，所有工人、农民、红色战士及一切劳苦民众都有权选派代表掌握政权的官吏。它规定：中华苏维埃共和国之最高政权为全国工农兵苏维埃代表大会，在大会闭会期间，全国苏维埃临时中央执行委员会为最高政权机关，在中央执行委员会下组织人民委员会处理日常政务，发布一切法令和决议案。它规定了法律面前一律平等：在苏维埃政权领域内，工人、农民、红色战士及一切劳苦民众和他们的家属，不分男女、种族、宗教，在苏维埃法律面前一律平等，皆为苏维埃共和国的公民。为使工、农、兵、劳苦民众真正掌握着自己的政权，苏维埃选举法特规定，凡上述苏维埃公民在十六岁以上皆有苏维埃选举和被选举权，直接派代表参加各级工农兵苏维埃的大会，讨论和决定一切国家的地方的政治事务。由于根据地人民获得了权力，有了制度保障，人民踊跃参加民主选举。中央根据地参加选举者占全区选民总数的 80% 以上。

苏维埃红色政权就像一座金字塔，塔基为基层组织城乡苏维埃，选民参加城乡苏维埃的选举，选出自己信任的代表，管理苏维埃，这就为人民民主政权奠定坚实基础。这是后来我国的根本政治制度——人民代表大会制度的雏形。

抗日战争时期，为了抗击日寇，必须团结、动员一切力量，建立最广泛的抗日统一战线，打击日本帝国主义，实现民族解放。在中国共产党的领导下，陕甘宁边区工农民主专政政权向抗日民主政权转变。从 1937 年 10 月起，在边区所属各县、区、乡组织普选，参照国民党地方政权的咨询机构，召开各级参议会。这是人民代表大会制度的进一步发展。

国民党地方政权咨询机构是咨询机关，不是权力机关。而中国共产党领导的抗日根据地的各级参议会不是咨询机构，而是人民代表机关，也是抗日民主政权的权力机关。它是在工农兵代表大会制度的基础上，结合抗日战争的实际情况，借鉴国民党地方政权咨询机构的形式发展起来的。它在阶级的广泛性上有所扩张，但仍然继承了工农兵代表大会制度的基本原则。这保证了政权的人民性、先进性和行政高效率的统一。

参议会保证了广泛性，扩大了政权的基础。首先，除了反共分子和汉奸亲日派以外，所有抗日爱国的阶级、阶层和社会集团、爱国人士，都有权参加抗日民主政权的管理工作。在参议员选举制度上，实行普遍、直接、平等、无记名的投票选举制度和差额选举制度。凡年满十八周岁的赞成抗日和民主的中国人，不分阶级、党派、职业、性别、民族、宗教、财产和文化程度的差别，都有选举权和被选举权。参议会实行自由竞选，鼓励竞选人发表演说。

从先进性上来看，在政权机关的人员构成上，实行“三三制”原则，共产党员、党外进步分子、中间分子（包括中等资产阶级和开明绅士）各占三分之一。毛泽东指出：“必须保证共产党员在政权中占领导地位，因此，必须使占三分之一的共产党员在质量上具有优越的条件。只要有了这个条件，就可以保证党的领导权，不必有更多的人数。所谓领导权，不是要一天到晚当作口号去高喊，也不是盛气凌人地要人家服从我们，而是以党的正确政策和自己的模范工作，说服和教育党外人士，使他们愿意接受我们的建议。”[1]

从行政效率来看，边区和县两级普遍设立参议会，它是代表机关，又称民意机关。参议会闭会期间由选出的常务议员或驻会议员办理日常事务。基层乡政权实行议行合一制。这种议行合一保证了人民意志的统一，保证了行政效率。人民选举议员组成参议会，各级参议会选举产生同级政府委员会和法院（乡一级不设法院），分别作为其闭会期间的政权机关和司法机关。政府委员会和法院执行同级参议会的决议，分别领导指挥政务和司法事务，并接受同级参议会监督。各级政府委员会和法院合理分工、协调一致地工作，保证了根据地地方政权统一有效地组织各项事业，为抗日战争的全面胜利奠定了地方组织基础。[2]

毛泽东对政权建设的经验给予归纳总结，进行理论化，从中国半殖民地半封建实际出发，从新民主主义革命的高度，提出国家建设问题，对国体、政体进行了深入思考，并提出建立各级人民代表大会作为新民主主义国家政权的制度形式。他提出："至于还有所谓'政体'问题，那是指的政权构成的形式问题，指的一定的社会阶级采取何种形式去组织反对敌人保护自己的政权机关。没有适当形式的政权机关，就不能代表国家。中国现在可以采取全国人民代表大会、省人民代表大会、县人民代表大会、区人民代表大会直到乡人民代表大会的系统，并由各级代表大会选举政府。但必须实行无男女、信仰、财产、教育等差别的真正普遍平等的选举制，才能适合于各革命阶级在国家中的地位，适合于表现民意和指挥革命斗争，适合于新民主主义的精神。这种制度即是民主集中制。只有民主集中制的政府，才能充分地发挥一切革命人民的意志，也才能最有力量地去反对革命的敌人。”[3]

随着解放战争不断胜利，人民政权不断强大。1948 年 8 月 7 日，华北临时

[1] 《毛泽东选集》第二卷，人民出版社 1991 年版，第 742 页。

[2] 赵宏强：《从参议会制度看人民代表大会制度的孕育过程》，《人大研究》2007 年第 1 期。

[3] 《毛泽东选集》第二卷，人民出版社 1991 年版，第 677 页。

人民代表大会在石家庄正式开幕。大会一致通过了华北人民政府组织大纲，选出华北人民政府委员会，成立华北人民政府。大会代表包括工、农、兵、学、商、妇女、开明绅士等各阶级各阶层的人士。这是我国正式确立人民代表大会制度政体的一次预演，人民代表大会制度走向成熟。

三、人民代表大会制度的确立、曲折和最新发展

1949 年 9 月 29 日，中国人民政治协商会议第一届全体会议选举中央人民政府委员会，宣告中华人民共和国成立，并且通过《中国人民政治协商会议共同纲领》(简称《共同纲领》)。

《共同纲领》具有临时宪法的地位，规定了新中国的国体和政体。《共同纲领》确认，中华人民共和国为新民主主义即人民民主主义的国家，实行工人阶级领导的、以工农联盟为基础的、团结各民主阶级和国内各民族的人民民主专政。中华人民共和国的国家政权属于人民，人民行使国家政权的机关为各级人民代表大会和各级人民政府。各级人民代表大会由人民用普选方法产生，各级人民代表大会选举各级人民政府。各级人民代表大会闭会期间，各级人民政府为行使各级政权的机关。国家最高政权机关为全国人民代表大会。全国人民代表大会闭会期间，中央人民政府为行使国家政权的最高机关。人民代表大会制度作为国家根本政治制度正式确立。

人民代表大会制度这一根本政治制度，是在革命实践中逐渐发展壮大的，它的目标是实现阶级解放和民族解放。为了最广泛地动员人民群众投身革命，人民民主政权给予人民当家作主的地位，人民获得了最真实的政治权利和经济权利。因此，人民翻身解放，以最大的热情投身革命，支持革命战争。新中国国家政权来源于革命根据地的基层政权。这些革命政权星火燎原，不断发展壮大，最后整合统一为全国政权。因此，这个政权及其组织形式是适应中国国情，扎根于中国的。

在当时的历史条件下，由于全国还没有完全解放，不能全面展开普选。因此，根据《共同纲领》的相关规定，在全国人民代表大会召开以前，由中国人

民政治协商会议的全体会议执行全国人民代表大会的职权，地方则由各界人民代表会议代行人民代表大会的职权。这是一个短暂的过渡时期。

1953 年 2 月，中央选举委员会制定《全国人大和地方各级人大选举法》，正式开展在全国建立人民代表大会制度的工作。1953 年下半年，我国举行规模空前的普选。全国 6 亿人口，登记的选民为 3.23 亿人，占进行选举地区 18 周岁以上人口总数的 97.18%。其中参加投票选举的 2.78 亿人，占登记选民总数的 85% 以上。到 1954 年 8 月，全国各地共选出地方人大代表 566 万多名，乡、县、省逐级召开人民代表大会会议，建立、健全地方各级政权组织，并在此基础上，根据相关选举程序，产生第一届全国人民代表大会的代表 1226 名。[1]1954 年 9 月，第一届全国人民代表大会第一次会议在北京隆重举行。会议通过《中华人民共和国宪法》，再次确认人民代表大会制度是我国的根本政治制度。至此，人民代表大会制度在全国范围内系统地建立起来。

人民代表大会制度确立后，其发展并不是一帆风顺的。建设社会主义社会是一项前无古人的事业。当时，包括苏联在内，社会主义建设的历史还非常短，正处于不断探索的阶段。如何在一个落后的半殖民地半封建国家建立社会主义，更是一个巨大的历史难题。中国的社会主义建设就是在摸索、总结历史经验教训、再次摸索、再次总结历史经验教训的过程中不断发展。作为中国社会主义的根本政治制度，人民代表大会制度的发展也经历了曲折的过程。

1957 年，由于复杂的国际局势，国内出现“反右”斗争扩大化的错误。当时，确实存在着反党反社会主义的言论。但是，在“反右”斗争中，却没能区分反党反社会主义言论和正常的批评建议。在一些单位中，一些正常的批评建议被作为反党反社会主义言论。据中国人民大学的高放教授回忆，他当时还是一个二十多岁的年轻人。在讨论人大代表选举制度中，存在一种意见，就是认为不能只按照地区选举，还要按照行业进行选举。这种观点被称为“两轨制”。它被认为是“右派”言论。高放本来是批判“两轨制”的，但他也提

[1] 尹中卿：《人民代表大会制度的形成和发展（上）》，《人大研究》2004 年第 9 期。

出，考虑行业选举也是有一定道理的。在“反右”斗争扩大化时，高放差一点被定为“右派”。好在人民大学校长吴玉章仔细看了高放的材料，认为高放只是思想认识问题，不是政治问题。[1] 从今天来看，不管高放的观点还是作为“右派”言论的“两轨制”，都是正常的意见和建议。

在“反右”斗争之后，很多人为了保险，不再轻易地提建议和意见，人们参政议政的热情受到了很大影响。

在这之后，人民代表大会制度的一些职能逐渐降低。它的一些工作机构被撤并，工作人员几经精简，工作程序不再遵守，工作制度逐渐废弃。1959 年，我国撤消国家司法部、监察部和国务院法制局；国家五年计划、乡镇转变为人民公社、1961、1962 年度计划和预算等重大国是没有经过人大批准。1966 年，“文化大革命”爆发。是年 7 月，全国人大三届常委会举行第 33 次会议，决定推迟三届二次大会召开。不过，谁也没有预料到，一推就是 8 年之久。在这段时期，人大处于“休克”状态，名存实亡。当然，必须强调一点，不仅是人大，很多国家机构都停止运行。

1975 年 1 月，四届全国人大一次会议召开，在这之后，全国人大及其常委会的各项工作开始复苏。党的十一届三中全会之后，我国人民代表大会制度建设及其工作进入了全面恢复和不断发展阶段。比较重大的发展包括：

第一，健全各级人民代表大会机构。1979 年，根据新修订的《选举法》《地方组织法》，我国开始试点在县级以上人民代表大会设立常委会，然后在全国展开。另外，在乡镇一级建立乡、镇人民代表大会，并设置主席、副主席，负责代表大会闭会期间的工作。在地区一级，由省、自治区人大常委会设立派出的工作机构。在省、自治区、直辖市和自治州、设区的市的人民代表大会，设立法制（政法）、财政经济、教育科学文化卫生等专门委员会。

第二，改进和完善选举制度，扩大直接选举范围，实行差额选举。1979

[1] 高放：《对完善人民代表大会制度的长期思考——50 年的忧乐回忆》，《探索》2005 年第 1 期。

年，五届全国人大二次会议制定新的《选举法》，全国人大常委会又于 1982 年、1986 年和 1995 年 3 次对《选举法》进行修改和补充，进一步完善了选举制度。其中，有三项制度最引人注目：一是把直接选举的范围扩大到县一级；二是实行自下而上、自上而下、充分民主地提出代表候选人的办法。选民或者代表联名推荐的候选人与政党、人民团体推荐的候选人都必须提交选民或人民代表大会会议，进行酝酿、协商，进而确定正式候选人；三是实行差额选举。近年来，差额选举的范围逐渐扩大。

第三，完善代表制度，保证各级人大代表依法行使职权。1992 年 4 月，七届全国人大五次会议通过了《代表法》，对全国人民代表大会和地方各级人民代表大会代表的性质、地位、权利、义务、工作方式，对代表在闭会期间的活动，都作了具体规定。在人大代表依法行使权力时，人大代表联系基层、联系群众、进行视察、约见本级或下级国家机关负责人等活动都有明确规定，尤其是人大代表非经本级人大常委会许可不受逮捕或者审判等规定，保证了人大代表行使权力。

第四，扩大全国人大常委会和地方人大的职权。1982 年我国《宪法》根据实际情况，将原来属于全国人民代表大会的一部分职权交由它的常委会行使，规定全国人民代表大会与常委会共同行使国家立法权，共同行使监督权。《地方组织法》中进一步规定，省、自治区人民政府所在地的市和经国务院批准的较大的市的人民代表大会及其常委会，在不同宪法、法律、行政法规和本省、自治区的地方性法规相抵触的前提下，可以制定地方性法规，报省、自治区人大常委会批准后施行。同时还扩大地方各级人民代表大会及其常委会的其他职权。[1]

随着不断发展完善，不断制度化、程序化，人民代表大会制度能够更好地通过行使宪法和法律赋予的职权，发挥国家权力机关的作用，履行自己的各项职能。

---

[1] 尹中卿：《人民代表大会制度的形成与发展（下）》，《人大研究》2004 年第 10 期。

第二节　人民代表大会制度的原则、组织结构、职能结构

人民代表大会制度有自己的原则、组织结构和权力结构，正是这些要素的有机统一，才使人民成为国家的主人，才使人民的意志通过各级人民代表大会上升为国家意志，形成法律、制度、国家大政方针，并通过国家行政机关予以实行，同时，通过人民代表的监督，切实施行。

一、人民代表大会制度的基本原则

第一，一切权力属于人民是人民代表大会制度的根本原则。

人民民主专政的本质是人民当家作主。人民要当家作主，首先要真正掌握国家权力，能够真正参与国家管理。毛泽东在 1959 年认真研读《苏联政治经济学教科书》时，就曾深刻地指出："这里讲到苏联劳动者享受的各种权利时，没有讲劳动者管理国家、管理军队、管理各种企业、管理文化教育的权利。实际上，这是社会主义制度下劳动者最大的权利，最根本的权利，没有这种权利，劳动者的工作权、休息权、受教育权等等权利，就没有保证。"[1] 根据我国宪法，全国人民代表大会和地方各级人民代表大会是人民行使国家权力的机关。人民依照法律规定，通过各种途径和形式，管理国家事务，管理经济和文化事业，管理社会事务。

人民代表大会制度在制度设计的各个方面体现了这一根本原则。全国人大代表的选举具有广泛性和真实性，凡年满 18 岁的中华人民共和国公民（触犯法律被剥夺政治权利者除外）都具有选举权和被选举权，不受任何其他限制。人民通过普遍的民主选举，产生自己的代表，组成各级人民代表大会，各级人民代表大会都对人民负责、受人民监督。各级人大及其常委会集体行使职权，

[1] 《毛泽东文集》第八卷，人民出版社 1999 年版，第 129 页。

集体决定问题。这样，能够集中人民的共同意志，代表人民的根本利益。国家行政机关、审判机关、检察机关都由人大产生，对人大负责，受人大监督。这有力地保证了人民依法实行民主选举、民主决策、民主管理、民主监督，真正施行宪法和法律规定的广泛的民主、自由和权利。人民通过自己选举出的代表参与国家事务。同时，人民群众通过广泛的、直接的、普遍的、平等的人大代表的选举，参与县乡两级地方事务管理。通过人民代表大会制度，人民真正成为国家的主人，人民群众以极大的积极性、主动性、创造性建设社会主义。人民代表大会制度是实现好、维护好和发展好最广大人民根本利益的可靠保证。

第二，民主集中制是人民代表大会制度的组织原则。

根据我国宪法，中华人民共和国的国家机构实行民主集中制的原则。民主集中制是民主和集中的辩证统一，即民主基础上的集中，集中指导下的民主。我国国家机构遵循民主集中制原则，是因为我国是人民民主专政国家，人民当家作主。国家利益与人民利益、整体利益和部分利益、中央利益与地方利益在根本上是一致的，因而有可能充分发扬民主，反映广大人民群众的意志，也有可能实行高度集中，统一广大人民群众的意见和要求。民主集中制是人民代表大会制度组织的根本原则。这一原则决定了人民代表大会和一府两院以什么形式组织起来，以什么样的方式和程序去行使权力。

民主集中制主要体现在以下几个方面：全国人民代表大会和地方各级人民代表大会都由民主选举产生，对人民负责，受人民监督；各级领导机关和领导人员也由民主选举产生，并可以按一定程序予以罢免或撤换。国家行政机关、审判机关、检察机关都由人民代表大会产生，对它负责，受它监督；中央和地方的国家机构职权的划分遵循在中央的统一领导下，充分发挥地方的主动性、积极性的原则。

从整个国家机构权力的来源来看，它都是通过民主选举，集中民意，通过人民代表大会，将权力授予“一府两院”，同时，通过人民代表大会监督“一府两院”。国家权力、官员任命、政策的制定和施行，都是建立在人民意志基础上。这就是民主基础上的集中，它使权力及其运行符合人民的意志和利益。所谓“集中指导下的民主”,就是在通过人民代表大会形成人民意志的基础上，国家各行政机关及其工作人员，都要在这个统一意志之下运行工作，部门利益、地方利益、个人利益要服从整体利益。部门、地方、个人存在的任何不同意见和看法，都要按照一定的法律程序，遵守一定的规章制度来表达。这样，既可以保持人民意志的至上性，又能保证人民的意志通过各种符合实际的法律、制度、政策来实现。

第三，坚持党的领导是人民代表大会制度的保障原则。

中国的近现代历史任务不同于西方历史。中国的政党在国家行政制度中的地位也不同于西方。西方的政党对应的是资本主义社会中不同的阶级、阶层、利益集团，利益集团间的妥协和制衡是制度设计的关键。近代以来，中国面临的是西方资本主义的侵略，历史任务是救亡图存，赶超复兴。因此，中国的历史任务是在先进的力量领导下，团结中华民族一切可以团结的力量，打败一切侵略者，实现国家独立，领土完整，致力于现代化，赶超西方。因此，中国的政治制度，必须满足三个因素:第一，必须人民当家作主，能够体现、凝聚民意。人民代表大会制度可以实现这个目标。第二，必须有先进的力量来领导。这是因为，作为一个半殖民地半封建国家，广大人民群众往往受到旧的经济、政治、文化等历史因素的限制，往往视野狭隘、受限于眼前利益、局部利益。只有在一个先进的力量领导下，放眼世界，从中华民族的长远利益出发、整体利益出发，才能领导中华民族前进。中国共产党是中国工人阶级的先锋队，代表中国先进生产力的要求，以科学的马克思主义理论为指导，经历了艰苦卓绝的斗争，积累了丰富的历史经验。历史证明，只有坚持党的领导，人民代表大会制度才能真正发挥作用，才能实现人民的长远利益，让人民真正当家作主。第三，必须形成高效的政府组织结构。只有坚持党的领导，坚持党的领导、人民当家作主和依法治国相统一，才能真正发挥人民代表大会制度的优越性。

二、人民代表大会制度的组织结构

人民通过人民代表大会行使权力,需要相应的组织形式。这种组织包括两个层面:一个层面是人民代表大会内部的具体组织结构、各个组成部分的角色和相互关系,另一个层面是人民代表大会、政党、国家行政机构各自角色和相互关系。

人民代表大会内部组织结构可以分为纵向关系和横向关系。在纵向关系上,根据行政级别,我国人民代表大会设置为五级。这五级包括:一级是全国人民代表大会;二级是省、自治区、直辖市人民代表大会;三级是设区的市、自治州人民代表大会;四级是县、不设区的市、市辖区人民代表大会;五级是乡、民族乡、镇的人民代表大会。全国人民代表大会是国家最高权力机关,其组织体系包括全国人民代表大会和地方各级人民代表大会。省、市、县为地方各级人民代表大会,乡、民族乡和镇属于基层人民代表大会。这里必须强调,各级人民代表大会之间在法律上是平等的,并不像行政机构一样是隶属关系。各级人民代表大会由选举产生,只对选民负责,而不对上一级人民代表大会负责。这体现了人民当家作主的原则。因此,上下级人大之间只是联系关系,上级人大对下级人大可以提供业务指导,但没有权利命令下级人大。同时,下级人大对上级人大有监督的权利。

从人大内部机构的设置来看。全国人民代表大会的组织机构包括常设权力机关和常设工作机关。常设权力机关就是全国人大常务委员会,它包括领导机构、工作机构和办事机构。领导机构就是指委员长会议,负责处理常委会的重要日常工作。它是常设权力机关的核心。工作机构是指具体负责监督相关法律法规执行情况和人大及其常委会的决议决定执行情况的机构。办事机构主要有办公厅、法制工作委员会和预算工作委员会。常设工作机关包括专门委员会和特别委员会两个机构。在全国人大闭会期间,常设工作机关由常设权力机关代为领导。

省、市、县级人民代表大会设立常务委员会。在同级人民代表大会闭会期间，常务委员会作为常设国家权力机关，行使法律规定的相应权力。同时，它也是工作机关，包括：主任会议、人事代表工作委员会、法制工作委员会、预算工作委员会等工作机构和其他办事机构。

乡、民族乡、镇的人民代表大会代表由选民直接选举产生，人大代表每届任期五年，不设常务委员会。其最主要的工作机构是主席团会议，设主席，并可以设副主席一至二人。

再看人民代表大会与政党、国家行政机关的关系。就人民代表大会和中国共产党的关系而言，共产党是执政党，是领导各项事业的核心力量。党领导和支持人民代表大会依法行使职权。人民代表大会的工作必须坚持党的领导。但是，必须明确，党对人民代表大会工作的领导主要是政治领导，即政治原则、政治方向、重大决策的领导和向国家政权机关推荐重要干部。其主要方式，是使党的主张经过法定程序变成国家意志，以便动员全体人民去遵守和执行。党不代行人大的职权，党也在宪法和法律的范围内活动，保证人大依法积极主动地、独立负责地工作。坚持党对人大工作的领导，同充分发挥人大作为国家权力机关的作用，是完全一致的。从人民当家作主的政权本质来看，党的领导、人民当家作主和依法治国是内在统一的。

就人民代表大会和“一府两院”的关系而言，二者是决定与执行、监督与被监督的关系。根据我国宪法和法律的规定，人民代表大会是国家权力机关，“一府两院”由人民代表大会产生，对其负责，受其监督。因此，二者是决定与执行的关系。人民代表大会作为国家权力机关，代表人民行使立法、重大事项决定、选举和任免、监督等国家权力。人民代表大会制定的法律、法规，作出的决议和决定，代表人民的利益和意志，“一府两院”对此必须加以执行和实施，实现人民的利益和意志。二者也是监督与被监督的关系。人民代表大会拥有对“一府两院”工作的监督权。“一府两院”必须依法对人大负责并报告工作，接受人民代表大会的监督。人大依照法律规定监督“一府两院”，保证它把人民赋予的权力真正用来为人民谋利益。

就人民代表大会和政协的关系而言，人民代表大会制度与中国人民政治协商会议是互相监督的关系。1949 年 9 月，中国人民政治协商会议第一次会议通过了具有临时宪法性质的《共同纲领》，确立人民代表大会制度是我国的根本政治制度，在当时的历史情况下，政治协商会议代行人民代表大会职能。1954 年，第一届全国人民代表大会第一次会议在北京隆重举行，人民代表大会制度在我国系统建立起来。政治协商会议从此不再代行人民代表大会职能，而是恢复其性质，即团结各阶级、各民族、各民主党派、各人民团体、国外华侨和其他爱国人士的统一战线组织。由此，中国共产党领导下的多党合作和政治协商制度成为我国的一项基本政治制度。在中国，每年召开的“两会”仅相差几天,但“两会”的本质是不同的。人民代表大会制度是国家根本政治制度,全国人民代表大会是国家的最高权力机关,而中国人民政治协商会议则是基本政治制度，是爱国统一战线组织，是具有广泛代表性的社会政治团体。两者不存在领导与被领导的关系,而是相互监督的关系。从实现人民当家作主的人民民主政权的本质来说，政治协商会议是对人民代表大会制度的补充和辅助。

三、人民代表大会制度的职能结构

人民通过人民代表大会制度，把人民的意愿集中起来，上升为国家意志，进而形成相关制度、法律、发展道路、各项政策，并在人民代表大会的监督下由行政部门实施。这样,人民成为国家真正主人。为了确保人民当家作主的地位，人民代表大会制度具有选举职能、立法职能、重大事情决定职能和人事任免职能、监督国家机关职能等重要的四大职能。

第一,选举职能。人大代表是民意的载体,是人民意志上升为国家意志的通道。人民群众根据一定的规则和程序,推选自己的代表,是民主的重要环节。可以说,人大代表产生机制是人民代表大会制度运行的基础。1953 年,为了系统地在全国建立人民代表大会制度,我国颁布了第一部《中华人民共和国选举法》,标志着我国社会主义选举制度的正式确立。改革开放以来,我国人大代表的选举制度又有一系列重大的发展。根据选举法相关规定，全国人民代表大会代表，省、自治区、直辖市人民代表大会代表，设区的市和自治州人民代表大会代表，通过间接选举的方式产生，即由下一级的人民代表大会选举产生；不设区的市、市辖区、县、自治县、乡、民族乡、镇的人民代表大会代表由选民直接选举产生；香港和澳门特别行政区的全国人大代表、台湾省的全国人大代表、解放军的人大代表的选举办法另行规定。为了更好地发挥人民代表大会的职能，人民代表大会的选举机制不断优化。1979 年，人大代表直接选举的范围扩大到县。近年来，在代表结构上进行调整，省级政府组成部门领导干部代表正在减少，一线工人代表增加。为了消除城乡代表之间的差异，基层农民代表名额增加，城乡选举比例的差别将被取消。同时，选举原则和选举方法不断地深化，实行差额选举。所有这一切，都是为了人大代表能够代表、传达最真实的人民意志。

第二，立法职能。法律是统治阶级意志的体现，是国家统治的工具。统治阶级为了统治并管理国家，通过一定立法程序，颁布基本法律和普通法律。我国国家的本质是人民民主专政，人民是国家的主人。全国人民代表大会是最高权力机关，全国人民代表大会及其常务委员会是我国的立法机关。人民意志通过人民代表大会上升为法律，成为人民管理国家事务的工具。通过人民代表大会立法，从法律上解决了我国发展中带有根本性、全局性的问题，把国家各项事业发展纳入法制化轨道。全国人民代表大会的立法职能，是其作为国家最高权力机关的最重要体现。

1997 年，党的十五大在确立依法治国基本方略时，明确了到 2010 年形成中国特色社会主义法律体系的立法任务。党的十六大和十七大，都重申了这一重要立法任务。到 2010 年底，中国已经建成中国特色社会主义法律体系。这一体系包括现行有效的法律共 229 件，涵盖宪法及宪法相关法、民商法、行政法、经济法、社会法、刑法、诉讼及非诉讼程序法等七个法律部门；现行有效的行政法规近 600 件，地方性法规 8000 多件。以宪法为核心，以法律为主干，包括行政法规、地方性法规等规范性文件在内的，由七个法律部门、三个层次法律规范构成的中国特色社会主义法律体系已经基本形成，国家经济、政治、文化、社会生活的各个方面基本做到有法可依，为经济社会发展提供了有力的法制保障。

在人民代表大会立法权的发展中，地方人大立法权不断完善。1979 年 7 月 1 日，五届全国人大二次会议通过的《地方组织法》，赋予省、自治区、直辖市人大及其常委会制定地方性法规的权力；1982 年修改的《地方组织法》规定了省、自治区人民政府所在地的市和经国务院批准的较大的市的人大常委会有“拟订”地方性法规草案、提请省级人大常委会审议制定的权力。1982 年《宪法》正式确立了省级人大及常委会的“地方立法权”。1986 年修改的《地方组织法》进一步规定：省、自治区人民政府所在地的市和经国务院批准的较大市的人大及其常委会有制定地方性法规、报省级人大常委会批准后实施的权力。2000 年的《立法法》全面系统地规范了“地方人大立法权”。

第三，重大事情决定职能和人事任免职能。作为国家最高权力机关，全国人民代表大会有选举、决定和罢免国家机构组成人员的权力，包括：选举和罢免中华人民共和国主席、副主席；根据中华人民共和国主席的提名，决定国务院总理的人选；根据国务院总理的提名，决定国务院副总理、国务委员、各部部长、各委员会主任、审计长、秘书长的人选，并有权罢免上述人员；选举中央军事委员会主席；根据中央军事委员会主席的提名，决定中央军事委员会其他组成人员的人选，并有权罢免上述人员；选举和罢免全国人大常委会委员长、副委员长、秘书长和委员；选举和罢免最高人民法院院长和最高人民检察院检察长；通过全国人民代表大会各专门委员会的主任委员、副主任委员和委员的人选，并有权撤销其职务。

全国人民代表大会决定国家重大事项，包括：审查和批准国民经济和社会发展计划和计划执行情况的报告；审查和批准国家的预算和预算执行情况的报告；批准省、自治区和直辖市的建制；决定特别行政区的设立及其制度；决定战争与和平的问题；作出各种授权决定等。

地方各级人民代表大会是本行政区域的权力机关，享有重大事项决定权和人事任免权，包括：决定法案实施、本行政区域内的重大事情的决定权、本行政区域内国家机关领导人的人事任免权。在地方人大闭会期间，地方人大常委会拥有重大事项决定权、人事任免权。

乡镇人民代表大会拥有重大事项决定权包括：可以就本行政区域内的重要事情作出决议或决定，通过和发布决议，批准计划和预算。其人事任免权包括：产生乡镇政府，选举本级人民代表大会主席、副主席，选举乡镇长、副乡镇长。

第四，监督国家机关职能。全国人民代表大会具有国家最高形式的监督权。宪法规定，全国人大常委会对全国人大负责并报告工作，国家的行政机关、审判机关、检察机关都由人民代表大会产生，对它负责，受它监督，中央军事委员会主席对全国人大负责，中央军事委员会受全国人大监督。根据宪法和法律的规定，监督的主要形式是听取和审议全国人大常委会、国务院、最高人民法院和最高人民检察院的工作报告，通过审查、批准预算和预算执行情况的报告以及通过听取和审议国民经济和社会发展计划与计划执行情况的报告对政府的工作进行监督，通过检查法律法规的实施情况，通过询问和质询、通过对特定问题的调查、通过审议和决定罢免案和撤职案等方式监督相关国家机关及其工作人员的工作。另外，法律还规定，全国人民代表大会会议期间，一个代表团或者三十名以上的代表联名，有权书面提出对国务院或者国务院各部、各委员会、最高人民法院、最高人民检察院的质询案。人民代表大会的监督职能保证前面各项职能能够切实落地，发挥实效。为了保证监督机制，人民代表大会闭会期间，人大代表在可以以集体活动的形式，进行视察、执法检查、专题调研、参加代表小组活动、列席有关会议等。这样，可以了解各项法规、国民经济发展计划、干部政绩等实际情况。同时，为了更好地代表民意，加强监督，人民代表大会有代表联系群众的机制，不管是代表的产生过程，代表在会议期间的履职活动，还是闭会期间的履职活动，都要求人大代表通过一定方式联系人民群众。

人民代表大会这些主要职能，充分体现了人民是国家的真正主人，具有真实的权力。

第三节　人民代表大会制度的优越性

人民代表大会制度是在中国革命和社会主义建设过程中产生、发展、完善的，是马克思主义国家理论和中国实践相结合的产物。中国革命和社会主义建设的伟大力量源自人民群众。人民代表大会制度最初以基层政权的形式，赋予人民当家作主的地位，从而激发了人民参与政治生活、参与革命斗争、参与革命建设的巨大热情。随着中国革命不断发展，形成了全国政权。作为国家根本政治制度，人民代表大会制度适合中国国情，具有先进性、人民性和效率性，具有巨大的优越性。

一、把马克思主义和中国实际相结合，人民代表大会制度具有强大的生命力

1840 年以后，随着西方国家不断入侵，中国国力日渐衰退。面对西方先进的资本主义，中国需要经济、政治、文化变革，救亡图存。以太平天国为代表的农民政权虽然达到了农民起义的最高点，但由于农民阶级历史视野的狭隘性，这个政权迅速向传统封建政治制度蜕变。中日甲午战争促使中国人民民族意识觉醒，中国开始进行政治制度变革。晚清政府曾尝试君主立宪，但还没来得及真正实施，清政府已经土崩瓦解。辛亥革命后，孙中山在中国建立西方议会制民主政体，不想乱象丛生。在这之后，蒋介石在西方民主制度的形式下，建立独裁政权，最后蒋家王朝被人民所抛弃。这些政治制度，或者没有先进性，或者出于人为设计，不能适合国情，不能得到人民支持。

而人民代表大会制度是在中国革命的实践中，从最基层政权开始，不断发

展壮大。第一次国内革命战争时期，罢工工人代表大会和农民协会可以说是人民代表大会制度的初步尝试。最典型的有 1925 年成立的广东省农民协会和 1927 年成立的上海特别市市民代表会议。在第一次土地革命时期，中国共产党人进行武装割据，建立工农兵代表苏维埃。1927 年 11 月 28 日，江西茶陵县工农兵政府成立，这是井冈山革命根据地的第一个县级红色政权。1931 年 11 月 7 日至 20 日，中华苏维埃第一次全国代表大会在瑞金叶坪隆重开幕，建立中华苏维埃共和国临时中央政府。这是一次人民政权的国家政治制度探索。抗日战争爆发后，根据全民动员抗日救国的需要，在工农兵代表苏维埃基础上，中国共产党在陕甘宁边区根据“三三制”原则建立参议会。在敌后抗日根据地，随着基层政权的不断建立，广大人民群众被动员起来，在艰苦的条件下，抗日根据地不断扩大。解放战争后期，解放区各地普遍召开各界人民代表会议。1948 年 8 月 7 日，华北临时人民代表大会在石家庄正式开幕。出席这次大会的代表 542 人，其中党员 376 人，非党人士 166 人。1949 年 9 月，中国人民政治协商会议第一届全体会议召开，确定中华人民共和国的国体是人民民主专政，根本政治制度是人民代表大会制度。

人民代表大会制度的发展，是马克思主义国家理论与中国实际相结合的产物。在人民民主政权不断发展过程中，对于未来新中国建立什么样的根本政治制度，毛泽东从中国实际出发，运用马克思主义的国家理论，从阶级分析法出发，进行了深入地思考。在当时，存在两种政治制度：一种是欧美式的、资产阶级专政的、资本主义的共和国，另一种是苏联式的、无产阶级专政的、社会主义的共和国。到底实行哪种制度呢？毛泽东认为，中国处于半殖民地半封建社会，中国正在争取民族解放、阶级解放。在中国，“无论如何，中国无产阶级、农民、知识分子和其他小资产阶级，乃是决定国家命运的基本势力。这些阶级，或者已经觉悟，或者正在觉悟起来，他们必然要成为中华人民共和国的国家构成和政权构成的基本部分，而无产阶级则是领导的力量。现在所要建立的中华民主共和国，只能是在无产阶级领导下的一切反帝反封建的人们联合专政的民主共和国，这就是新民主主义的共和国，也就是真正革命的三大政策的新三民主义共和国。”[1] 也就是说，随着先进的无产阶级登上历史舞台，中国革命进入新民主主义阶段，旧的资产阶级共和国已经不再适合中国。同时，中国的生产力仍然落后，暂时不能建立像先进的苏联那样的政治制度。这种新民主主义共和国的国家制度就是人民代表大会制度。

毛泽东指出，新民主主义人民民主专政，“这是一个真正适合中国人口中最大多数的要求的国家制度，因为，第一，它取得了和可能取得数百万产业工人，数千万手工业工人和雇佣农民的同意；其次，也取得了和可能取得占中国人口百分之八十，即在四亿五千万人口中占了三亿六千万的农民阶级的同意；又其次，也取得了和可能取得广大的城市小资产阶级、民族资产阶级、开明士绅及其他爱国分子的同意。”[2] 就人民代表大会制度作为政权的组织形式而言，这一观点也完全适合人民代表大会制度。

可以说，毛泽东从理论高度，阐释了人民代表大会制度的必然性，说明了它的生命力源于中国革命需要，符合中国的实际情况。

二、充分代表人民的利益，人民代表大会制度具有强大的动员能力

习近平同志在庆祝全国人民代表大会成立60周年大会上的讲话中指出：“人民代表大会制度之所以具有强大生命力和显著优越性，关键在于它深深植根于人民之中。我们国家的名称，我们各级国家机关的名称，都冠以‘人民’的称号，这是我们对中国社会主义政权的基本定位。中国260多万各级人大代表，都要忠实代表人民利益和意志，依法参加行使国家权力。各级国家机关及其工作人员，不论做何种工作，说到底都是为人民服务。”[3]

[1] 《毛泽东选集》第三卷，人民出版社1991年版，第674—675页。

[2] 《毛泽东选集》第三卷，人民出版社1991年版，第1056页。

[3] 习近平：《设计和发展国家政治制度 要从国情出发从实际出发》，新华网，2014年9月5日，http://news.xinhuanet.com/politics/2014-09/05/c_1112384483.htm。

人民代表大会制度作为人民当家作主的根本政治制度，本身就是在动员人民参与革命和建设的过程中逐渐形成的。人民通过人民代表大会制度，成为国家的主人，成为政权的主人，获得了最真实的权力，从而以极大的热情参与革命，以主人翁精神参与社会主义建设，发挥了巨大的积极性、主动性、创造性。人民群众迸发出来的伟大力量是中国革命和建设取得伟大成就的力量之源。

在土地革命战争期间，红色苏区建立了工农兵代表苏维埃。普通的农民、工人第一次获得了真实的政治权利，能够参与选举，参与政治。苏区人民踊跃参加民主选举。中央根据地参加选举者占全区选民总数的 80% 以上。考虑到当时的战争状况以及交通不便等情况，这是一个非常了不起的数字。2007 年 9 月，江西省永丰县古县镇五团村村民杨晋宝在祖屋中发现一张中华苏维埃共和国时期的“选举证”。这张“选举证”用毛边纸印刷，画面设计新颖，中间盖有中华苏维埃政府红色印章。选举人为“曾九秀”，性别“女”，编号为“江西省杨殷县熬源区第拾号”，发证机构为“咸潭乡选举委员会”，时间落款为“1933 年 10 月 30 日”。选举证上文字都是繁体字。[1] 这也证明了当时民主选举的普遍性。

抗日战争时期，抗日根据地普遍建立参议会这种抗日政权形式，实行“三三制”，建立最广泛的抗日统一战线。但是，最初在最广大的农村，农民参与政治、参加抗日斗争的热情并不高。在旧的政治下，人民是被压迫者，根本没有参政热情。在当时的冀东地区，农民们普遍政治冷漠，往往封建保守，逆来顺受、回避官员、回避政治、不愿意惹事。经过共产党长期的宣传、动员，经历了细致艰苦的基层抗日民主政权建设，农民才提高了政治觉悟，关心时事，密切关注抗日斗争。1944 年，丰滦抗日联合县政府在区长联席会议纪要中这样描述：“在环境紧张的地区（如二区、四区），农民多倾向咱们，农民天

[1] 《中华苏维埃〈选举证〉现身江西永丰》，中广新闻网，2007 年 9 月 14 日，http://www.cnr.cn/2004news/society/200709/t20070914_504569638.html。

天‘跑返’（即敌人来农民走，敌人走农民返——笔者注），对部队与政权干部非常拥护与欢迎。农民们还痛恨汉奸，自动担任防特锄奸任务，看到‘政权掌握在旧办公人手里即要求改选’。农民用票选、豆选、碗选等方式，一丝不苟、认真负责地把那些真正为民谋利益、忠诚抗日事业的积极分子选拔进入抗日根据地基层政权的领导岗位。”农民的政治热情被激发出来，踊跃参加农民救国会、妇女救国会、青年报国会、儿童团之类的抗日群众组织，积极配合八路军开展抗日工作。少年儿童们站岗、放哨、送信，给抗日部队当向导等，许多英勇少年为国捐躯。当时在冀东抗日根据地担任记者的管桦所写的小说《小英雄雨来》，正是抗日战争年代冀东少年儿童的一个缩影。[1]

正因为抗日民主政权的动员作用，敌后抗日根据地才能在极其困难的条件下不断发展、扩大，陷日本侵略者于人民战争的汪洋大海，不断取得胜利。

在中国特色社会主义建设中，人民代表大会制度能够把各级国家行政机关与人民群众紧密联系起来。人大代表通过提出建议、批评和意见等方式，表达人民群众的意愿，调动各方面积极性。就以十届人大为例，十届全国人大从2003年3月到2008年3月的5年中共办理代表议案3772件，建议29323件。其中：十届全国人大一次会议期间人大代表提出了4832件建议、批评和意见，十届全国人大二次会议期间人大代表提出了6005件建议、批评和意见，十届全国人大三次会议期间人大代表提出了5884件建议、批评和意见，十届全国人大四次会议期间人大代表提出了6511件建议、批评和意见，十届全国人大五次会议期间人大代表提出了6091件建议、批评和意见。这些建议在经济社会生活中发挥了重要作用，调动了各方面的积极性。

三、坚持党的领导，保持人民代表大会制度的先进性

一些人有疑问，全国人民代表大会是国家最高权力机关。但为什么发展和完善人民代表大会制度，必须坚持党的领导？反过来说，这是不是否定了全国

[1] 朱德新：《从冷漠到投入：冀东抗日根据地农民的政治参与》，《中共党史研究》2011年第1期。

人民代表大会的地位。实际上，发展和完善人民代表大会制度，必须坚持党的领导，这是现实的需要，是人民代表大会制度保持先进性，是中国政治制度保持先进性的要求，也是这一制度的优越性之一。

人民当家作主，作为人民的期望，古已有之。只有国际共产主义运动兴起以来，这个理想愿望才真正开始实现。先是以苏联为代表的社会主义国家建立苏维埃政权，然后是以中国为代表的半殖民地半封建国家建立人民民主专政。在无产阶级、其他被压迫阶级、被压迫民族争取解放的斗争中，一直面临着一个重要问题，就是自发性和自觉性的问题。无产阶级和其他被压迫阶级作为被压迫者，一方面有经济和政治解放的自发要求，也有自发性的反抗。但是，另一方面在思想上往往受到统治者思想的影响，有意无意地认同了统治者的统治。中国历代农民起义无疑代表了最广大农民的愿望，但最终的结果都是王朝更替，农民仍然是被压迫者。因此，对于社会主义革命来说，最重要的就是通过无产阶级政党，把科学的思想体系灌输给无产阶级，形成真正的无产阶级意识，从而成为真正自觉的阶级。这样，无产阶级才能真正认识历史趋势，确立正确的革命纲领，采取正确的行动，追求真正的解放。

革命的历史也证明了这一点。1917 年，俄国爆发二月革命，沙皇帝制垮台。随后，彼得格勒建立工兵代表苏维埃。俄国各地纷纷建立苏维埃。与此同时，俄国资产阶级也建立临时政府。这就出现临时政府和工兵苏维埃并立的局面。在当时，工兵代表苏维埃控制着陆海军、交通运输通讯等部门，掌握着实际权力。临时政府只有依靠苏维埃才能运转。但是，由于缺乏正确的领导，工人和士兵虽然拥有真正的力量，却不能运用这种力量，而是把权力交给资产阶级临时政府。列宁正是看到这一点，才敏锐地提出“一切权力归苏维埃”。无产阶级政党应该参加苏维埃，领导苏维埃，成为苏维埃的领导核心。正是在列宁的领导下，布尔什维克逐渐占据了大城市中苏维埃的多数席位，成为领导核心。正是在这个基础上，才取得俄国十月革命的胜利。

工兵代表苏维埃能够代表凝聚被压迫者的意志和力量，但是，被压迫者的思想却限制着这种力量，因此，不能简单地顺应这种意志和力量，还必须有先进的无产阶级政党来领导。

中国是个半殖民地半封建国家，同样存在这个问题。因此，一方面，要通过特定的政治制度动员人民群众，动员全国一切可以团结的阶级和阶层，将其凝聚为统一意志和力量。同时，必须有先进的政党来领导这一力量，通过正确的理论、路线、方针和政策，把它引导向正确的革命方向。中国的革命政权必须是人民性和先进性的统一。抗日战争时期，边区抗日根据地民主政权实行“三三制”。在政权机关的人员构成上，实行共产党员、党外进步分子、中间分子（包括中等资产阶级和开明绅士）各占三分之一。毛泽东指出：“必须保证共产党员在政权中占领导地位，因此，必须使占三分之一的共产党员在质量上具有优越的条件。只要有了这个条件，就可以保证党的领导权，不必有更多的人数。所谓领导权，不是要一天到晚当作口号去高喊，也不是盛气凌人地要人家服从我们，而是以党的正确政策和自己的模范工作，说服和教育党外人士，使他们愿意接受我们的建议。”[1]

不管是国际经验还是历史经验都说明，作为中国这样一个传统农业国，由于各种落后思想的制约，在革命进程中，以及随后的现代化进程中，它追赶西方的历史任务决定了，作为根本政治制度的人民代表大会制度必须给予人民真正的民主权利和主人翁地位，这样才能动员人民。同时，必须有一个代表先进生产力的政党来领导这一力量。人民性与先进性相结合，才能完成历史使命，而这正是我国人民代表大会制度的优越性。

党的领导、人民当家作主和依法治国相统一，在新的历史条件下阐述了这一原则。

因此，习近平同志指出：“坚持和完善人民代表大会制度，必须毫不动摇坚持中国共产党的领导。中国共产党的领导是中国特色社会主义最本质的特征。没有共产党，就没有新中国，就没有新中国的繁荣富强。坚持中国共产党这一

[1] 《毛泽东选集》第二卷，人民出版社 1991 年版，第 742 页。

坚强领导核心，是中华民族的命运所系。中国共产党的领导，就是支持和保证人民实现当家作主。我们必须坚持党总揽全局、协调各方的领导核心作用，通过人民代表大会制度，保证党的路线方针政策和决策部署在国家工作中得到全面贯彻和有效执行。要支持和保证国家政权机关依照宪法法律积极主动、独立负责、协调一致开展工作。要不断加强和改善党的领导，善于使党的主张通过法定程序成为国家意志，善于使党组织推荐的人选通过法定程序成为国家政权机关的领导人员，善于通过国家政权机关实施党对国家和社会的领导，善于运用民主集中制原则维护党和国家权威、维护全党全国团结统一。”[1]

四、统一人民的意志，人民代表大会制度具有高效性

人民代表大会制度（包括苏维埃）是在革命中产生的，是在被压迫者反抗强大的敌人的过程中，为了动员最广大人民群众的力量而产生的。因此，不管是先进性还是人民性，最终要表现为一种战斗力。就制度组织而言，则表现为一种高效性。人民代表大会制度这种高效性表现为两个原则，一是民主集中制原则，二是议行合一原则。

就民主集中制而言，毛泽东有过精辟的论述。毛泽东认为，人民民主专政要有相应的组织形式，反对敌人，保护自己。中国可以采取全国人民代表大会、省人民代表大会、县人民代表大会、区人民代表大会直到乡人民代表大会的系统，并由各级代表大会选举政府。在选举时，要实行真正普遍平等的选举制，不分男女、信仰、财产、教育等差别。这样，各革命阶级才能在国家中找到合适的位置，这种制度即是民主集中制。毛泽东探讨政权组织形式，是从政权的战斗力出发的。他认为：“只有民主集中制的政府，才能充分地发挥一切革命人民的意志，也才能最有力量地去反对革命的敌人。”[2] 在论《联合政府》中，毛泽东又进行了经典表述：“新民主主义的政权组织，应该采取民主

[1] 习近平：《设计和发展国家政治制度 要从国情出发从实际出发》，新华网，2014 年 9 月 5 日，http://news.xinhuanet.com/politics/2014-09/05/c_1112384483.htm。

[2] 《毛泽东选集》第二卷，人民出版社 1991 年版，第 677 页。

集中制，由各级人民代表大会决定大政方针，选举政府。它是民主的，又是集中的，就是说，在民主基础上的集中，在集中指导下的民主。只有这个制度，才既能表现广泛的民主，使各级人民代表大会有高度的权力；又能集中处理国事，使各级政府能集中地处理被各级人民代表大会所委托的一切事务，并保障人民的一切必要的民主活动。”[1] 民主集中制原则是一个效率原则，是一个以战斗力出发的原则。

人民代表大会制度的另一个原则是议行合一。实际上，议行合一也是一个效率原则，一个战斗力原则，它是为战胜强大的敌人，克服巨大的困难而制定的。西方资产阶级国家的政体是资产阶级专政。在资产阶级革命前，资产阶级虽然没有获得政权，但在经济和文化上已经占有统治地位。在获得政权后，最主要的问题是防止出现“新国王”威胁它们的地位。因此，在政治制度组织形式上，实行行政、立法、司法三权分立，分权制衡。而在无产阶级革命时，无产阶级在各个方面都处于被压迫地位。新生政权最核心的问题是战胜周围强大的敌人。政治制度组织的效率、政权的战斗力自然成为革命胜利的焦点。

巴黎公社是人民民主专政的萌芽，它实行普选制。公社委员会不是议会，是兼管立法和行政的工作机关，马克思对这一点高度重视，认为这是无产阶级政权组织形式区别于资产阶级政权组织形式的地方。这被称为议行合一原则。俄国二月革命后，各种苏维埃不断涌现。列宁认为，苏维埃是一种新型国家政权组织形式，它是巴黎公社的进一步发展。苏维埃政权的本源不是由议会预先讨论和通过法律，而是直接夺权。它能保证工农拥有自己的武装力量。这是一种新型的民主政治制度。苏维埃的成员不是经过官僚手续，而是根据民意选出，并且随时更换的。因此，官员成为人民公仆。它和各行业保持密切联系。它能保证被压迫阶级中最有觉悟、最有力、最先进的部分建立组织形式，领导人民群众。它把议会制的长处和直接民主制的长处结合起来，立法和行政的职

[1] 《毛泽东选集》第三卷，人民出版社 1991 年版，第 1057 页。

能在人民代表身上统一。[1] 列宁对议行合一原则进行了更深入的阐述。

对于议行合一原则存在一定的争议。在巴黎公社和地方苏维埃，能够保持议行合一，能够直接民主选举产生行政机构，二者统一。但是，随着政权不断扩大，必然要实行代议制。就我国的人民代表大会制度而言，乡一级甚至县一级可以直选，但是，到了市、省、国家，就必须由选民推选出代表组成更高一级代表大会。同时，各级人民代表大会产生国家行政机构，但职能也是分开的。有人认为议行合一并不是一个根本原则。

实际上，议行合一的原则应该看本质。议行合一的本质是人民意志的统一，这是战胜强大敌人的需要。虽然在国家层面，人民代表大会和行政机构是分开的，但是，从统治阶级的意志来讲，它是统一的，而不是分裂的。

民主集中制原则和议行合一原则保证了人民意志的统一，使国家政权内部相互统一，具有高度的效率和战斗力，摆脱了西方民主组织存在的相互掣肘、效率低下的弊端。这是中国在革命和建设时期取得巨大成就的重要原因。

---

[1] 《列宁选集》第三卷，人民出版社 1995 年版，第 19—20 页。

第五章

民族区域自治：维护中华民族大团结

民族区域自治制度作为我国基本政治制度之一，是在新民主主义革命实践中逐渐形成的，是马克思主义民族理论与中国实践相结合的产物。在我国，人民掌握了国家权力，成为国家的主人。民族区域自治制度是少数民族当家作主的具体制度形式，它维护和加强各民族间平等、团结、互助的社会主义民族关系，形成了国家统一、各民族大团结、大繁荣、共同发展的大好局面。西方国家宣扬以抽象的自由、人权为价值尺度的“民族自决”理论，这种理论错误的，它把欧洲民族国家特殊的历史进程普遍化，在实践上有意或无意地忽视一个国家的历史和现实情况，会导致令人意想不到的灾难。

第一节　马克思主义民族理论和中国实际相结合的制度创新

民族区域自治制度作为中国基本政治制度之一，是马克思主义民族理论与中国实践相结合的产物。毛泽东和李维汉为建立这项制度作出了巨大贡献。但是，这项制度并非一蹴而就，而是在解决中华民族独立与发展这一历史中心问题的过程中逐渐形成的，是不断探索的产物。

一、联邦制还是民族区域自治——新中国成立前夕的难题

1949年，中国人民解放军在战场上已经取得决定性胜利，各界民主人士云集北京，召开政治协商会议，商讨建国大业。新中国建立什么样的政治制度，以什么样的形式维护国家的独立和统一，这是一个事关中国未来发展的问题。中国是一个拥有五千年历史的多民族国家，民族问题关系到国家统一，关系到国家未来和谐安定。以什么样的政策和制度处理民族关系是摆在中国共产党第一代领导人面前的一道难题。

当时有两种意见：一种是学习苏联，走民族共和国联邦制的道路。另一种是走民族区域自治之路。到底该选择哪条路呢？

在人民政协筹备期间，毛泽东就这个问题陷入深思。当时，发达的社会主义国家苏联是民族共和国联邦制。它是各个民族先各自建立苏维埃，建立自己的国家政权，然后，在自愿的基础上，再由各个共和国组成联邦国家。这些国家有退出联邦的自由。另外，发达资本主义国家美国和德国也是联邦制。虽然社会制度不同，政体不同，但采取联邦制却是相同的。联邦制看起来似乎是更先进的制度，但是，帝国主义在中国周边的异动，引起了中国领导人的高度警觉。1949年7月初，印度驻拉萨负责人理查逊与西藏地方政府摄政达扎密谈，要把汉人立即驱逐出藏。随后，西藏地方政府以防止赤化为名，驱逐国民党政府驻藏办事处工作人员及其家属。同时，美国政府插手中国台湾事务，企图将台湾与中国大陆隔开，抛出台湾“地位未定论”。[1] 如果完全模仿苏联的联邦制，那么帝国主义及其代理人就有了可乘之机。

为此，毛泽东专门征求了李维汉的意见。李维汉对中国的民族理论有深入的研究，积累了丰富的实践经验。早在延安时期，他就主持对回族和蒙古族进行深入调查研究，为中央起草了关于回民族和蒙古民族的两个提纲，提出团结蒙、回民族抗日，共求解放，共同建立统一国家的方针政策，经中央批准，

[1] 宋月红：《毛泽东关于新中国实行民族区域自治的决策研究》，《中国藏学》2008年第3期。

成为党在抗日时期对蒙、回民族工作的纲领性文件。对于毛泽东主席提出的重大问题，李维汉指出，我国与苏联国情不同，不宜实行联邦制。

李维汉认为，第一，民族关系不同。苏联少数民族人口与俄罗斯民族人口大体相当，并且多有完整的聚居区。我国少数民族只占当时全国总人口的百分之六，并且呈现大分散小聚居的状态，汉族和少数民族之间、几个少数民族之间往往互相杂居或交错聚居。第二，历史情况不同。俄罗斯形成多民族国家的历史比较短。沙皇俄国是民族的牢狱。1917 年俄国二月革命后，政权落在资产阶级手中，边疆民族地区也建立了资产阶级政府，他们反对十月社会主义革命，纷纷宣布脱离俄罗斯独立。经过内战，大多数宣布独立的民族地区建立了苏维埃政权。为了把这些已经分离的苏维埃国家重新统一起来，列宁不得不实行联邦制作为向民主集中制过渡的形式和步骤。我国从秦汉时期就形成了统一的多民族国家。在近代，我国沦为半殖民地半封建社会，各民族都受帝国主义压迫，它们在中国共产党领导下平等地联合起来进行革命，到革命胜利后平等地联合建国，没有经过民族分离。因此，李维汉同志建议在统一的国家内实行民族区域自治。[1]

毛主席和党中央接受这个建议，将民族区域自治作为一项民族政策和基本政治制度写入《共同纲领》（草案），然后与各民主党派、社会团体、民主人士、各民族的参会代表进行协商、修改、完善。1949 年 9 月 29 日，中国人民政治协商会议第一届全体会议通过的《中国人民政治协商会议共同纲领》。《共同纲领》具有临时宪法的性质，它明确规定：中华人民共和国境内各民族，均有平等的权利和义务；各少数民族聚居的地区，应实行民族区域自治，按照民族聚居的人口多少和区域大小，分别建立各种民族自治机关。这标志着民族区域自治作为国家的基本政治制度已经由国家根本大法——宪法正式确立。

新中国成立后，根据《共同纲领》，党和政府在全国普遍推行民族区域自

[1] 黄铸：《李维汉同志思想发展的飞跃和对中国民族问题理论与实践的贡献——纪念李维汉同志诞辰 100 周年》，《民族研究》1996 年第 4 期。

治。1950 年 11 月初，西康藏族成立自治区，这是新中国成立初期设立最早的民族区域自治，相当于省辖市一级。随后，民族区域自治在西北、西南、中南地区一些省的少数民族聚居区开始实施。党和政府在展开民族区域自治建设的过程中，一边实践，一边总结经验，制定和完善民族区域自治的法律法规。1952 年 8 月，中央人民政府批准了《中华人民共和国民族区域自治实施纲要》，这对于正确推行民族区域自治具有重要作用。它的基本原则和基本内容都为以后制定宪法的有关条款提供了参考，标志着我国在民族区域自治法律化、制度化方面走出了重要一步。到 1952 年，全国已建立了 130 个包括省、专区、县和县辖区等不同行政级别的民族自治地方。

1954 年，全国人民代表大会通过了《中华人民共和国宪法》，新宪法进一步总结了实行民族区域自治的经验，对民族区域自治制度作了较完备的规定，明确了民族区域自治制度的基本内容，规定了民族区域自治制度的性质和在国家中的地位，实行民族区域自治的基本原则。例如，宪法明确规定："中华人民共和国是统一的多民族的国家。""各少数民族聚居的地方实行区域自治。各民族自治地方都是中华人民共和国不可分离的组成部分。"[1] 宪法进一步明确，民族区域自治是在国家统一的大前提下。任何以"民族自治"为口号分裂国家的企图都是违反宪法的。

二、联邦制在中国的实验和破产

民族区域自治制度是一个伟大的制度创新，是在借鉴苏联经验的基础上，把马克思主义民族理论与中国实际相结合的产物。1840 年以来，中国在西方资本主义不断入侵下，逐渐沦为半殖民地半封建社会。为了国家的生存和发展，中国必须打倒帝国主义，推翻旧的封建制度，重新整合统一，建立现代民族国家。那么，中国应该建立一个什么样的政治制度，该如何重新整合呢？作为一个多民族国家，建立一个什么样的制度来整合民族关系？无疑，西方资

[1] 中共中央文献研究室：《建国以来重要文献选编》第 5 册，中央文献出版社 1993 年版，第 522 页。

本主义国家的相关制度和后来苏联的相关制度成为参考的样板。但是这都涉及到联邦制的问题，而联邦制的问题，又涉及两类“民族自决”的问题。

清末，为了缓解危机，清政府被迫学习英国，实行君主立宪。之所以如此，就是鸦片战争以来，尤其是镇压太平天国运动之后，皇权衰落，地方督抚势力兴起。清政府还未来得及真正实施，辛亥革命爆发，清政府被推翻。在这一时期，各省督军纷纷独立，都有实际的自治权，可以养兵收税。当时的中国政治制度，也只能是承认现实，先承认各省实际自治，然后在这个基础上建立国家统一政权。孙中山在辛亥革命爆发不久，就在巴黎发表的谈话中提到:中国在地理上分为二十二行省加以三大属地即蒙古、西藏、新疆。其面积实较全欧为大，各省气候不同，故人民之习惯性质亦各随气候而差异，似此情势，于政治上万不宜于中央集权。倘用北美联邦制度,最为相宜。每省对于内政各有其完全自由，各负其统御之责;但于各省之上建设一中央政府，专管军事、外交、财政，则气息自联贯。辛亥革命后，南京临时政府起草的《政府组织大纲》便以美国的联邦宪法为蓝本。[1]不管是出于理想还是现实,辛亥革命后的国民政府实际上实行的是联邦制。但是，对于中央和省的权利关系，没有明确规定，而民族关系，更在当时的政治视野之外。

但是，民国政府成立后，权力实际上落到了北洋军阀和各省军阀手里。北洋军阀内部派系纷争，而一旦某派军阀主政，又想武力统一全国，但又实力不足。地方军阀或者自保，或者联合，或者扩张。中国陷入军阀混战，所谓共和国、联邦制成了一个空架子。在1920年左右，“联省自治”思潮兴起，鉴于当时军阀混战，没有一派军阀占有绝对优势，能够统一中国。一些地方军阀、政客和学者提出，先各省进行选举，建立自己的议会，然后制定各省宪法，组建省政府，再由各省推荐代表，制定国家宪法，建立统一的中央政权。想通过和平的方式，用美国的联邦制再次构建统一的国家政权。在军阀割据的情况下，这些自然是空想。

[1] 张续忠:《孙中山与联省自治运动》,《贵州文史丛刊》2006年第3期。

不过，“联省自治”思潮，再一次把中央和各省的关系问题，尤其是中央和各省自治的关系凸显出来，而民族自治问题，也自然包括在内。

“联省自治”的思潮受到西方政治思潮的影响，从抽象的自由、民主、民权出发，没有认识到，不管是自治还是统一，当时占统治地位的军阀都是代表着中国的封建势力。不消灭封建势力，不可能实现真正的民主。只在政权形式上打转转，不能解决根本问题。

不管是刚成立的中国共产党还是孙中山领导的国民党，都坚决反对“联省自治”。1922 年 6 月，中共中央发表《中国共产党对时局的主张》，这是中国共产党成立以来，第一次对中国时局发表声明。它明确提出，封建军阀不消灭，实行中央集权制就会造成袁世凯式的皇帝总统，实行地方分权制，就会造成军阀割据，根本不能解决时局问题。地方军阀所倡导的“联省自治”，不过是“联督割据”。在野的“名流”“学者”鼓吹这一主张，不但不能建设民主政治的国家，而且会形成明目张胆地军阀割据，给军阀割据的现状加上一层宪法保障。[1]1922 年 7 月，党的二大召开，提出中国民主革命的最高和最低革命纲领。最低纲领即反帝反封建，消除内乱，打倒军阀，建立国内和平；推翻国际帝国主义的压迫，中华民族完全独立；统一中国为真正的民主共和国。

革命先行者孙中山在“二次革命”失败后，看到了联邦制存在的问题，认识到在革命斗争中权力集中的重要意义。在这之后，孙中山不再倡导联邦制，而是反对联邦制，拒绝用联邦制来解决中国的统一问题。他同时调整了革命方略，提出军政、训政、宪政三步走的方法来实现中国的政治现代化。军政就是用革命暴力统一全国，训政就是在国民党领导下展开地方自治，尤其是县级自治，然后进入宪政阶段即“还政于民”阶段。从孙中山军政和宪政的设想来看，他实际上看透了“联省自治”根本无法完成国家统一，或者说，在封建军阀势力强大的情况下，想通过联邦制建立资产阶级共和国，只能是空想。“联

[1] 丁旭光：《本世纪二十年代“联省自治”说的提出及其危害》，《华南师范大学学报（社会科学版）》1987 年第 2 期。

省自治”最终不过是地方军阀为了统治，愚弄老百姓的“障眼法”。

在这之后，国共合作，第一次大革命走向高潮，北伐军势如破竹。欧美式联邦制及其变形了的“联省自治”建国方案被人们放到了一边。

三、反帝反封建斗争中的两种“民族自决”

俄国十月革命后，无产阶级领袖列宁在《和平法令》中提出“民族自决”。几乎与此同时，美国总统威尔逊在重建战后秩序的《十四点计划》中也提出“民族自决”。“民族自决”原则得到了弱小国家的拥护，逐渐成为一项基本的国际原则。

但是，从现实的国际政治来看，涉及民族自决原则的问题实际上分为两大类。第一类是被压迫民族反对封建主义、帝国主义、殖民主义、霸权主义，争取民族解放运动，列宁是在这个意义上谈“民族自决”的。第二类是威尔逊所提到的“民族自决”，实际上是美国获得世界霸权的工具，美国用这一原则来肢解像奥斯曼土耳其、俄国、奥匈帝国这样的老帝国，遏制英法等帝国主义强国。

列宁的民族自决原则是与马克思主义的世界革命理论相联系的。在马克思和恩格斯的年代，曾设想无产阶级革命在资本主义最发达的欧洲爆发。列宁认为，资本主义发展到帝国主义，根据资本主义发展不平衡规律，无产阶级革命可以在资本主义发展最弱的环节爆发。到19世纪末和20世纪初，随着资本主义发展到帝国主义阶段，整个世界被几个帝国主义强国所瓜分。这时，资本主义出现了新特征，更深刻地显示出它的内在本质。列宁敏锐地指出，在帝国主义已经瓜分世界完毕的情况下，“资本主义已成为极少数‘先进’国对世界上绝大多数居民实行殖民压迫和金融扼杀的世界体系。”[1]这样，在世界范围内形成了帝国主义的统治阶级及其在殖民地、半殖民地的代理人与全世界被压迫阶级和被压迫民族之间的对立。因此，被压迫阶级和被压迫民族反对本国统治阶

[1]《列宁选集》第2卷，人民出版社1995年版，第578—579页。

级，争取民族独立的斗争，是在国际范围内打击帝国主义的斗争，是无产阶级世界革命的组成部分。1913 年，列宁写了《落后的欧洲和先进的亚洲》一文，为亚洲兴起的民族革命浪潮而欢呼，他把无产阶级革命和第三世界国家被压迫民族的解放相结合。列宁的民族自决原则是与被压迫民族和被压迫阶级的解放相联系，苏联——苏维埃社会主义共和国联邦也是以此为理论基础的。

不管理论上还是实践上，在探索社会主义革命和建设的道路中，苏联都处于最前列，另外，苏联又是共产国际的领导力量，因此，苏联的理论、纲领和制度就自然被用来指导中国共产党的民族政策。

在抗日战争爆发之前，中国共产党的目标是推翻国内封建主义和帝国主义的统治，在民族问题上，中国共产党基本上是模仿苏联，照搬苏联的民族政策和联邦制度。在第二次全国代表大会发表的宣言中，在民族自治问题上，中国共产党提出，先蒙古、西藏、回疆三部实行自治，成为民主自治邦，然后，用自由联邦制统一中国本部、蒙古、西藏、回疆，建立中华联邦共和国。这种联邦制建国路径在形式上与欧美联邦制相似，但本质不同，它首先要经过被压迫阶级革命，推翻封建主义和帝国主义的统治，掌握国家政权，然后再组建联邦制共和国。在抗日战争爆发前，中国共产党一直沿用这一纲领。

但是，在这一时期，帝国主义也打着“民族自决”的幌子，勾结某些民族的上层反动势力，密谋所谓的“民族自决”，建立傀儡政权，以此为手段侵略、肢解、瓜分中国，最具代表性的是日本和英国。辛亥革命后日本就一直向我国东北和内蒙地区渗透，推行“满蒙政策”，该政策核心是拉拢该地区的封建上层势力，帮助其进行“自治”和“独立”，脱离中国，另建国家。而满蒙一旦独立，势必与中国产生领土冲突，满蒙就不得不依赖日本。日本因势利导，可以乘势实际控制满蒙，避名取实，占领中国领土。[1] 抗日战争爆发后，察哈尔、山西及平绥路一带先后沦陷。1937 年，在日本帝国主义者的筹划下，

[1] 参见王树才：《日本帝国主义分裂中国的首次尝试——第一次满蒙独立运动》，《中国社会科学院研究生院学报》1985 年第 4 期。

先后成立了张家口的“察南自治政府”、大同的“晋北自治政府”和厚和浩特（呼和浩特）的“蒙古联盟自治政府”。同年 11 月，又将三个伪政府组织合并，成立“蒙疆联合委员会”，由德王任主席。

在我国南疆，形势同样严峻。辛亥革命之后，趁中国中央政府力量衰弱之机，英国图谋获取我国西藏地区，西藏人民进行了坚决的斗争。抗日战争爆发后，趁中国人民全力抗击日本侵略者之时，作为反法西斯盟友的英国却加紧向我国的西藏渗透。1941 年，在英国的策划和支持下，亲英分子达扎活佛囚禁了主政的拥护中央政府的热振活佛，窃取了西藏摄政职位，并在政权中广泛安插亲英分子，成为分离主义骨干。1942 年 7 月 6 日，英国鼓动当时的西藏地方政府成立“外交局”，把中国驻藏代表机构和英国、尼泊尔的驻藏代表机构列为外国代表机构。[1] 一旦承认或者忽视这一行动，就等于承认了西藏的实际独立。在这以后，英国又策动各种形式的独立活动。

在新中国成立前夕，帝国主义外部势力仍然妄想分裂我国的新疆、西藏和台湾等地区。帝国主义勾结某些民族的上层封建势力，企图分裂、侵略中国，危及到整个中华民族各族人民的根本利益。

在反对帝国主义的侵略过程中，中国共产党开始认识到民族问题的复杂性，并且也有了更多的研究和现实经验。在具体问题上，开始有了民族区域自治的思想。在一般纲领上，虽然仍然提联邦制[2]，但是，在具体的政权建设中，根据实际情况，对民族问题进行新的探索，如抗日战争后，在《陕甘宁边区施政纲领》中提到了建立蒙、回民族的自治区。

正是因为有了现实需要以及实践探索，新中国成立前夕，由李维汉建议，毛泽东同志采纳，经中共高层研究，最后在新的政治协商会议上与各民主党派、民主人士反复协商，终于达成共识，放弃联邦制，采取统一共和国的民族区域自治制度。

---

[1] 方正、郑言：《抗战中的英国与西藏》，《文史月刊》2003 年第 2 期。

[2] 龚育之：《党史札记》，浙江人民出版社 2002 年版，第 40 页。

鉴于苏联和南斯拉夫联邦制国家所爆发的民族冲突、国家分裂的悲剧，中国的民族区域自治制度是一次巨大的理论突破和制度创新，具有重要的历史意义。

第二节　国家统一前提下的多民族大团结大发展

新民主主义革命胜利后，中华人民共和国成立。中国人民掌握了国家权力，成为国家的主人。民族区域自治成为少数民族当家作主的具体制度形式，经过社会主义改造，我国建立社会主义基本制度。我国是一个由全国各族人民共同缔造的统一的社会主义多民族国家，各民族之间平等、团结、互助。我国少数民族依法自主地管理本民族事务，民主地参与国家和社会事务管理，保证了各民族不论大小都享有平等的经济、政治、文化和社会权利，形成了国家统一、各民族大团结、大繁荣、共同发展的大好局面。

一、国家统一下的民族区域自治

中华人民共和国是全国各族人民共同缔造的统一的多民族国家。我国的民族关系是社会主义民族关系，是在国家统一领导下的平等、团结、互助的关系，它促进了全国各民族的共同繁荣。为了维护民族团结，既要反对大民族主义，主要是大汉族主义，也要反对地方民族主义。我国的民族区域自治制度是建立在国家统一的基础上，任何民族分裂的思想和行动都是绝对不允许的。

那么，一方面承认一个民族有自治的权力，另一方面又从法律上否定一个民族有独立的权力，这是否相互矛盾呢？

这样提问题的人不在少数。实际上，这些人往往是从抽象的民族概念出发，或者说，是从种族差异出发，完全没有理解中华人民共和国人民当家作主的性质，没有从我国的性质出发理解民族区域自治。民族被理解为居住在某一区域，有着共同语言、文化和宗教的族群。而民族自治（自决）往往被理解为这些族群可以根据自己的意愿建立自己的主权国家。但是，这种概念是把民族从历史中割裂出来，从复杂的社会、政治、经济关系中割裂出来，抽象地谈民族自治（自决）的权力。

我国的民族区域自治制度，其中的“民族”并不是前面所说的抽象的概念，它是一个隶属于“人民”的概念，它必须在中华民族反对帝国主义、封建主义和官僚资本主义的民族解放和阶级解放运动中来理解，必须从被压迫阶级和被压迫民族翻身解放，成为国家真正的主人的历史过程来理解，必须从坚持和维护人民当家作主的地位来理解，以及从未来全国各族人民团结一致致力于中华民族的伟大复兴来理解。

1935年，中国工农红军长征途中路过彝族区，时任先遣队司令的刘伯承元帅坚决执行党的民族政策，向彝族地区沽基家族首领小叶丹讲明红军性质、目标和民族政策。红军向彝族群众赠送枪支弹药，彝族群众向红军回赠黑骡。刘伯承元帅和彝族头领小叶丹歃血为盟，结为兄弟。红军顺利通过彝族地区。这个极富象征意义的事件是红军长征途中的一段佳话。

近代以来，面对帝国主义侵略，腐朽的封建势力无力抵抗，逐渐成为帝国主义在中国的代理人，它们压迫着被压迫阶级，同时也压迫着被压迫民族。不管被压迫阶级还是被压迫民族，都没有平等的权利和地位。为了救亡图存，就必须推翻帝国主义、封建主义以及后来出现的官僚资本主义，这个过程，也是中国被压迫阶级和被压迫民族翻身解放的过程。为了打败这些强大的敌人，中国被压迫阶级和被压迫民族必须紧密地团结起来，并且团结一切可以团结的力量。因此，解放被压迫的弱小民族，动员被压迫民族中蕴含的革命力量，就是中国革命力量的重要来源。被压迫阶级和被压迫民族及其一切可以团结的力量，就是我们常说的人民。民族的问题必须在人民这个概念中才能真正理解。从人民的概念来看，任何反对这一革命潮流的力量，不管是帝国主义、压迫阶级，还是被压迫民族中的反动势力，都是革命的对象。而所谓被压迫民族中的反动势力，其中就包括借助帝国主义力量，利用民族矛盾，分裂祖国、危害中华民族的人。

在1922年党的二大的时候，中国共产党就在其纲领中提出少数民族的平等权利和民族自决。但是，纲领还没具体化为现实的革命行动。在土地革命战争时期，中国共产党来到乡村，进行武装割据。由于地域限制，革命活动的对象主要是汉族农民。而革命纲领转化为具体的政策和行动，则是在中国工农红军长征时期。在长征路上，红军经过了12个省的14个少数民族聚居区，红军与彝、苗、瑶、壮、布依、土家、侗、纳西、白、傈僳、藏、羌、回、蒙古等少数民族直接交往，加深了对各少数民族政治、经济、宗教、文化、风俗习惯的了解。我们党开始深刻地认识到，少数民族获得平等权利、获得自决权力、获得解放，是与中国革命的任务紧密联系在一起的。在长征中，党对“团结少数民族”方针的认识不断深化、具体，逐渐形成一套完整的民族政策。值得一提的是，红军进入四川大凉山冕宁后，建立了入川以来的第一个革命政权——冕宁县革命委员会。县革命委员会设立了两科一室，其中一科就是弱小民族科，这个科是红色政权建立以来从未设立过的科，是历史上的第一次，是今天从中央到地方设立的民族工作机构的雏形。同时，还成立了中国共产党冕宁县工作委员会，建立了武装组织“抗捐军”。[1]1935年6月，中共中央政治局候补委员凯丰（何克全）把长征以来所遇到的少数民族问题进行总结，写了约3000字的《番民工作的几个问题》一文，论述对少数民族工作的意义、原则、方法和注意事项等。这是建党14年以来党中央发表的第一篇关于少数民族工作的专论。随后，中共中央决定在中央设立少数民族委员会，标志着党的民族工作意识的自觉和成熟。日本全面侵华后，团结、动员被压迫民族成为建立最广泛的抗日统一战线的重要组成部分。被压迫人民的革命斗争成为中国革命的必要组成部分。鉴于当时日本帝国主义以“民族自决”为口号，拉拢一些少数民族上层的反动势力进行分裂活动，中国共产党开始提出“民族自治”

[1] 伍精华：《党的民族政策的光辉篇章——重温长征途中的〈中国工农红军布告〉》，《求是》2006年第19期。

的政策。这样,中国共产党的民族政策发展为新民主主义革命纲领的一个重要组成部分。

从民族区域自治政策的形成来看,民族区域自治是少数民族解放的一种形式。它是中国人民从帝国主义、封建主义和官僚资本主义的剥削、压迫下解放的一个组成部分。只有中国人民,包括被压迫阶级、被压迫民族及其一切可以团结的阶级、阶层,团结一致,才能完成解放任务,也只有在中华民族解放的大历史背景下,少数民族才能解放,才能获得平等的地位。只有在人民当家作主的情况下,少数民族才能真正当家作主,真正实现自治。

新民主主义革命胜利后,人民成为国家的主人。民族区域自治制度建立后,少数民族的人民群众当家作主,管理自己的事务。不管是社会主义基本制度时期,还是改革开放时期,国家的政体始终如一。

因此,少数民族人民群众当家作主,它的大前提是人民当家作主。在革命时期,各民族的平等、团结和互助,是中国人民解放的必要条件,是国家独立统一的必要条件。在社会主义建设时期,加强各民族的平等、团结和互助,反对民族分裂,维护国家的统一,都是从根本上维护人民当家作主的地位,维护人民的整体利益。一旦中国人民的整体利益受到损害,少数民族当家作主的权利必然受到损害。

总而言之,中国的民族区域自治,是以国家统一为前提的,是以人民的整体利益为前提的。

二、保障少数民族拥有平等地位和权利

新中国成立以来,我国民族区域自治制度不断完善,不断法制化,形成配套性法规,真正保护少数民族的自治权利。

20世纪80年代初,中央多次强调,民族区域自治,从根本意义上说,就是要由少数民族的干部和人民对本民族自治地方的事务当家作主。在中央的指导下,从1980年3月到1984年3月,有关部门先后多次召开座谈会,明确强调要继续坚持和完善民族区域自治政策,尊重民族自治机关的自治权利,

加强民族区域自治政权建设。1984 年 5 月 31 日，六届人大二次会议通过《中华人民共和国民族区域自治法》,标志着中国民族法制建设走向新的历史高度。1984 年的《民族区域自治法》具体规定了什么是民族区域自治，如何实行民族区域自治等问题。其中，对自治机关的自治权的规定就有 27 条，把宪法所规定的自治权予以细化。这一时期，有 12 个辖有自治州、自治县的省份制定了贯彻实施《民族区域自治法》的地方性法规。至此,我国已经基本形成了以宪法为核心、民族区域自治法为主干，包括民族自治地方制定的自治条例和单行条例的民族自治法体系。[1] 2001 年 2 月，全国人大常委会根据国内外发展的新形势，对 1984 年制定的《民族区域自治法》进行了全面、深入的修订和补充，突出发展社会主义生产力。2005 年，国务院颁布《国务院实施〈中华人民共和国民族区域自治法〉若干规定》，主要内容为上级人民政府在加强民族团结，促进民族自治地方经济、社会各项事业发展和大力培养少数民族人才等方面的责任和义务，并制定了相应的监督检查措施。在党的十七大报告中，胡锦涛同志强调：“坚持各民族一律平等，保持民族自治地方行使自治权”，“牢牢把握各民族共同团结奋斗，共同繁荣发展的主题，保障少数民族合法权益，巩固和发展平等、团结、互助、和谐的社会主义民族关系。”和谐的民族关系成为我国和谐社会的五大和谐关系之一。我国民族区域自治被提升到新的历史高度。

民族区域自治制度以少数民族聚居区为基础，是在承认民族差异的基础上，为了实现少数民族人民当家作主的权利，使之能自主地管理本民族内部事务而建立的。设立自治机关、行使自治权是民族区域自治最重要、最显著的标志。民族区域自治有充分的自治权。

民族自治机关是指在我国少数民族自治地方设立的行使同级相应地方国家机关职权并同时行使自治权的国家机关，是我国的一级地方国家机关，包括自治区、自治州、自治县的人民代表大会和人民政府。民族自治机关具有双重

[1] 王维国等:《新中国民主建设历程》，世界知识出版社 2011 年版，第 33 页。

性质:一方面，它们在法律地位上是国家的一级地方政权机关，与一般地方国家机关完全相同。另一方面,它们是民族自治地方行使宪法和有关法律授予的自治权的国家机关。我国民族区域自治行使的权利广泛而真实。

民族自治地方的自治机关,除了可以行使和它同级的一般国家机关的职权之外，还可以行使自治权。其主要内容如下:

(1)民族立法权。即民族自治地方的人民代表大会有权依照当地民族的政治、经济和文化的特点,制定自治条例和单行条例。自治条例与单行条例都是在本民族自治地方具有法律效力的规范性文件;(2)变通执行权利。即对于那些不适合民族自治地方实际情况的上级国家机关的决议、决定、命令和指示等，民族自治地方的自治机关可以结合当地的实际，上报上级国家机关批准，变通执行或者停止执行;(3)文化、语言文字自主权。这是指民族区域自治地区有使用本民族语言文字的权利;(4)培养民族干部自治权;(5)组建公安部队的权利。民族自治地方的自治机关依照国家的军事制度和当地的实际需要，经国务院批准，可以组织本地方维护社会治安的公安部队;(6)自主发展经济的权利。民族自治地方的自治机关在国家的指导下，自主地安排和管理地方性的经济建设事业;根据本地方的特点和需要，制定经济建设的方针、政策和计划;合理地调整生产关系，改革经济管理体制;确定本地方内草场和森林的所有权和使用权,等等。(7)进行贸易活动的权利。民族自治地方依照国家规定，可以开展对外经济贸易活动，经国务院批准，可以开辟对外贸易口岸;与外国接壤的民族自治地方经国务院批准,开展边境贸易。民族自治地方的自治机关在对外经济贸易活动中，在有些方面享受国家的优惠政策;(8)管理财政的权利。凡是依照国家财政体制属于民族自治地方的财政收入,都应当由民族自治地方的自治机关自主地安排使用;(9)自主发展文化教育的权利。

在政治、经济、文化、社会等领域，民族区域自治不仅享有充分的自主权，还有国家给予的一定的优惠政策。以地方财政为例，凡属于民族自治地方的财政收入都由该民族自治机关自主地安排使用，另外，按照国家规定，民族自治地方的财政支出设立机动资金，预备费在预算中所占比例高于一般地区。

三、全国统筹下的少数民族地区大发展

2008年5月12日，四川省汶川县发生特大地震。汶川地处四川西部，处于成都平原与青藏高原交接地带，居民多为藏族和羌族。地震发生后，中国国家领导人、中国各级人民政府、人民解放军、各族人民群众精诚团结，抗震救灾。中华民族各族人民在抗击汶川地震中迸发出来的民族团结精神和凝聚力让世界为之震撼。俄罗斯国家新闻网有一段广为流传的评论："我们知道，一个总理能在两小时就飞赴灾区的国家，一个能够出动十万救援人员的国家，一个企业和私人捐款达到数百亿的国家，一个因争相献血、自愿抢救伤员而造成交通堵塞的国家，永远不会被打垮。"在这种团结精神和凝聚力面前，即使习惯于对中国指手画脚的西方媒体也不得不为之赞叹。

这不由得让人们想起南斯拉夫社会主义联邦共和国的分崩离析，兄弟之间血仇不断，也不由得让人想起戈尔巴乔夫所设想的独立国家联合体。苏联解体后，这些独联体国家之间充满隔阂与纷争，甚至作为斯拉夫民族的核心地带的俄罗斯、乌克兰和白俄罗斯也是明争暗斗，冲突不断，今天白俄罗斯向俄罗斯供应欧洲的油气索要高额过路费，明天俄罗斯向乌克兰停止供应油气。斯拉夫兄弟内斗不休，而以美国为首的北约则不断东扩。

这不由得让人们想起今天欧盟国家之间的矛盾。希腊、西班牙等南欧国家陷入债务危机，需要欧盟援助，而德国等欧盟的核心国家民众则爆发示威活动，反对用自己的血汗钱救助"懒汉"。欧盟以经济紧缩为救助条件，而希腊等国民众爆发大规模的示威和骚乱，反对削减工资和福利。救助政策议而不决，国家之间矛盾重重，欧盟上空阴云不散，一些媒体甚至开始讨论欧盟是否能够持续下去。

与之相比，我国的统一国家内部的民族区域自治制度显示出了独特优势，充满生机和活力。首先，我国的民族区域自治制度有着深厚的历史基础。我国有五千年的历史，各民族之间不断交往、融合，已经成为了一个多民族大家

庭。各民族之间和而不同，多元一体。各个民族对中华民族大家庭已经有了认同感，像兄弟一样生活在中华大地上。这与只有几百年历史、急速扩张的俄罗斯不同，也与刚刚走向一体化的欧盟完全不同。因此，在汶川地震和后来的玉树地震中，我国才会出现一方有难，八方支援，各民族像兄弟一样团结互助的感人场面。

最后，也是非常重要的一点，统一国家的民族区域自治制度适应了各族人民团结协作、统筹发展、共同繁荣的需要。

正因为实行了统一国家的民族区域自治制度，我们国家才能在各民族平等、团结的基础上，发挥社会主义的优越性，集中力量干大事，在全国统筹布局，迅速提高民族地区人民的生活水平。

新中国成立以来，我国始终坚持把国家支持、发达地区支援同少数民族自身努力结合起来，把国家的优惠政策同发挥自身优势结合起来。国家始终把民族地区的基础设施和工业化建设摆在十分突出的位置，在“一五”计划（1953—1957年）期间，我国新建8条铁路干线，其中有5条建在民族地区或直接与民族地区相联结。国家把当时156个大型建设项目中的40个项目安排在了民族地区，如内蒙古包头钢铁基地、新疆克拉玛依油田、云南个旧锡业公司等。

在20世纪60年代，我国为备战进行大三线建设，国家把沿海和内地的一批大型工业企业搬迁到云贵川等地区。大三线建设地理范围是指长城以南、广东省韶关以北、京广铁路以西、甘肃乌鞘岭以东的广大地区，包括基本属于内地的四川、贵州、云南、陕西、甘肃、宁夏、青海7个省区及山西、河北、河南、湖南、湖北、广西等省区靠内地的一部分，共涉及13个省区。其中，四川、贵州、云南、陕西、甘肃、宁夏、青海、湖南、广西等地区少数民族众多。从1964年至1980年，经过十余年的建设，大三线地区被建设成为一个门类比较齐全的新的工业基地。它包括冶金工业、化学工业、机械工业、电子工业、船舶工业，铁路、航空、航天、核工业、兵器工业等国防工业，电力、水利、煤炭资源工业和公路交通，以及为大三线建设配套的纺织工业、建材工业。大三线建设既是为了战争建立后方工业基地，同时，也是国家工业布局的一次大调整。这次调整惠及很多民族地区，使这些民族地区出现跨越式发展，为未来的发展奠定了坚实的基础。

改革开放以来，我国又在民族地区优先安排一大批重大工程项目，初步走出了一条立足资源优势、具有自身特色的工业化道路。2000 年实施西部大开发战略以来，我国把支持少数民族和民族地区加快发展作为西部大开发的首要任务。截至 2008 年，5 个自治区、30 个自治州、120 个自治县全部纳入西部大开发范围或者参照享受西部大开发的有关优惠政策，民族地区固定资产投资累计达到 77899 亿元。

2008 年，民族地区经济总量由 1952 年的 57.9 亿元增加到 30626. 2 亿元，按可比价格计算，增长了 92.5 倍；城镇居民人均可支配收入由 1978 年的 307 元增加到 13170 元，增长了 30 多倍。[1]

2013 年 9 月 7 日，国家主席习近平在哈萨克斯坦纳扎尔巴耶夫大学发表题为《弘扬人民友谊，共创美好未来》的重要演讲。讲演提出，中国和中亚各国可以用创新的合作模式，共同建设“丝绸之路经济带”，以点带面，从线到片，逐步形成区域大合作。2013 年 10 月 3 日，国家主席习近平在印度尼西亚发表讲演，提出中国愿提高中国—东盟自由贸易区水平，加强海上合作，发展好海洋合作伙伴关系，共同建设 21 世纪“海上丝绸之路”。这就是著名的“一路一带”发展战略。同时，中国还在构筑“中巴经济走廊”和“孟中印缅经济走廊”。这是一个区域经济一体化设想。“中巴经济走廊”是指即中国和巴基斯坦两国共同打造中国新疆乌鲁木齐—喀什—红其拉甫—巴基斯坦苏斯特—洪扎—吉尔吉特—白沙瓦—伊斯兰堡—卡拉奇—瓜达尔港全长 4625 公里的交通大动脉。“孟中印缅经济走廊”在古代曾是古丝绸之路组成部分。

---

[1] 文中数字参见《中国的民族政策与各民族共同繁荣发展》白皮书，新华网时政频道，2009 年 9 月 27 日，http://news.xinhuanet.com/politics/2009-09/27/content_12117333.htm。

2015年，中国启动长江经济带建设。如果从欧亚大陆的发展来看，其交通有两大通道，一条是海上航线，一条是大陆交通枢纽。长江经济带东部连接海上丝绸之路，西部连接丝绸之路经济带。长江经济带实际上把欧亚大陆海上航运和内陆运输联通起来。这样，它将成为欧亚大陆最重要的交通枢纽，最重要的区域经济之一。如果考虑到未来自由贸易区发展，其作用不可估量。

从长远发展来看，在“一路一带”战略布局中，原来处于我国中西部的多民族聚居地区，将被整合在整个发展战略中，并处于重要地位。随着民族区域自治政策不断完善和发展，在中央政府的领导下，在各民族团结与互助下，民族地区经济社会发展会取得更大成就。

第三节　民族自决原则在复杂的国际政治环境中的嬗变

民族自决理论有两个脉络，一个是列宁倡导的在殖民主义下被压迫民族的自决，这是民族解放。另一个是西方以抽象的自由、人权为价值尺度的民族自决理论。现在国际上流行的就是西方的这种民族自决理论。从抽象的价值来说，民族自决权无疑是进步的。但是，在理论上，西方的民族自决理论是错误的，在实践上是有害的。如果不考虑一个国家的历史和现实情况，一味地推行这一原则，则会导致令人意想不到的后果。南斯拉夫的科索沃独立就是一个最鲜明的案例。

一、没有独立生存能力的“独立”国家

2008年2月中旬，一支车队浩浩荡荡地开进科索沃的鲁博沃镇。在一大群新闻记者的簇拥下，科索沃总理哈希姆·萨奇用突然袭击的方式来拜访一位绰号为“拖拉机手”的塞族人，和他拉起了家常话。这位塞族人43岁，以善于养牲口闻名。鲁博沃是一个塞族和阿族杂居的村子。这在现今的科索沃极其

少见。2008 年年初，关于科索沃即将独立的消息不胫而走。科索沃总理或许是想通过拜访这位养牲口能手来传达一个信息：在未来的科索沃，阿族和塞族将和睦相处。但是，这位绰号“拖拉机手”的塞族人却不理会这位大人物的苦心，他冷冰冰地告诉这位总理，假如不是家里的那辆老爷车太破了，自己早就搬到塞族聚居区去了。虽然阿族语言和塞族语言是科索沃的官方语言，但总理说着阿族语言，“拖拉机手”说着塞族语言，两个人居然需要通过翻译才能聊天。塞族和阿族之间的隔阂可见一斑。[1]

科索沃是民族自决权走向极端，并在复杂的国际关系中畸形发展的案例。科索沃地处巴尔干半岛，原属于南斯拉夫联邦人民共和国，是塞尔维亚共和国的一个自治省。巴尔干半岛被称为欧洲的“火药桶”，也被称为欧洲“柔软的下腹部”。巴尔干半岛是地缘政治要地，是连接欧亚陆路和海路的枢纽，自古就是兵家必争之地。从古至今，力量所及的大国都会兴兵于此，因此，战争连绵不绝，造成该地区民族不断迁徙、国家疆域变幻不定，宗教冲突、种族恩怨纠缠不清。二战以后，凭借铁托及其领导的南斯拉夫共产党抗击德国法西斯的崇高威望，由六个共和国组成南斯拉夫社会主义联邦共和国。南斯拉夫在铁托的领导下，遏制大塞尔维亚主义，实行民族平等政策。南斯拉夫取得了举世瞩目的成就。但是，铁托去世后，南斯拉夫各共和国中民族主义分裂势力逐渐抬头。1990 年之后，南斯拉夫的各共和国从分裂走向独立，但复杂的民族纠纷又让一些共和国走向战争。

科索沃是塞尔维亚共和国东南部的一个自治省，面积只有 1 万平方公里，人口约 200 万，其中 90% 是阿尔巴尼亚族人。阿族中的极端分子进行的阿族独立运动一直没有停止。随着南斯拉夫地区民族分离主义高涨，阿族的极端分子开始进行叛乱，并在 1996 年成立解放军，与政府军对抗。1999 年，以美国为首的北约以“人权”为借口，干涉南联盟内政，对南联盟实行空中打击。在外部势力的插手下，科索沃实行实质性自治，被联合国托管。2008 年 2 月

[1] 参见俞天颖：《科索沃独立：推倒一切再重来》，《世界知识》2008 年第 6 期。

17日，科索沃独立。

阿族人欢呼雀跃。但是，等待他们的是残酷的现实。首先是经济无法真正独立。科索沃是南斯拉夫地区最贫穷的行政区，几乎什么也不能生产。独立之后，它自然要面对充满敌意的塞尔维亚，这令其经济雪上加霜。至2008年，欧盟的非军事援助至少220亿欧元。但是，科索沃的经济并没有真正独立运行。在该年，失业人口达到44%，甚至连正常的电、上下水管道和沥青公路都无法正常维持。科索沃作为一个民族国家根本没有造血功能，只能靠外部输血维持。

更重要的是，在弹丸之地的科索沃北部，又出现了塞族聚居区，逐渐形成了塞族的民族主义独立势力，科索沃危机导致塞族和阿族之间激烈的种族冲突。科索沃脱离塞尔维亚后，一些阿族人实施种族报复。大批塞族人逃向科索沃北部的塞族聚居区。在科索沃危机前，普里斯蒂那和普里斯兰这两座城市有几万塞族人居住，但现在已经几乎没有塞族居民。大部分塞族居民逃向科索沃北方以塞族为主的三个半城市。在这三个半城市中，塞族人实行实质上的自治，在政治、文化、医疗卫生、警察、司法等方面完全独立于科索沃政府。[1]不过，这些塞族城市聚居区本身也没有经济独立的能力，他们依靠塞尔维亚共和国的“大输血”，否则，这些地区根本无法生存下去，这些塞族聚居区也在谋求独立。既然阿族根据民族自决原则能够独立，那么，这些塞族人为什么不可以？

正因为依靠外部输血，阿族地区使用的是欧元，而在北部塞族地区使用的则是塞尔维亚的货币第纳尔。

民族自决原则在巴尔干南斯拉夫地区形成了意想不到的结果：分裂、独立、战争和种族仇恨，形成了科索沃共和国，一个根本没有独立生存能力的国家，而且，像俄罗斯套娃一样，在这个国家内部，还有一个想要独立，更没有生存能力的“国家”。

[1] 柯静：《科索沃的历史、现状及未来走向》，《国际论坛》2006年第6期。

在这波民族分裂浪潮中，当地各民族少有赢家，其中一些民族更是付出惨重代价。

二、极端化的民族自决原则的错误

科索沃独立后，其经济、政治和社会困境说明，极端化的民族自决原则是错误的，危害是巨大的。现在，世界上越来越多的国家已经认识到这一点。从理论上来说，西方所推崇的“民族自决”存在着理论错误，把西方某些民族国家形成的过程绝对化，成为大国扩张霸权的工具。

第一，极端化的民族自决原则错误地把欧洲民族国家形成的特殊过程作为普遍规律。现代民族国家形成于西欧，是在特定历史条件下形成的。欧洲国家最早的是古希腊的城邦制，然后是由罗马军事扩张形成的横跨欧亚非的罗马帝国。公元 476 年，在北方蛮族的冲击下，西罗马帝国崩溃。在这之后，形成了欧洲的封建制度。从 6—11 世纪，欧洲小国林立，多达千余。其中还有各种各样的政治经济实体，如教会、骑士团、城镇等，在公元 1200 年时，仅意大利就有 200—300 个城邦，很像中国的春秋时期，只是基督教的文化信仰将欧洲联系起来。欧洲小国之间战争不断，逐渐出现以英、法为代表的王权国家。到了 16 世纪，西欧国家对外进行殖民扩张，资本主义不断发展，欧洲国家之间也战争不断。在这个过程中，经过资产阶级革命，形成现代英、法、德为代表的民族国家。由于欧洲资本主义兴起，在世界范围内扩张，同时，殖民地国家也仿照欧洲，进行独立解放运动。先是美洲殖民地独立，然后是第一次世界大战时期奥匈帝国、奥斯曼土耳其帝国解体，其中各个民族建立自己的国家。最后二战结束后，殖民体系瓦解，各被压迫民族纷纷独立，建立民族国家。

一般来说，欧洲的民族国家理论认为，民族就是有着相同的语言、文化、宗教和风俗的群体，这些族群在生活的地域范围，有权建立主权国家来保护族群的利益，国家主权不受侵犯。

这种民族自决观点（这里主要说欧洲，不是针对反对殖民主义的民族解放运动），只有在西欧资产阶级反对封建王权的斗争中，才会显示其真正意义。

勃艮第是欧洲封建时代的古公国，在15世纪全盛时期，其势力范围与法、德、瑞士接壤，能与法国抗衡。1477年，公国的“大胆者查理”伯爵战死，勃艮第被法国和哈布斯堡王国瓜分。王室控制范围只剩下现属荷兰的低地国家，继承者是20岁的女公爵玛丽。低地国家的各省重要人士聚在一起，草拟一份名为《大权利》的文件，制定了各种维护新生资产阶级的利益，限制女公爵权力的规定。其中一条规定，女伯爵的婚姻要经过各市镇同意。[1]这条在我们中国人看起来莫名其妙的法规，放在欧洲封建制度下，就显得非常重要。这是因为，在欧洲封建制度中，王国是封建诸侯的私产，可以世袭，也可以作为嫁妆转移到别的诸侯名下。因此，遗产继承和婚嫁也是封建君主扩张的手段。著名的哈布斯堡帝国就是通过联姻不断扩展。一个封建国家可以建立在几块不接壤的土地上。《大权利》规定20岁的女公爵玛丽的婚姻要经过各市镇同意，实际上是市镇资产阶级反对封建势力，维护自治权力。将《大权利》的意义引申，就是欧洲民族国家所说的民族自决权，在一块土地上拥有自己的文化、共同生活的人，有权建立自己的国家。这在本质上是新兴资产阶级反对封建君主，建立资产阶级占统治地位的国家。

从世界历史来看，每一个国家都有自己的历史，有着源远流长而又复杂的国家发展过程。欧洲国家这种特殊的民族国家建构过程只是欧洲历史的产物，未必适合其他国家，推而广之，如果作为普遍规律，在其他国家运作，就会造成极大的混乱。

以我国为例，在春秋战国时期经历过数百年的兼并战争，最后形成统一的多民族国家。在这之后，治乱循环，经过两千年，这种多民族国家多元一体的格局一直保持稳定，并形成了相应的制度和文化。辛亥革命时期，孙中山提出的“五族共和”，中华人民共和国成立时建立的统一多民族下的民族区域自治制度，都是符合中国的历史。反之，如果放任极端化的“民族自决”，中华

[1] 参见黄仁宇:《资本主义与二十一世纪》,生活·读书·新知三联书店2006年第2版，第116—117页。

民族就会分崩瓦解，甚至内乱不止。南斯拉夫、苏联解体后爆发的民族冲突，都是血的教训。

第二，极端化的民族自决原则是从抽象的价值原则出发，而不是从一个国家的历史和现实出发。民族自决原则要看一个国家具体的社会历史环境。一个被外来殖民者压迫的民族，自然有追求民族解放的权利。但是，西方的“民族自决”却把这一原则推向极端，转变为一种抽象的价值原则。这一原则可以简单表述为，一个人有天赋人权，有自己的权利和自由，不受他人侵犯。同样，由这些人组成的民族，也有在其生活的土地上建立主权国家的权利，保护这个民族的利益不受侵犯。这个原则认为，只要是有着一定生活地域的民族，就应该有民族自决权，就可以建立国家，这个原则在西方被普遍接受。一旦欧洲之外的哪个国家发生民族问题，他们就从这个抽象民族自决原则出发，支持民族分裂主义。

但是，这个原则是从西欧民族国家发展的历史进程中抽象出来的，或者，这是欧洲资产阶级革命在建立资产阶级主宰的国家过程中，资产阶级同封建势力斗争的“口号”。真实的历史要复杂得多。从欧洲国家发展的历史来看，古罗马帝国灭亡后，最初是封建诸侯小国，然后通过扩张兼并，形成较大的王权国家，而民族国家是从王权国家中产生的。也就是说，民族是一个历史的概念，并不存在静止的民族。在欧洲历史中，现代意义的民族是在国家作用下形成的。而在民族形成的过程中，有两个因素发挥着重要作用：一是资本主义的发展，尤其是打破封建割据，统一市场的需要。二是王国间的战争。为了应对战争，尤其是筹集军费而形成的政府财政机构不断发展，对国家进行整合。在这些整合过程中，统一的民族出现。欧洲民族国家的出现，不过是戴着民族面具的资产阶级主宰的国家。“一个人民、一个民族、一个国家”只是资产阶级夺权的口号而已。在真正的欧洲历史中，在一定意义上，并不是由民族为起点建立国家，而是在王权国家的整合下，民族逐渐形成。欧洲民族国家成立后，国家力量雄厚，但这离不开欧洲的殖民历史和欧洲资本主义的发展。

现代社会，经济政治文化都是一个整体，尤其是经济越发联系在一起。幅员辽阔的国家，意味着市场的潜力和经济发展的空间。单一民族的小国寡民很难有前途。因此，欧洲国家意识到这一点，也开始整合欧洲，建立欧盟，超越民族国家。在一些国家，主张“民族自决”的势力也受到遏制。

第三，民族自决原则往往被大国作为推行霸权主义的工具。在第一次世界大战后和第二次世界大战中，帝国主义国家往往打着“民族自决”的旗号，进行侵略扩张。他们先支持某些分裂势力，夺取政权，然后搞全民投票，决定国家独立，建立傀儡政权，形成实际的势力范围。到了条件成熟时，再通过全民公决，决定加入某某国家，形成实际的吞并。日本帝国主义在我国东北成立“满洲国”，策动“满蒙自治”，就是如此。第二次世界大战之后，美、苏崛起，英、法等老牌帝国主义衰落。苏联支持民族解放，美国支持民族自治，在某种意义上，都是有肢解以英法为代表的欧洲殖民帝国，遏制其再度崛起的战略意图。在这一时期制定的《联合国宪章》的推动下，“民族自决”发展成一项国际法基本原则。但是，从国际法律文件和国际法院的实践来看，这一原则的适用和行使有严格限制。民族自决权的行使不能破坏国家政治统一和领土完整，且主要适用于联合国托管下的非自治领土和处于殖民统治或异族压迫下的民族。[1]

苏东剧变后，又出现一波民族国家独立浪潮。但是，独立之后，在高加索地区、巴尔干地区，这些国家加剧了原有的错综复杂的民族矛盾。近年来，中东一些国家，在外部势力的支持下，一些民族分裂势力、极端势力打着“民族自决”旗号，大搞恐怖活动和分裂活动，整个中东陷于动荡之中。民族仇杀导致难民潮涌向欧洲，造成了巨大的社会问题。

一些势力在“民族自决”的口号下，大行民族分裂之实。到底什么人获利呢？还是看上文提到的科索沃。

---

[1] 张颖军：《国际法上的民族自决权原则：基于〈联合国宪章〉和国际法院的解释》，《武汉大学学报（哲学社会科学版）》2014年第5期。

1998 年北约介入科索沃危机，声称支持民族自治，避免“人道主义灾难”，但实际上是要在巴尔干开辟一条由美国控制的战略通道。2007 年，一家由前英国石油公司主管泰德·弗格森领导的名为“AMBO”的美国石油公司开始修建一条从阿尔巴尼亚到马其顿的石油管线，正好从美国的科索沃军事基地附近经过。[1] 2010 年 12 月，由欧洲委员会授权的调查员迪克·马蒂提交一份关于科索沃问题的调查报告，这份报告历时两年，其中一部分内容是根据北约、美国和至少 4 个欧盟国家（德国、英国、意大利和希腊）的情报撰写的。在报告中，马蒂透露，2008 年竞选获胜的科索沃总理萨奇是科索沃解放军的主要组织“特莱尼察”的领导人，但这个组织实际是一个犯罪集团。早在 1999 年科索沃战争之前，这个组织就从事武器和毒品走私等活动。科索沃战争结束后，该组织将科索沃解放军抓获的一些非阿族人杀死并摘取人体器官，然后贩卖获利。马蒂在其报告中还提到，萨奇受到美国和其他已承认科索沃的国家的保护，称他为“碰不得”的人。欧洲委员会议会已经正式采纳调查员迪克·马蒂关于科索沃问题的调查报告。[2]

“马蒂报告”揭开了黑幕一角，也提出了一个耐人寻味的问题，在那些以“民族自决”为旗号的民族分裂活动中，到底是谁获利呢？

[1] Peter Dale Scott：The US-Al Qaeda Alliance：Bosnia，Kosovo and Now Libya. Washington's On-Going Collusion with Terrorists Global Research，July 29，2011.

[2] 《“马蒂报告”揭开科索沃黑幕：欧洲人权和价值观受质疑》，凤凰网，2010 年 12 月 28 日，http://news.ifeng.com/world/detail_2010_12/28/3733924_0.shtml。

| 第六章 |

中国独特的政党制度：社会各阶层平等协商沟通的平台

中国共产党领导的多党合作和政治协商制度是我国的一项基本政治制度，是具有中国特色的社会主义政党制度。确立和实行中国共产党领导的多党合作和政治协商制度，是中国社会历史发展的必然选择，是中国共产党和中国人民的创造，凝结着政治智慧的结晶。这项制度以民主和团结为主题，促进参加人民政协的各党派和无党派人士的团结合作，充分体现和发挥我国社会主义政党制度的特点和优势。

第一节　中国共产党领导的多党合作和政治协商制度的形成和发展

中国共产党领导的多党合作和政治协商制度经历了一个长期的历史发展过程。中国共产党成立以来，在很长的一段历史时期，中国政治的主线是围绕着共产党和国民党之间的斗争展开的。在国共两党斗争过程中，出现了“中间势力”。经过抗日战争、解放战争，“中间势力”中的进步力量逐渐发展为民主党派。他们在中国共产党的领导下，召开政治协商会议，共同建设中国，形成了中国共产党领导的多党合作和政治协商制度。在中国革命、建设、改革的历史进程中，民主党派与中国共产党长期风雨同舟、患难与共，成为我国社会主义事业的一支重要力量。

一、1946 年政治协商会议和“中间势力”

中国共产党领导的多党合作和政治协商制度是由 1949 年 9 月召开的中国政治协商会议发展而来的。这次政治协商会议被称为新政治协商会议。之所以这样说，是因为 1946 年 1 月 10 日国民党、共产党和民主党派就曾召开过政治协商会议。这次政治协商会议很快失败了，但为民主建国、党派合作提供了一种尝试，加深了共产党与民主党派之间的联系，为未来中国共产党与民主党派之间的合作模式打下基础。

1946 年 1 月 10 日，政治协商会议在重庆开幕。出席会议的有国民党、共产党、民主同盟、青年党和无党派人士 38 人。其中国民党 8 人，共产党 7 人，青年党 5 人，民主同盟 9 人，无党派人士 9 人。会议达成《关于政府组织问题的协议》《和平建国纲领》《关于国民大会的协议》《关于宪章问题的协议》《关于军事问题的协议》等五项协议。这些协议规定：国民政府委员会为政府最高国务机关，国府委员名额的一半由国民党党员担任，剩余一半由其他党派和社会贤达担任；积极推行地方自治，实行由下而上的普选，省长由民选产生，每个省可以制定自己的法律，但不能违反国家宪法。立法院为国家最高立法机关，由选民直接选举产生，其职权相当于西方各国的议会。行政院为最高行政机关，行政院由总统提名，经过立法院同意任命。行政院对立法院负责。[1]

这次政治协商会议实际上是一次制宪会议，在“一个政府”“一个军队”和“民主改革”的基本框架下，确定未来中国的根本政治制度。从所制定的协议来看，这是一个西方议会民主制度。它确定了议会制、内阁制和省自治制，承认了国民党的主导地位，同时，通过对总统的权力制衡、行政院和立法院的权力制衡、中央和地方均权等，打破了国民党一党独裁，确定了中国共产党、

[1] 金冲及：《二十世纪中国史纲（简本）》（下），社会科学文献出版社 2012 年版，第 387 页。

“中间势力”的合法地位和一定的政治权利。

这是当时国际国内各方力量相互博弈的产物，是抗战胜利后的共产党、以民盟为代表的“中间势力”和国民党斗争的产物。

“中间势力”是大革命失败的产物。1927年，蒋介石发动“四一二”反革命政变，中国共产党开始武装斗争。国共两党尖锐对峙。在两党之间，存在着各种各样的党派团体，它们既反对蒋介石政权独裁政策，也反对共产党纲领，尤其反对武装斗争、暴力革命。这些党派试图在国共两党之外走出第三条道路。

“中间势力”政治群体极其庞杂，不断分化组合，多变不定。它包括从国民党内反对派到同情共产党的进步分子各个群体。其主要阶级基础是民族资产阶级、上层小资产阶级及其知识分子，同时也包括开明绅士、地方实力派以及其他爱国民主人士和一些进步分子在内的政治势力。“中间势力”反独裁、反内战、反卖国，要求民主和平，它们的理想是走欧美的道路，建立西方资本主义政治制度。这一时期“中间势力”主要有如下三种类型：一是中间派中的左派，他们有坚持孙中山的“联俄、联共、扶助农工”三大政策，反对蒋介石的国民党左派，也有少数与共产党脱离关系的人，其代表是“中国国民党革命委员会”和“中国国民党改组同志会”；二是资产阶级自由主义者发起组织，代表是“中国青年党”“新月派”；三是由一些士绅名流发起组织的具有中间性的政治组织，实践以渐进改良改造中国社会，代表是“乡村建设派”“中华职教社”。

1931年“九一八”事变后，民族危亡，中日民族矛盾逐渐激化。这一时期，各个阶层的人反对蒋介石打内战，要求一致对外，抗击日寇。“中间势力”迅速发展。大致有以下几种类型：第一种是由民族工商业者发起组织，主要代表是“东北救亡总会”和“上海抗日救国会”；第二种是由国民党民主派和地方势力派发起组织，代表是“中国民权保障同盟”“中华民族革命同盟”；第三种是由文化教育界知名人士以及著名民主人士发起组织，以“上海文化界救国会”“上海各界救国会”和“全国各界救国联合会”为主要代表；第四种是由少数资产阶级右翼及其知识分子发起组织，代表是“中国国家社会党”。[1] 在这些党派团体中，以宋庆龄、何香凝、沈钧儒领导的“全国各界救国联合会”最引人瞩目。

抗日战争爆发后，为了进行抗战动员，国民党成立战时政策咨议局——国防参议会，同年成立国防参政会。“中间势力”获得合法地位，开始正式参政议政。1941 年 3 月，青年党、国社党、第三党、中华职教会、乡村建设派改变沙龙性质，成立中国民主政治同盟。“中间势力”走向联合，成为国共之外一支重要力量。这是“中间势力”正当化的重要标志。在抗日战争中，中国共产党坚持建立最广泛的抗日统一战线，与“中间势力”党派相互了解，联系不断加深。

在抗日战争胜利在望的时候，各个党派都对战后中国的发展提出了各自的纲领。中国共产党提出新民主主义论，主张建立无产阶级领导的、各个进步阶级的联合政府。国民党则以坚持“三民主义”为名，坚持一党独裁，反对联合政府，否认共产党的合法地位。以民主同盟为代表的“中间势力”则主张通过和平、民主的方式，建立西方式民主政体。

抗日战争胜利后，人民渴望和平。而苏联和美国从自身的利益出发，也希望中国国内避免内战，和平发展。在这种情况下，中国共产党顺应人民的愿望。毛泽东应蒋介石邀请，赴重庆与蒋介石谈判。中国共产党作出让步，暂时不谈联合政府，而是召开政治协商会议，各党派协商未来和平建国方案。这样，确定召开政治协商会议。

但是，由于国民党一方面大搞和谈，另一方面准备内战，抢夺地盘，国共冲突不断。政治协商会议一拖再拖。在此期间，以民盟为首的中间势力在国共之间不断调解，同时，为了争取自身的民主权利，和共产党一起与国民党

---

[1] 鲁广锦：《略论现代中国的中间势力》，《东北师大学报（社会科学版）》1994 年第 5 期。

斗争。另外，在美国的督促下，加之内战准备不足，蒋介石最终同意召开政治协商会议。“中间势力”在中国政治核心层面发挥了一定作用。但是，“中间势力”只有舆论力量，没有真正的军事力量，缺少民众基础，对国民党制约力量很小，作用不大。

政治协商会议之后，中国共产党领导人也曾在短时间非常乐观，真诚推动中国民主发展，认为中国进入和平民主新阶段。中国共产党当时已经开始着手落实措施，内部初步商定参加国府委员和行政院的成员名单，有意向把党的指挥中心转移到淮阴，还开始制定整军复原计划。

但是，国民党从来没有放弃武力消灭共产党的计划。1946 年 3 月，国民党六中全会推翻了政治协商会议达成的协议。3 个月后，内战全面爆发。政治协商会议失败。

二、“中间势力”分化和新政治协商会议

国家统一以及如何统一，是近现代中国的核心问题之一。政治协商会议就是共产党、国民党、“中间势力”通过民主协商，实现国家统一，完成这个历史任务。从重庆谈判到政治协商会议召开，中国共产党为了国家民主和平，作出极大让步。但是，蒋介石政权认为政治协商会议损害了国民党的独裁地位，就否定政治协商会议，发动内战，破坏了通过民主协商实现国家统一的途径。

国共冲突激化，内战全面爆发。中间势力面临着一个尴尬境地。中间势力的总体目标是通过各党派民主协商建立一个西方式资产阶级民主政体。政治协商会议达成的五项协议在一定意义上实现了这个纲领。同时，在内战爆发前，中间势力只有舆论力量。但是，由于国共之间各种形式的斗争，中间势力成为双方争取的对象，政治地位迅速上升。随着内战爆发，蒋介石政权要凭借军事力量消灭中国共产党和它的武装力量，实现一党独裁。中国共产党反对一党独裁，奋起反抗。在这种情况下，没有军事实力的中间力量已经失去了中间调停的能力。这些党派团体要生存，面临着两种选择：一种是选择代表大地主大资产阶级利益的蒋介石独裁政权，一种是选择代表工农联盟的中国共产党政权，

参加由无产阶级领导的最广泛的爱国统一战线。在这种历史选择面前，“中间势力”开始分化：一部分继续坚持政治协商会议协议，反对蒋介石独裁统治，进而支持中国共产党的新民主主义革命纲领，形成真正的民主党派；另一部分则依附于蒋介石政权，成为独裁者的附庸。

1946年10月11日，国民党军队攻占张家口。蒋介石决定11月12日召开国民大会。国民大会是蒋介石反对政治协商会议的手段。国民党为了维护一党独大，指责政治协商会议是党派会议，不能代表人民的意愿，只有召开代表民意的国民大会，才能名正言顺地决定中国未来的国家制度。实际上，国民大会被国民党操纵，为其一党独裁“正名”。参加还是拒绝国民大会，成为中间势力必须作出的选择。

最初，中国共产党和“中间势力”都一致抵制伪国民大会。1946年11月11日，大会即将开幕，但拟定参会的全是国民党代表，其他党派没有代表参加。为了使伪国民大会有民主的形式，蒋介石将会议延期，向以民盟为代表的中间势力施压，要求提交代表名单。以黄炎培为代表的一部分民盟成员拒绝参会，而作为民盟中重要党派的民社党领导人张君劢在蒋介石政权的逼迫利诱下，向国民大会提交参会名单，民社党就此从民盟中分裂出来。民社党提交参会名单后，以张东荪为代表的有一定影响的民社党党员退党，民社党发生分裂。民社党参会后，从民盟中分裂出来的青年党也同意参会，但其重要领导人李璜则断然拒绝参会。1947年10月，由于民盟坚决抵制国民党一党独裁，国民党政府强迫解散民盟，并逮捕民盟成员和进步人士。沈钧儒、周新民等先后秘密离沪去香港，继续坚持反蒋斗争。他们总结民盟失败的教训，决定在香港召开民盟一届三中全会，制定了联共反蒋的政治路线，表示拥护反对美帝国主义、打倒蒋介石集团、没收官僚资本，实行土地改革、建立民主联合政府的纲领。[1]

可以说，以是否参加伪国民大会为界限，中间力量不断分化并重新组合。

---

[1] 邱钱牧、林健柏：《论民主同盟三中全会——民盟历史的转折点》，《北京师范大学学报（社会科学版）》1983年第2期。

以民盟为代表的中间势力认识到第三条道路走不通，放弃中间立场，转而支持中国共产党的新民主主义革命纲领，承认中国共产党的领导地位，加入民主阵营，成为真正的民主党派。

1948年，人民解放军在各个战场上节节胜利。1948年5月，中共中央在“五一”劳动节纪念口号中提出：“各民主党派，各人民团体及社会贤达，迅速召开政治协商会议，讨论并实现召集人民代表大会，成立民主联合政府。”这一号召立即得到各民主党派和无党派民主人士的热烈响应。“五一”劳动节纪念口号表达了全国人民的共同心愿。

5月1日，毛泽东致电在香港的中国国民党革命委员会（简称民革）中央主席李济深和中国民主同盟（简称民盟）中央常委沈钧儒，提议由中国共产党中央委员会、中国国民党革命委员会和中国民主同盟中央执行委员会共同发起，召集政治协商会议，召集人民代表大会，成立民主联合政府，加强各民主党派、各人民团体的相互合作，并拟订民主政府的施政纲领。一切反美帝反蒋党的民主党派、人民团体，均可派代表参加，不属于各民主党派及各人民团体的反美帝反蒋党的某些社会贤达，亦可被邀参加此项会议。

中共中央的“五一”号召，立即得到了各民主党派、各人民团体、无党派民主人士以及国外华侨的积极响应。民革领导人李济深、何香凝，民盟领导人沈钧儒、章伯钧，中国民主促进会（简称民进）领导人马叙伦、王绍鏊，中国致公党（简称致公党）领导人陈其尤，中国农工民主党（简称农工党）领导人彭泽民，中国人民救国会（简称救国会）领导人李章达，中国国民党民主促进会（简称民促）领导人蔡廷锴，三民主义同志联合会（简称民联）领导人谭平山，无党派民主人士郭沫若，于5月5日从香港联合致电毛泽东，表示赞同和响应中共中央的“五一”号召。在此期间，在香港的各民主党派还纷纷发表声明、宣言、告全国同胞书，响应中共的“五一”号召，积极推进政治协商会议的召开。[1]

[1] 石光树：《历史的回音——各民主党派响应“五一口号”实录》，《前进论坛》2008年第5期。

1949 年初，人民解放军同国民党军队之间的大决战已见分晓。毛泽东代表中共中央发出了“将革命进行到底”的号召。各民主党派也纷纷发表声明，公开表示愿意在中国共产党的领导下将革命进行到底。至此,中国共产党在多党合作中的领导地位被各民主党派所认可，多党合作关系业已形成。

1949 年 9 月 21 日，第一届中国人民政治协商会议召开。会议通过了《中国人民政治协商会议共同纲领》和《中央人民政府组织法》，并依据《中央人民政府组织法》选举产生了第一届中央人民政府委员会。这次会议确立了中国共产党的领导地位，明确了中国共产党和各民主党派的关系;各民主党派领导人都参加了人民政协和政府的工作，并占有一半左右的比例。从此，中国共产党成为主要执政党，各民主党派成为参与执政议政的党，实现了无产阶级领导的各革命阶级的联合专政——人民民主专政。这标志着中国共产党领导的多党合作和政治协商制度正式形成。

1954 年 9 月 15 日，中华人民共和国第一届全国人民代表大会在北京隆重召开。中国人民政治协商会议代行全国人民代表大会职权的任务已经结束。在这之后，中国人民政治协商会议成为团结全国各民族、各民主阶级、各民主党派、各人民团体、国外华侨和其他爱国民主人士的人民民主统一战线，其主要任务是就国家政治生活和人民民主统一战线的重要事项进行协商和工作。

三、曲折和新发展

中国共产党领导的多党合作和政治协商制度在新中国成立之初发展较好。但是，由于各种历史原因，后来出现较大曲折。党的十一届三中全会后，这一制度步入正轨，获得了新的发展。

从新中国成立到 1956 年社会主义基本制度建立，我国处于新民主主义阶段和社会主义改造阶段。这一时期，中国共产党团结各民主党派和民主人士，为恢复国民经济、进行社会主义改造而共同努力，多党合作和政治协商制度得到了全面贯彻和实施。不管在中央还是地方，各民主党派、无党派代表人应邀参加了政权，而且是真正的高位实权。宋庆龄、李济深、张澜等当选为国家副主席，沈钧儒为最高人民法院院长，马叙伦、章伯钧、罗隆基等被任命为政务院部长。中国共产党就重大国是都与民主党派进行充分协商。当时，中国共产党除了通过政协全国委员会外，还以“双周座谈会”“协调座谈会”等形式，就重大决策及国家大事同民主党派和党外人士进行协商和沟通，以保证执政党决策的科学化、民主化。毛泽东在担任中华人民共和国主席期间，多次运用宪法规定的权力，召开最高国务会议，邀请民主党派负责人和无党派人士以国家和部门领导人身份参加（常占参加会议人数的一半以上），围绕国家重大事务进行座谈讨论。[1]

1956 年，社会主义改造基本完成，民主党派面临着自身性质和地位的问题。中国共产党从来没有讳言，民主党派是小资产阶级和民族资产阶级的政党。但是，在社会主义改造完成后，资本主义工商业和以此为经济基础的阶级已经消失，民主党派的社会基础是什么呢？是否还有存在的必要呢？ 1956 年毛泽东同志在《论十大关系》中指出：“究竟是一个党好，还是几个党好？现在看来，恐怕是几个党好。不但过去如此，而且将来也可以如此，就是长期共存，互相监督。”[2]“长期共存，互相监督”成为共产党与民主党派合作的基本方针。但在当时，对于民主党派的性质，中国共产党内还存在分歧。

1957 年 4 月，中国共产党开展“整风运动”，希望通过和风细雨式的批评和自我批评，消除党内存在的主观主义、官僚主义和宗派主义。同时，请党外人士帮助整风。随后，中共中央召开座谈会，分别与民主党派、无党派民主人士和工商界人士座谈，整风运动逐渐展开。但是，在各种批评的言论中，出现了一些极端言论，攻击共产党的领导地位和社会主义制度。这些人数量不多，但社会影响却很大。由于 1956 年苏共二十大后，出现世界性反共产主义浪潮，发生“匈牙利事件”，这些极端右翼言论引起了中共中央的高度警觉。为了维护中国共产党的领导地位和刚刚建立的社会主义制度，整风运动转向“反右”

[1] 田穗生：《从统一战线策略到政治协商制度——纪念中国人民政治协商会议成立五十周年》，《江汉论坛》1999 年第 11 期。

[2] 《毛泽东文集》第七卷，人民出版社 1999 年版，第 24 页。

运动。但是，在“反右”运动中出现了严重的扩大化，伤害了一些积极建言的民主人士和知识分子。同时，阶级斗争问题引起了毛泽东的重视，并作出过于严重的估计。民主党派仍然被认为是小资产阶级和民族资产阶级的政党。

在“反右”运动之后，中国共产党领导的多党合作和政治协商制度仍然保留，发挥着积极作用。但“反右”运动对中国共产党同民主党派的合作关系造成了一定程度的损害。随着党内存在的“左倾”错误不断发展，阶级斗争被作为基本矛盾，最后发展为“以阶级斗争为纲”。被视为资产阶级和小资产阶级政党的民主党派处境颇为尴尬。到了“文化大革命”的十年，中国共产党领导的多党合作和政治协商制度受到严重破坏，民主党派的活动被迫停止，组织发展陷于停顿，党员人数极大下降，第四届全国政协甚至任期长达 13 年没有换届，“文革”中没开过一次政协会议。

党的十一届三中全会以后，中国共产党领导的多党合作和政治协商制度又重新恢复生机。政协的性质得到重新确定，即从“革命统一战线”改为“革命的爱国的统一战线”，它不但包括了社会主义劳动者和拥护社会主义的爱国者，也包括了一切拥护祖国统一的爱国者。这不仅扩大了作为统战组织的政协的活动范围和基础，而且也提高了它的重要性。1982 年宪法第一次将政协的作用写入宪法序言：“中国人民政治协商会议是有广泛代表性的统一战线组织……今后在国家政治生活、社会生活和对外友好活动中，在进行社会主义现代化建设、维护国家的统一和团结的斗争中，将进一步发挥它的重要作用。”这是以国家根本大法的形式确定政治协商在国家政治生活中的重要地位。另外，县以上地方行政单位，凡有条件的地方，均可设立政协地方委员会。政治协商作为一种制度从中央、省一级推广到县以上各级地方行政单位。

1982 年 9 月，党的十二大的政治报告明确指出：我们党要继续坚持“长期共存，互相监督”“肝胆相照，荣辱与共”的方针，加强同各民主党派、无党派民主人士、少数民族人士和宗教界爱国人士的合作。这样，“长期共存，互相监督”八字方针又增加了“肝胆相照，荣辱与共”八个字，标志着中国共产党与各民主党派关系“十六字”方针正式确立,并成为新时期中国共产党领导的多党合作的基本方针。1989 年 12 月,《中共中央关于坚持和完善中国共产党领导的多党合作和政治协商制度的意见》首次以中共中央文件的形式,明确了中国共产党领导的多党合作和政治协商制度是一项基本政治制度,是社会主义的政党制度;阐明了民主党派参政的基本点和发挥监督作用的总原则;规范了民主党派参政议政、民主监督的内容、方式和渠道,为各民主党派更加有效地发挥作用提供了政策依据。中国共产党领导的多党合作和政治协商制度开始走上了制度化的轨道。

进入 21 世纪,中国共产党领导的多党合作和政治协商制度的原则、内容、方式和程序不断制度化、规范化、程序化,迸发出新的生命力。

第二节　求生存与求发展中的全民族总动员

中国共产党领导的多党合作和政治协商制度的产生不是偶然的。中国近现代以来的历史是中华民族不怕牺牲、艰苦奋斗、救亡图存、振兴中华的历史,它是中华民族伟大复兴历史进程的一部分。不管是面对强大敌人的中国革命,还是面对巨大困难的中国社会主义建设,都需要中华民族进步的各阶级、进步的各阶层在先进力量的领导下,团结一致,共同奋斗。中国共产党领导的多党合作和政治协商制度的性质和它的独创形式都鲜明地体现了这些历史要求。

一、观鱼胜过富春江——毛泽东挽留柳亚子的故事

中国共产党和民主党派从陌生到相知再到合作,最后形成中国的一项基本政治制度。在这个长期的历史过程中,中国共产党一直保持真诚的态度,从大局出发,从建立最广泛的革命统一战线出发,维护和加强与民主党派的关系。毛泽东和柳亚子的故事,可以说是这种关系的缩影。

饮茶粤海未能忘，索句渝州叶正黄。
三十一年还旧国，落花时节读华章。
牢骚太盛防肠断，风物长宜放眼量。
莫道昆明池水浅，观鱼胜过富春江。

喜欢诗歌的朋友可能知道，这是毛泽东的《七律·和柳亚子先生》。柳亚子于1949年3月28日作《感事呈毛主席》一诗，4月29日，毛泽东以此诗作答。

说起此诗还有一段历史掌故，就发生在新政治协商会议召开前夕。柳亚子先生是著名的国民党左派，1948年1月中国国民党革命委员会成立后，被选为中央常务委员兼秘书长。1948年，中共中央提出“五一”口号后，各民主党派和无党派民主人士热烈响应，纷纷北上。1949年2月18日，柳亚子与一大批民主人士在中共地下党的护送下，从香港乘船出发北上，于3月18日到达北平，参加即将召开的新政治协商会议，商讨建国大是。柳亚子先生被安排住在六国饭店。到达北平当日，柳亚子先生即赋诗，表达了想去西山碧云寺祭奠孙中山先生的愿望。此后十天里，他多次向接待处要车，但因接待条件有限，又因为香山一带正准备安置即将进驻北平的中央机关，且当时北平地特猖獗，道路不安全，柳亚子先生的愿望始终未能实现。柳亚子先生也曾为此写信给周恩来，但因为周恩来工作繁忙，工作人员见不到周恩来，无法转交信件。有一次柳亚子到某处，要求派车去接，当时无车可派，接待处同志打电话请他稍等。柳亚子先生等不及，便乘三轮车回来了。回来之后，却发现六国饭店门口停了好多车，便写信质问，明明有车为何不派？后来弄明白这些车是军管会交际处的，不属于接待处，误会才得以消除。在3月20日晚上召开的学术工作者会议上，由于出现了不同意见，柳亚子先生非常不痛快，产生了一些消极思想。在出席文协筹委会时，柳亚子先生未列名常委。柳亚子先生在艺文学术方面造诣很高，颇为自负。因此，他感觉受到冷落轻视，产生了消极情绪，要归隐田园，也就有了“夺席谈经非五鹿，无车弹铗怨冯驩”的诗句，从而引出了毛泽东这首答和之作。

平心而论，这些事确属小事。新中国即将成立之际，经纬万端，百事待兴，条件有限，难免接待不周。同时，也能看到，从旧社会过来的柳亚子先生也确实有过重的特权观念、身份地位意识。但是，为了开好新政治协商会议，以真诚的态度团结民主党派人士，毛泽东认真细致地给柳亚子先生做思想工作。

毛泽东了解到柳亚子身体不好，在六国饭店生活起居有困难，在其亲自过问下，柳亚子于4月25日搬入颐和园益寿堂修养。4月29日，毛泽东作诗答复，通过诗歌的形式，既追述个人友谊，也追述中国共产党和国民党左派在大革命时期和重庆谈判时期交往合作的往事，然后委婉劝诫柳亚子先生，最后，鼓励柳亚子先生参与建设新中国。三天后，毛泽东到颐和园看望柳亚子先生，几日后，又亲自陪同拜谒碧云寺孙中山先生灵堂和衣冠之冢。中午，由朱德作陪，毛泽东宴请柳亚子。临别时，毛泽东请柳亚子参加新中国建设。[1] 柳亚子先生也为毛泽东以及中国共产党的真诚态度所感动，打消了退隐的念头，积极参加新政治协商会议，为新中国建设献计献策。

中国人民政治协商会议第一届全体会议正是在中国共产党的真诚团结、细致组织和大力推动下胜利召开的。新中国成立之后，中国共产党又真诚地挽留民主党派，维护和发展这一基本政治制度。

中国人民救国会是由沈钧儒先生领导的著名的民主党派，参加了一届政协的建国大会。1949年12月18日，救国会宣布，它成立的宗旨和奋斗的目标已经实现，作为人民的政治性组织，已经没有了存在的必要，救国会解散。实际上，其他民主党派也有类似的想法，既然民主已经实现，这些为民主而奋斗的党派也就该结束了。民主党派之间还出现了合并现象，民主党派迅速减少甚至消失。

应该说，当时中国共产党党内也存在轻视民主党派的思想。在1950年三四月份召开的党的第一次全国统战工作会议上，一些同志就认为，这些民主党派只是中国共产党的外围组织，应该由大变小，由多变少，由复杂变纯一。有的

[1] 参照邢棠：《也谈柳诗"牢骚"的原因》，《中共党史研究》1995年第6期。

同志认为民主实现了，民主党派的使命也就完成了。还有的同志认为，民主党派在革命中功劳很小。当时党内有“革命的不如不革命的，不革命的不如反革命的”牢骚。

毛泽东及时发现了党内外的这种错误苗头。1950 年 2 月，毛泽东访苏回国，对中国人民救国会的解散深表惋惜，认为救国会是进步组织，不应当解散。同时，对九三学社正在酝酿解散的行为进行及时地劝阻。而对于党内轻视民主党派的行为，毛泽东给予有针对性的批评，并在当时的不同场合提出要党派林立。这样，九三学社、民盟、民进和农工等民主党派酝酿解散的活动才全部终止。

1954 年新《宪法》颁布后，人民政协全体会议不再代行人民代表大会职权，但人民政协作为统一战线组织，将继续存在和发挥作用。1956 年，中国的社会主义改造完成。民主党派存在疑虑，自身是否还有存在的必要呢？针对这些问题，毛泽东明确提出，还是几个党好，而且要“长期共存，互相监督”。[1]

二、“一根头发”和“一把头发”

毛泽东等老一辈革命家为中国共产党领导的多党合作和政治协商制度奠定了基础，功不可没。但是，这一制度绝对不是个人喜好的产物，而是历史的产物，是中华民族近代以来为生存与发展进行艰苦卓绝的斗争的产物，它适应了时代的需要，也推动了时代的发展。

近代以来，中国面临着发达的资本主义强国的入侵，求生存与求发展是中华民族近现代史的核心问题，中国政治制度的发展只有与这个核心问题相联系才能被真正地理解。

1939 年，苏联军队在诺门罕大败日本关东军精锐，在一定意义上，这是苏联和日本的现代工业发展水平的对决。这种工业不是纺纱织布的轻工业，而是以重工业为中心的大工业。实际上，从 1927 年到 1937 年，这一时期中国江

[1] 《毛泽东文集》第七卷，人民出版社 1999 年版，第 24 页。

浙一带沿海的轻工业发展也很迅速，被称为“黄金十年”。但是，日本人的航母、飞机、坦克一过来，十年繁华顿成南柯一梦。在早期的淞沪抗战中，中国军队的伤亡数远多于日本军队。除军事战略、战术的因素外，中国缺乏现代战争的重工业基础也是主要因素之一。

诺门罕战役和中国的淞沪战役的鲜明对比揭示了中国在近代以来所面临的严峻挑战，以及所要担负的艰巨的历史使命。其一，作为积贫积弱的半殖民地半封建的国家，中国首先要进行抵抗帝国主义侵略的民族解放战争。其二，中国要真正独立，不再受帝国主义的欺凌，就要建立以重工业为中心的现代大工业。积贫积弱的中国要完成这两个历史任务，就必须进行全民总动员，在最先进的阶级无产阶级的领导下，团结一切可以团结的阶级，才有可能完成这一历史使命。而代表先进生产力的无产阶级所领导的全民总动员必然需要相应的政治组织形式，这就是统一战线，以及作为具体形式的中国共产党领导的多党合作和政治协商制度。或者说，中国共产党领导的多党合作和政治协商制度是为中华民族伟大复兴进行全民总动员的政治组织形式。

早在大革命时期，毛泽东就开始意识到这个问题。在《中国社会各阶级的分析》中，毛泽东提出，为了反帝反封建，应该联合各革命阶级。在抗日战争中，为了团结、动员一切力量打击日本帝国主义，延安边区政府开始实行“三三制”。所谓“三三制”，即共产党员占三分之一，非共的左派进步分子占三分之一，不左不右的中间派占三分之一。共产党员占三分之一，他们联系着广大的工农群众。共产党员不是凭借数量，而是要凭借其先进性占据领导地位。党外进步分子占三分之一，他们联系着小资产阶级群众。中间派联系的是中等的资产阶级和开明绅士。毛泽东就这种政权的性质指出：“在抗日时期，我们所建立的政权的性质，是民族统一战线的。这种政权，是一切赞成抗日又赞成民主的人们的政权。”[1] 这种具有统一战线性质的政权，是中国共产党领导的多党合作和政治协商制度的萌芽。

[1] 《毛泽东选集》第二卷，人民出版社 1991 年版，第 741—742 页。

抗日战争胜利前夕，毛泽东系统地提出新民主主义国家的国体和政体。“为着动员和统一中国人民一切抗日力量，彻底消灭日本侵略者，并建立独立、自由、民主、统一和富强的新中国，中国人民，中国共产党和一切抗日的民主党派，迫切地需要一个互相同意的共同纲领……我们主张的新民主主义的政治，就是推翻外来的民族压迫，废止国内的封建主义的和法西斯主义的压迫，并且主张在推翻和废止这些之后不是建立一个旧民主主义的政治制度，而是建立一个联合一切民主阶级的统一战线的政治制度。”[1]

抗日战争和解放战争胜利后，新中国成立。新中国面临着第二个艰巨的历史使命，即从传统的落后的农业国迅速发展为现代工业国，赶超西方国家。生产力不发达、经历了百年忧患的中国要完成这一任务，也同样需要团结各阶级，为了民族的长远利益和整体利益共同奋斗。这需要新中国政权中保留统一战线的因素，保留各个阶级、阶层的代表。在制定国家的大政方针时，各个阶级、阶层都发出自己的声音，献计献策，共商国是。

如果从这个角度看，就可以理解，为什么毛泽东作为中共领袖，在开国时期百忙之中，还特地抽出时间耐心细致地做柳亚子先生的工作，劝其参加新政权建设。也就可以理解，在新中国成立不久，在各民主党派认为完成使命纷纷准备解散，而党内又存在不重视民主党派现象之时，毛泽东高屋建瓴地指出，从长远和整体看，一定要有民主党派。民主党派是联系小资产阶级和资产阶级的，政权中要有它们的代表才行。认为民主党派是“一根头发”的功劳，拔去和不拔去都一样的说法是不对的。从他们背后联系的人看，就不是“一根头发”，而是“一把头发”，不可藐视。[2] 毛泽东后来又提出“长期共存，共同监督”的原则。坚持和不断完善中国共产党领导的多党合作和政治协商制度，表现了中国共产党人对所承担的中华民族复兴的历史使命有着深刻的自觉意识。

[1] 《毛泽东选集》第三卷，人民出版社 1991 年版，第 1055—1056 页。

[2] 龚育之：《党史札记》，浙江人民出版社 2002 年版，第 74 页。

三、符合中国实际的政党制度创新

纵观近现代史，在最发达的资本主义国家实行的是多党制，而最早也最有代表性的社会主义国家苏联实行的是一党制。中国共产党领导的多党合作和政治协商制度可以说是独一无二的，是世界政党制度中的一大创举。

从历史上看，多党制和一党制在中国也曾经出现过。但是，由于其不适应中国的国情，不能承担中华民族救亡图存的历史使命，最终被淘汰。

辛亥革命后，孙中山先生以西方多党制为典范，号召人们组织政党，参与政治活动。新生的政党、社团如雨后春笋纷纷成立，“社团之多，真如过江之鲫”，“集会结社，犹如疯狂，而政党之名，如春草怒生”，民国初年的政党数量繁多，据不完全的统计，自武昌起义至 1913 年底，新成立的公开的团体多达 682 个，其中政治类的团体 312 个。[1]

但是，辛亥革命的果实很快为袁世凯所窃取，他以军事强人地位成为北京政府的主宰。1913 年 10 月，袁世凯胁迫议员选举他为大总统，11 月袁世凯下令解散国民党，1914 年 1 月又宣布解散国会。国会是资产阶级共和制度的象征，是资产阶级多党制的舞台。民国初年的多党制也宣告终结。

孙中山建立资产阶级共和国实行多党制之所以失败，就在于中国当时是半殖民地半封建国家。辛亥革命虽然推翻帝制，但其经济基础和政治势力并没有根本改变。以袁世凯为首的北洋军阀有强大的军队、财源为后盾。而代表民族资产阶级和小资产阶级的政党的力量非常薄弱。北洋军阀把多党制玩弄于股掌，对其有利的就操纵、利用，对其不利的就破坏。孙中山所引进的西方多党制既不能真正反对封建主义，也不能反对帝国主义，更不能真正动员全国各阶级联合起来，它被历史所抛弃也就成为必然。

1927 年 4 月 18 日南京国民政府建立后，蒋介石建立了代表大地主、大资产阶级的一党专制制度，对共产党和其他党派实行党禁。抗日战争时期，尽管国民党在表面上允许共产党和其他党派合法存在，但实际上仍然是一党专制。

[1] 朱建华:《中国近代政党史》，吉林大学出版社 1990 年版，第 247 页。

1946年1月10日召开的政治协商会议所制定的协议如果能够实施，中国倒是有可能再一次建立多党制。但是，蒋介石政权否定政治协商会议，实行实质上的一党独裁。中国建立多党制的尝试又一次失败。这次失败的深刻的历史根源在于，蒋介石一党制的实质是在政权中只保留一个阶级或阶层，排斥、压制其他阶级或阶层。而且，这个代表大地主、大资产阶级的政权有着自己的经济基础和军事力量，代表着民族资产阶级和小资产阶级知识分子的民主党派没有力量与之抗衡。但是，同时，蒋介石政权把其他阶级或阶层变成反对自己的力量，使自己的政权基础极其狭窄，最终连政权也难以维持，更不要说救亡图存、民族复兴了。中国共产党领导的多党合作和政治协商制度就是在吸取其历史教训中产生的。

毛泽东阐述的中国新民主主义阶段的革命纲领，能很好地解释中国独特的政党制度。自外国资本主义入侵中国，中国社会逐渐滋生了资本主义因素以来，中国已逐步变成一个半殖民地半封建的社会，这是当时中国社会的性质。封建主义、帝国主义和官僚资本主义是中国的统治力量，这是中国革命的目标。为了战胜这些强大的敌人，必须建立最广泛的革命统一战线。这个统一战线包括无产阶级、农民阶级、民族资产阶级、小资产阶级。就中国的国情来说，资产阶级是一个进步的阶级。但是，由于在帝国主义、封建主义和官僚资本主义的夹缝中成长，它有先天不足，它既反对这些力量，又畏惧这些力量，具有软弱性和妥协性，它表现在作为代表力量的“中间势力”的软弱性和妥协性。随着十月革命的爆发，无产阶级走上历史舞台，世界革命转变为社会主义革命，中国革命成为这个革命的一部分。因此，中国革命进入新民主主义阶段，无产阶级成为领导阶级。由于它代表先进生产力，同时处于被压迫的最底层，它的革命性最坚决。无产阶级的先锋队就是中国共产党，中国共产党是革命统一战线的领导力量。因此，就政党制度而言，中国的半殖民地半封建性质决定了中国的性质不是无产阶级打倒资产阶级的社会主义革命，中国不能实行苏联的无产阶级一党制。在新民主主义阶段，资产阶级革命已经被超越，中国也不能建立西方式资产阶级专政，不能建立多党制。

历史后来的发展也证明了毛泽东的论断。面对有美国支持的蒋介石的独裁政权，中国共产党依靠工人和农民阶级，能够进行最坚决的斗争，而且不断取得胜利。而“中间势力”面对蒋介石的独裁政权，不断分化瓦解。比如，就是否参加伪国大问题，民社党内意见纷纷。以蒋匀田为首的一帮长年追随张君劢的学生叫嚷着：“饿着肚皮跟了先生这么多年，别无奢求，就求先生让我们到政府中混碗饭吃。”一向自视清高的张君劢焦头烂额，他曾经对人说：“这一伙人跟着我这多年，好不容易到了今天。抗战胜利了，国民大会要开了，联合政府要成立了。我还能够要他们老饿着肚皮跟着我吗？国民党是国养党，我还有什么法子养这批党员？让他们去搞吧。”[1] 即使是民盟中的进步势力坚决抵抗，也不过是不合作，最后不得不解散，只得转移到香港。

这些政党的软弱性是由它的阶级基础决定的。毛泽东指出：“……由于他们是殖民地半殖民地的资产阶级，他们在经济上和政治上是异常软弱的，他们又保存了另一种性质，即对于革命敌人的妥协性。中国的民族资产阶级，即使在革命时，也不愿意同帝国主义完全分裂，并且他们同农村中的地租剥削有密切联系，因此，他们就不愿和不能彻底推翻帝国主义，更加不愿和更加不能彻底推翻封建势力。”[2]

因此，为了战胜强大的敌人，中国必须建立最广泛的革命统一战线，联合各先进阶级和爱国力量。同时，为了战胜敌人，这个统一战线必须由中国共产党来领导，这样才能保持统一战线的先进性和战斗力。

另外，从政党制度的功能来说，就中国革命的目标和赶超型的建设目标而言，中国的政党制度不能从抽象的原则出发，而是要从完成革命目标、建设目标出发，要具有效率标准。西方多党制背后是不同的资产阶级集团利益竞争。西方政党制度的目标是权力制衡，特点是多党竞争相互制约，但也会造成相

[1] 刘秋阳：《张君劢决定民社党参加“制宪国大”的经过》，《文史精华》2002年第9期。

[2] 《毛泽东选集》第二卷，人民出版社1991年版，第673页。

互掣肘效率低下。而中国的政党制度，不管是革命时期还是建设时期，不管是革命统一战线还是爱国统一战线，都有共同的目标，就是中华民族的复兴，政党间的关系是中国共产党领导下的相互协作，共同协商。因此，在效率上，就有西方政党制度不可比拟的优越性。

第三节　新时期社会各阶层协商沟通的平台

党的十八大指出："通过国家政权机关、政协组织、党派团体等渠道，就经济社会发展重大问题和涉及群众切身利益的实际问题广泛协商，广纳群言、广集民智，增进共识、增强合力。"这一提法并非泛泛之言，它指出了新的历史时期，在打破发展的瓶颈，实现科学发展，推动社会和谐的进程中，中国共产党领导的多党合作和政治协商制度所要发挥的积极的、独特的作用。

一、"中等收入陷阱"和社会冲突

我国在新时期所面临的一个关键问题就是如何跨越"中等收入陷阱"。

"中等收入陷阱"是2006年世界银行提出的一个概念。这个概念描述了这样一种现象，而且是发展中国家一种普遍的现象：在发展中国家致力于现代化的过程中，都会出现一个高速发展时期，甚至某些国家会出现短期的经济"奇迹"。但是，在发展到一定阶段，达到同期世界经济中等收入水平之后，这些国家的经济、社会、政治等领域就会出现各种各样的问题，经济放缓、停滞，甚至出现社会动荡，导致整个国家大幅度倒退。这些国家在世界经济的中等收入领域徘徊不定，走不进世界高收入国家俱乐部。

很多学者认为，"中等收入陷阱"作为一种经济学说存在很多问题，甚至是个伪命题。但是，从描述发展中国家现代化的命运轨迹来说，它所描述的现象还是准确的。纵观世界历史，1900年以来，几乎所有的国家都在致力于现代化，希望成为美英那样的发达国家，但是，除了极少数国家，绝大多数国家都以失败而告终。最典型是拉美诸国。拉美是中等收入国家最为集中的地区，在其33个经济体中，中等收入有28个，其中，下中等收入9个，上中等收入19个。早在20世纪60年代末和70年代初，一些拉美国家就已达到中等收入水平。

早在20世纪初，如阿根廷这样的国家就已经参与了当时的全球经济，利用优厚的自然条件，向世界市场出售农产品和肉类，经济增长非常迅速，居民的平均生活水平高于日本，接近于欧洲的平均水平。阿根廷在1962年人均GDP就达到1145美元，在当时已经达到中等收入水平。但是，阿根廷2009年人均GDP仅为7666美元。根据2010年8月的标准，低收入为年人均国民总收入995美元及以下，中等收入为996—12195美元，高收入为12196美元及以上。从这个标准看，50年过去，阿根廷仍旧处于中等收入的中等。巴西经济也曾高速增长，创造了经济“奇迹”，引起世界关注，被认为是代表未来的国家。巴西1975年（1144美元）达到中等收入水平，2009年则为8121美元。再看其他国家。智利于1971年人均GDP达到1097美元，乌拉圭1973年达到1405美元，到2009年分别为9645和9420美元；墨西哥1974年人均GDP达到1255美元，2009年为8144美元；哥伦比亚1979年人均GDP达1063美元，2009年为5126美元。[1]

这些拉美国家都有一个共同特点，就是在经济奇迹之后，又都陷入危机、停滞，社会阶级、阶层矛盾加剧，社会动荡，成为永远的“发展中国家”。拉美国家的这种现象被称为“拉美病”。

实际上，世界上其他发展中国家也有类似现象。二战之后，东亚地区各个国家摆脱殖民统治，纷纷致力于现代化。20世纪80年代，东亚地区经济增长强劲，有些国家被称为“小龙”，有的国家被称为“小虎”，一时龙腾虎跃，掀起了一股经济增长的冲击波。但是，1997年金融危机之后，除韩国之外，其

[1] 郑秉文:《“中等收入陷阱”与中国发展道路——基于国际经验教训的视角》,《中国人口科学》2011年第1期。

他国家的经济失去了强劲的增长势头，像印度尼西亚这样的东南亚国家由经济危机导致社会动荡，政府垮台。这种“中等收入陷阱”似乎成为规律，成为发展中国家的宿命。

落入“中等收入陷阱”的国家存在各种各样的问题，但有一个问题是普遍存在的，就是在经过一定时期高速增长之后，社会财富分配不公平，社会阶层急剧分化。

以拉美国家为例。在拉美人均 GDP 迅速增长的同时，收入分配两极化和城乡贫困化现象不断加剧。1980 年，阿根廷 40% 最穷的家庭占总收入的比重为 17.4%，20% 最富有的家庭占总收入的比重为 45.3%，到 1990 年，前者占总收入的比重下降到 14.9%，而后者则上升到 50%。1979—1990 年，巴西 40% 最穷的家庭占总收入的比重由 11.8% 下降到 9.7%，而 20% 最富的家庭所占比重则由 56% 上升到 59.7%。在人均 GDP 不断提高的同时，拉美贫困化的绝对人数和在人口中所占的比重也都出现了增加的趋势。1950—1990 年，拉美贫困人口总数由 1.3 亿增加到 2 亿，其中城市贫困人口几乎翻了一番，由 6290 万增加到 1.2 亿，农村贫困人口由 7300 万增加到 7640 万。2004 年拉美贫困人口高达 2.24 亿，占总人口的 43%，其中赤贫人口为 900 万，占总人口的 19%。[1]

社会阶层急剧分化，增长的社会财富分配不公平，从而导致社会冲突加剧，而这些问题又反过来影响这些国家的持续发展能力。

二、新时期中国的社会分层和社会矛盾

中国是否也存在“中等收入陷阱”？

对于中国来说，讨论“中等收入陷阱”并非杞人忧天。中国走的是一条中国特色社会主义道路，现代化路径与其他发展中国家是不同的。但是，从参与全球经济的角度看，二者也有一定的相似之处。其中，最大的相似是凭借劳动力的相对优势参与全球经济竞争。

[1] 吴国平：《从“拉美病”或“拉美化”谈起》，《领导之友》2005 年第 1 期。

从全球经济分工的角度看，发展中国家的劳动力相对优势与发达国家的高科技相对优势形成互补。但是，发展中国家的劳动力相对优势发展战略是一把双刃剑。相对优势战略依托的是发展中国家的廉价资源，包括人力、自然资源和生态环境。在参与全球经济的过程中，发展中国家实际上是被发达国家整合到垂直分工的底部，在全球财富分配中处于不利地位。更重要的是，相对优势战略说到底就是依托“劳动者”的低工资参与国际竞争，长期的低工资是这种发展模式的前提。因此，在快速的经济增长过程中，发展中国家不可避免地出现社会结构分化，贫富两极分化。贫富两极分化从经济上来说会造成大多数民众消费能力不足，导致国内市场狭小，剩余资金失去投资空间，从而破坏经济持续发展的能力。从政治的角度来看，两极分化导致社会的分化与对立，造成社会的动荡不安。

我国改革开放取得的巨大成就归根结底源于中国特色社会主义的制度优势。但是，从经济角度看，我国丰富的劳动力资源优势也是我国取得国际竞争力的一个非常重要的因素。事物往往是一分为二的。近年来，相对优势战略的弊端也在我国有所显示，如劳动力报酬过低、国内消费不足、对国际市场过于依赖、社会两极分化、社会财富转化为投资的空间不足等。

中国共产党领导层对此也有清醒的认识。党的十八大报告指出：“城乡区域发展差距和居民收入分配差距依然较大；社会矛盾明显增多，教育、就业、社会保障、医疗、住房、生态环境、食品药品安全、安全生产、社会治安、执法司法等关系群众切身利益的问题较多，部分群众生活比较困难。”习近平在党的十八届五中全会第二次全体会议上指出：“我国经济发展的‘蛋糕’不断做大，但分配不公问题比较突出，收入差距、城乡区域公共服务水平差距较大。在共享改革发展成果上，无论是实际情况还是制度设计，都还有不完善的地方。”[1] 这其中，一个核心问题就是社会财富在社会阶层中的分配问题。

[1] 习近平:《在党的十八届五中全会第二次全体会议上的讲话（节选）》,《求是》2016年第1期。

改革开放前，我国处于社会主义计划经济体制，在所有制上是单一的公有制，包括全民所有制和集体所有制，国家统一计划生产，按劳分配。经过三十多年来的改革，我国已经初步建立了社会主义市场经济，形成了相应的国家治理体系。在所有制上，形成以公有制包括全民所有制和集体所有制经济为主体，个体经济、私营经济、外资经济多种所有制经济长期共同发展、自愿合作的所有制结构。在分配制度上，以按劳分配为主体，其他分配方式为补充，效率和公平兼顾。在经济运行上，各种经济主体的关系市场化，都参与经济竞争，遵循价值规律。企业以盈利为目标，参与竞争，优胜劣汰。社会主义国家继续发挥传统优势，但从直接的计划管理转变为间接的宏观调控。还有，就是与此相联系的经济管理法制化。

在这个社会大转型过程中，社会阶层结构发生了深刻变化。在计划经济时期，我国社会阶层结构比较简单，主要由工人阶级、农民阶级和知识分子阶层构成。改革开放以来，随着外资进入和我国民营企业不断发展，我国社会阶层结构开始新的分化。以职业分类为基础，以组织资源、经济资源和文化资源的占有状况为标准来划分，我国社会存在 10 个阶层。在 2002 年，这些阶层及其在社会中的比重如下：（1）国家与社会管理者阶层，主要指在党政、事业和社会团体机关单位中行使实际的行政管理职权的领导干部，2.1%；（2）经理人员阶层，指大中型企业中非业主身份的高中层管理人员，1.5%；（3）私营企业主阶层，0.6%；（4）专业技术人员阶层，5.1%；（5）办事人员阶层，指协助部门负责人处理日常行政事务的专职办公人员，4.8%；（6）个体工商户阶层，4.2%；（7）商业服务业员工阶层，12%；（8）产业工人阶层，22.6%；（9）农业劳动者阶层，44%；（10）城乡无业、失业、半失业者阶层，3.1%。[1]

在这些社会阶层中，社会财富分配存在很大差距。据 2013 年 1 月 18 日国家统计局公布的数据，我国 2003 年至 2012 年全国居民收入基尼系数分别为：2003 年是 0.479，2004 年是 0.473，2005 年是 0.485，2006 年是 0.487，2007 年

[1] 陆学艺：《当代中国社会十大阶层分析》，《学习与实践》2002 年第 3 期。

是 0.484，2008 年是 0.491。然后逐步回落，2009 年是 0.490，2010 年是 0.481，2011 年是 0.477，2012 年是 0.474。[1] 这些数据说明了我国社会阶层间社会财富分配和收入存在巨大差距。这些社会阶层分化和收入差距过大成为社会矛盾的根源，影响着社会和谐和发展。

跨越“中等收入陷阱”，需要经济、政治和社会采取协调一致的整体措施。从社会分层的角度看，在分配领域，通过公平地分配财富，将社会财富向中下层转移，将是一个重要的发展途径。这可以增进社会和谐，同时，通过扩大社会中下层的购买力，扩大国内市场，为新的投资扩大空间，推动生产、分配和消费之间的良性循环，形成可持续发展。

三、社会和谐发展的沟通协商平台

就跨越“中等收入陷阱”来说，中国有独特的制度优势，这个优势就是中国共产党领导的多党合作和政治协商制度。

中国之所以能够建立政治协商制度，就是因为在中国革命、建设的过程中，需要全国各个阶级、各个阶层为了一个共同的目标，团结一致，共同奋斗。中国的政治协商制度追求的目标是团结，实现的手段是协商。它承认人民内部各个阶层的利益是正当的。因此，在各党派基于政治目标和根本利益一致性的基础上，各党派保持独立性和自主权，并在这个前提下相互合作、相互支持。中国共产党是中国工人阶级的先锋队，同时是中国人民和中华民族的先锋队，代表中国最广大人民的根本利益。另外，还有民革、民盟、民建、民进、农工党、致公党、九三学社、台盟八个民主党派，他们各自联系着不同的社会阶层，这使我国政治制度具有空前的广泛性和巨大的包容性。

我国的政治协商制度可以很好地在各个阶层中进行沟通协商，在发展中将各个阶层团结起来，纳入发展的社会进程，向着共同的目标前进，其具体表现为三个方面：

[1] 《国家统计局首次公布 2003 至 2012 年中国基尼系数》，人民网，2013 年 1 月 18 日，http://politics.people.com.cn/n/2013/0118/c1001-20253603.html。

第一，我国的多党合作和政治协商制度能够在各阶层之间进行沟通协调。我国的多党合作和政治协商制度本质上是不同的阶级之间、不同的阶层之间的统一战线的具体形式，是沟通协商机制。中国革命、建设和改革开放进程是一个社会剧变的过程，在这个过程中，每一个阶级、阶层在社会结构中都会发生变化，其利益都会有所触动。我国革命时期抗日根据地之所以要实行“三三制”，新中国成立之后之所以要保留民主党派，其主要目的就是提供一个政治制度平台，让不同的阶级、不同的阶层的代言人能够在一起，提出本阶级、本阶层的利益诉求，从而不同的阶级、阶层之间能够相互了解，相互沟通，达成关于社会发展的共识。我国正处于社会发展的关键阶段，社会矛盾频发，不同的社会思潮激荡。我国的多党合作和政治协商制度能够为不同的阶层提供相互沟通的政治制度平台，在平等沟通中形成改革发展方向的共识。

第二，给新生的社会阶层提供利益诉求空间。我国的改革开放带来社会结构的深刻变革，出现了新的社会阶层，其中最有代表性的是新兴的私营企业主阶层和被称为弱势群体的农民工阶层。私营企业主指私营企业的投资人。截至2009年底，私营企业主（投资者）人数为1650万人[1]。据胡润百富榜的数据，2011年，中国资产1000万元以上的私营企业主有96万人，其中6万人资产在1亿元以上。私营企业主阶层是这一群体的主要来源。[2]私营企业主阶层是经济生活中竞争力较强的一个阶层。农民工是指户籍身份还是农民、有承包土地，但主要从事非农产业、以工资为主要收入来源的人员。根据国家统计局2012年4月27日公布的《2011年我国农民工调查监测报告》提供的数

[1] 《中国民营经济发展报告（2009—2010）》，第12页，第45页。1989年，私营企业主人数为21万，1992年30万，1997年204万，2002年622万，2007年1397万。见全国工商联研究室编：《中国改革开放30年民营经济发展数据》，中华工商联合出版社2010年版，第1页。

[2] 资产在1亿元以上的6万余人中，私营企业主4.5万人，占75%，炒房者0.9万人，占15%，职业股民0.6万人，占10%；资产1000万元以上1亿元以下的96万人中，私营企业主约有53万人，占55%，职业股民15%，“金领”，即大型企业集团、跨国公司的高层人士约10万人，占10%。见《胡润财富报告2011》第7页，胡润百富榜网，http://img.hurun.net/hmec/2011-08-23/20110823112109296.pdf，2012年4月12日浏览。

字，2011年全国农民工总量达到25278万人，其中，外出农民工15863万人，本地农民工9415万人。从一定意义上来说，我国社会发展中的城乡矛盾、农村中的矛盾随着农民工的进城转化为私营企业主和农民工的矛盾。解决二者矛盾，优化二者间的利益分配，是跨越“中等收入陷阱”的重要前提。中国共产党代表着广大劳动人民的利益，为大多数人的利益服务。而一些私营企业主有很强的参政议政意识，已经进入各级政协。在这里，中国共产党领导的多党合作与政治协商制度，为优化二者关系提供了重要制度保证。

第三，在决策中协调各阶层的利益，体现社会公正。社会公正的核心在于调节社会利益分配，让更多的人进入发展进程。我国走的是一条中国特色社会主义道路，这不是一个自发的进程，而是一个自觉的进程。在我国各阶层间进行的利益分配和协调，不是源于某些抽象的正义原则，而是服从历史潮流，服从中华民族伟大复兴这个历史目标。中国共产党领导的多党合作和政治协商制度也是在为中华民族伟大复兴的奋斗中产生的。它具有先进性和广泛性，其先进性，在于坚持中国共产党的领导地位。中国共产党代表着先进的生产力，代表历史发展的潮流，是先进性的代表；其广泛性，在于代表不同阶层的党派都被容纳于这个政治制度之中，具有最大的包容性。因此，我国可以发挥这一制度，从中华民族最长远的利益出发，协调各阶层利益，在社会发展政策中实现公平正义。

总之，我国的多党合作和政治协商制度，一定会打破发展的瓶颈，越过“中等收入陷阱”，为实现中华民族的伟大复兴作出应有的贡献。

第七章

基层群众自治：人民管理自己身边的事务

党的十八大指出："在城乡社区治理、基层公共事务和公益事业中实行群众自我管理、自我服务、自我教育、自我监督，是人民依法直接行使民主权利的重要方式。"基层群众自治制度是我国的基本政治制度，是基层民主的主要形式，是人民在农村、城市社区实现当家作主权利的制度保障，是人民民主的微观基础。加强、完善基层群众自治制度，将会为社会主义民主政治打下坚实的基础。

第一节　村民自治的产生和历史渊源

我国村民自治制度是在人民公社制度废除及家庭联产承包责任制实施后逐步建立起来的，是农村经济体制改革的必然产物和必要保障。扩大农村基层民主，实行村民自治，是党领导亿万农民建设有中国特色社会主义民主政治的伟大创造，是农民当家作主的主要形式。党的十七大报告第一次把基层群众自治制度确立为我国民主政治的四项制度之一。

一、村民自治第一村[1]

合寨村位于广西宜州市边远地区。改革开放前，合寨村由 11 个自然村组成，有 41 个生产队。当时的农村生活比较落后，而合寨村更为落后。1979 年，当合寨的农民风闻外地兴起“分田到户”时，他们自发地将田分到农户，生产积极性迅速高涨。但是，在生活改善的同时，也出现了很多问题，其中最为突出的是社会治安恶化，社会矛盾增多。在人民公社后期，其体制的约束力已经逐渐减弱，偷盗现象趋于严重。分田到户后，家庭成了真正的生产单位，原来的人民公社组织失去了作用。由于缺乏有效的组织和管理，合寨村社会治安急剧恶化，偷盗、赌博成风，每天少则三五十人，多则两三百人参与赌博，赌输了之后就去偷盗，尤其是耕牛大量被盗，严重影响了正常的农业生产。为了防盗，村民只好把牛拉到自己住的房子里。另外，分田到户之后，争水争地，社会纠纷不断。在当时，分田到户是农民自发的，并没有中央政策支持，地方领导之间对此也有分歧。因此，出现了这样的局面：人民公社实际上已经解体，原来的组织形式失效，但是，相应的组织管理形式并没有出现。农村社会秩序和社会管理不可避免地出现混乱。

果作自然村属于合寨村，有 6 个生产队，村民以尤姓为主。1980 年新年的时候，果作村的村民人心惶惶。按以往的习惯，春节前后本是总结过去、安排新年生产计划的时间。这件事都是由原来的生产队长负责，但是，现在搞生产责任制，没有什么队长了。可如果没有人进行协调组织，村里的生产就会一片混乱，村里人的担忧不无道理。

时任生产队长的韦焕能觉得这样下去不行，必须把村民组织起来。他主动站出来，把其他几个生产队的干部叫到一起，商量以自然村为基础建立新的组织。大家都表示同意。韦焕能提出新的组织不是生产队，不需要太多干部，由 5 个人组成，1 正 2 副，1 个会计，1 个出纳。后来考虑到原有 6 个生产队，

[1] 本部分内容资料主要来自徐勇：《最早的村委会诞生追击》，《炎黄春秋》2000 年第 9 期。

就增加了 1 个人。

而新领导人怎样产生呢？过去的生产队长由上级任命，新的组织没有人任命，自己宣布自己为领导，村民也不会承认。经过讨论，大家决定由群众选举村领导。1980 年 2 月 5 日，根据事先商定，果作村召开全村大会选举村领导。全村 85 户，一家一个代表。根据各个生产队长的提议，由当时的生产大队长蒙光捷主持会议。蒙光捷根据群众意见，不搞候选人，而是搞无记名投票。由于当时的社会治安很乱，村领导是个苦活累活，没有人愿意当。

一方面是社会治安混乱，没有人愿意当干部，另一方面群众又怕乱，强烈要求组织起来。由于担心没有人愿意当干部，村民们商定，选上谁谁就得当，谁的票多谁就当领导，不许推辞。随后，每个人发了一张用信纸裁开的纸条，一张纸条上可写 6 个人，多的作废。经过投票计票，大队长当场宣布选举结果，韦焕能得了满票，6 人中最少的也有 62 票。新的村干部选出来后，却没有一个正式的组织名称。选举之前，只是讲选举村领导，选举后，村领导要分工，需要有一个组织名称，大家纷纷议论，结果多数人主张叫“村委会”，村委会也因此成为正式的组织名称。但是，由于这个管理机构是村民选出来的，当地的村民更习惯称之为村民委。直到现在，当地人一般还是把这个组织叫村民委。

果作村领导当选后做的第一件大事，就是领导村民制定村规民约和管理章程。1980 年 7 月 14 日，村委会召开全村大会，讨论并通过事先起草好的村规民约。这两份文件以村委会的名义公布，并有 85 户村民的手印或签名盖章。村委会和村规民约建立后，赌博之风被刹住，偷盗大为减少。1980 年，由村委会组织，村委会出资，不足部分由村民集资，按照每人 12 元筹集，解决了照明问题。由于资金来源于村民，村干部用钱非常谨慎，会计出纳账目分明，定期向村民公布。

当时，合寨村中的其他自然村几乎同时自发地选举了村委会。宜山（现宜州市）、罗城一带也出现了这样的村委会。这说明，村民自治这种基层民主的形式有其历史的必然性。而果作村委会是迄今为止全国第一个有正式记录的村委会，因此被誉为“村民自治第一村”。

果作村村民自发选举成立的村民委员会是一种适应家庭经营的新的组织管理机制。它具有自我管理、自我教育和自我服务的群众自治组织的性质。果作村村委会的产生充分体现了民主原则。在这之后，合寨村整合各个自然村的规章制度，使村民自治不断发展完善，体现了四大民主原则：

一是民主选举。选举使用“小票箱”，由群众通过无记名投票的方式选举产生村委会干部。这是典型的海选和直选，充分尊重群众的权利，公平竞争、民主择优。

二是民主决策。从1982年起，包括果作村在内的合寨村成立了村民议事会，成员是由村民代表推选的有威望的、曾经担任过乡村干部的退休干部、党员中参政议政能力强的同志以及部分现任干部组成，协助村两委班子做好工作，参与村级重要工作和重大事项的研究决策。村里重大事情必须通过议事会讨论研究，拿出方案，再经过村民会议通过后才提交村委会办理。议事会每季度召开一次，遇特殊情况随时召开，从1980年至今从未间断。

三是民主参与。果作村在1980年制定的《村规民约》之后，合寨村综合各个自然村的规定，多次修改完善。1990年，围绕社会治安、村风民俗、计划生育、财务管理等内容进一步制定了《合寨村村民自治章程》，保障群众的参与权，确保群众对村级事务的知情权。

四是民主监督。从1980年开始，合寨村从党员干部、村民代表中选出原则性强的人成立了村民民主理财小组，每季度对村里财务进行逐笔审核清理。1998年后，村里结合推进民主政治建设，成立了由12人组成的村级事务监事会和由7人组成的集体经济审计小组，“两组一会”对村民关注的敏感问题进行监督[1]。

---

[1] 参见黎莲芬：《我国村民自治的发展历程、经验与展望——以广西合寨村为例》，《理论月刊》2010年第2期。

村民自治引起了党中央的高度重视，并积极向全国推广，被誉为中国农民的三大创造之一。

二、农村基层群众自治制度的历史变迁

农村村民自治制度虽然是改革开放后形成的，但是，它不是突然出现的，它是民主政治在基层的具体组织形式，是长期探索、发展的产物，其本质还是人民当家作主，发挥人们的主动性、创造性。

抗日战争时期，为了打破敌伪的封锁，陕甘宁边区发起了大生产运动。1943年2月20日，安塞县劳动英雄杨朝臣写信给劳动模范吴满有，提出开展劳动竞赛。吴满有回信说："边区的劳动英雄不止你和我两个……我主张把这个生产竞赛运动，扩大到全边区的军队、群众中去。"《解放日报》报道了这件事。朱德读到这条消息后立即电令边区所有部队积极响应吴满有生产大竞赛的号召。中共中央西北局向各地党委发出通知，要求各地党委切实推广和领导这一生产大竞赛。边区政府也要求各分区、县将生产竞赛运动推广到群众中去。于是，一场生产竞赛和劳动互助运动在边区的每个角落开展起来。先进人物、先进事迹不断涌现，整个边区大生产开展得热火朝天。[1]

所谓基层民主政治，是人民群众直接参与和自己切身利益密切相关的国家与社会事务管理的政治制度和政治实践，具体体现了人民群众当家作主的民主权利。只有有了广泛的基层民主，才能真正落实人民民主。如果没有基层民主，人民民主就成了空中楼阁，无源之水。

由两个普通劳动者提议劳动竞赛，被领导人及时采纳，最后形成重要政策在整个边区实施，这是一个典型的"从群众中来，到群众中去"的过程。这个小故事体现了抗日战争时期陕甘宁边区基层民主的发展状况。

为了实现、保证人民当家作主，中国共产党一直发展基层民主，不断探索适合时代发展需要的基层群众自治的新形式。而基层群众自治作为一种民主政

[1] 林之达：《中国共产党宣传史》，四川人民出版社1990年版，第188页。

治形式，一直贯穿于中国的革命史和建设史。它发源于新民主主义革命时期，探索于社会主义基本制度建设时期，发展于改革开放时期。

在革命时期，我们党以争取民族独立和人民解放为目标。在我国处于半殖民地半封建的条件下，中国共产党必须紧紧依靠广大人民群众，动员广大人民群众。在当时的革命根据地政权建设中，都在自觉不自觉地发展基层群众自治组织，注重人民的权利、人民群众的首创精神，动员群众积极参与革命。

早在 1927 年中国共产党建军之初，就进行了著名的“三湾改编”，主张在军队中实行基层民主制度。在苏区，共产党人不断推动基层群众自治建设。在毛泽东和张闻天的《区乡苏维埃怎样工作》以及毛泽东的农村调查中，有十分生动的记载。抗日战争时期，抗日根据地实行了更为广泛的基层群众自治探索。以“三三制”为基本原则，我们党领导根据地军民，通过乡村民众直接参与的民主选举，建立了乡参议会、乡政府及其下辖的行政村和自然村的领导机构。[1] 在这一时期，中国共产党探索并实践了丰富的基层群众自治的实践形式。

在社会主义基本制度建设时期，我国借鉴苏联社会主义模式，实行计划经济体制。在当时的社会物质匮乏条件下，经济计划要很好地贯彻执行，就必然更多地依靠劳动者的积极性。因此，计划经济体制必须要有相应的基层民主形式，以一定形式的参与权来提高劳动者的积极性。在这一时期，由于极“左”思潮的影响，我国的基层群众自治建设走了一段弯路，但仍然留下了宝贵的探索和经验。在农村，人民公社实行“三级所有，队为基础”，也就是人民公社、生产大队（一般是村）和生产小队。人民公社、生产大队的领导一般由上级任命，而生产小队的队长则是由该小队的社员定期选举。虽然在整体上受到国家计划的制约，但小队成员对如何发展生产、分红以及日常事务还是有很大的自主权。

[1] 徐勇、刘义强：《我国基层民主政治建设的历史进程与基本特点探讨》，《政治学研究》2006 年第 4 期。

在改革开放的新时期，我国探索建立社会主义市场经济，市场逐渐成为配置资源的重要力量。随着国家计划体制逐渐退出，在原有的国家组织之外，出现了新的经济、社会空间。深刻的经济、政治和社会变化要求新的基层民主形式。在计划经济时期，我国基层组织的核心职能是国家的代理人，传达国家制定的路线、方针和政策，并同时承担基层的管理职能。而在社会主义市场经济条件下，基层组织成为自治组织，它仍要承担一定的国家代理人的角色，但主要职能逐渐转向基层群众自治，为农村、社区提供公共秩序和公共产品。在这一时期，我国农村和城市基层群众自治大发展。基层群众自治已经成为发展社会主义民主政治的基础性工程。

村民自治是基层民主的一个新发展。以前面所讲述的果作村为代表，在实行家庭联产承包的大背景下，一些村庄的村民自发地选举村委会，成立自治组织。这一基层群众自治的新形式引起党中央的高度重视。1982 年新宪法明确规定，乡、镇是我国最基层的行政区域。1988 年 6 月 1 日，我国开始正式实施《中华人民共和国村民委员会组织法（试行）》，明确村民委员会是基层群众自治性组织，强调村民的自我管理、自我教育和自我服务的职能。1998 年 11 月，全国九届人大常委会第五次会议通过《中华人民共和国村民委员会组织法》，进一步提出村民委员会实行民主选举、民主决策、民主管理、民主监督。农村基层群众自治初步形成一套制度化模式。2010 年 10 月 28 日，第十一届全国人民代表大会常务委员会第十七次会议通过新修订的《中华人民共和国村民委员会组织法》，标志着村民自治的进一步完善。

三、从中国传统治理体系中的自治到村民自治制度

村民自治制度有着深厚的历史背景。在中国古代农业社会，农村有着源远流长的自治传统，它与中国古代的农业社会特征和传统国家治理的目标有着密切联系。现在的村民自治制度可以说是人民民主政治制度与中国传统结合的产物。

中国古代就有“皇权不下郡县”之说。农村的自治是中国传统国家治理的

一个重要组成部分。

从秦朝开始，中国成为一个大一统的国家。在此之后，虽然治乱循环，中国的国家治理体系有各种变化，但总体保持着稳定，一直到近代才发生根本变革。一个国家的治理体系取决于它要解决的问题和它拥有的资源。这作为一个视角，可以探讨中国乡村的自治传统。

中国作为一个传统的农业社会，农业生产占据最重要的地位。但是，商业也占有极其重要的地位。可以说，传统中国是重商型封建农业经济。[1]

中国传统国家治理的核心问题是农业生产的稳定。中国封建王朝灭亡主要有两种情况：一种是北方游牧民族入侵，无力抵挡。另一种就是农民起义，内部崩溃。[2] 在一个王朝强盛的时候，往往开疆拓土，打败北方游牧民族。只是到了王朝末期，皇帝昏庸，吏治松弛，豪强大肆兼并土地，农业生产衰退，农民流离失所成为流民，最后铤而走险，揭竿而起。内战导致国力大幅衰落，北方游牧民族乘机南侵。从这个意义上来说，北方游牧民族之所以能够南侵，无法保证农业生产导致国本动摇是根本原因。因此，稳定农业生产，维护以小农经济为主体的经济秩序，是中国封建国家治理的最核心目标。

围绕着如何维护农业生产稳定这个目标，以及中国古代的生产条件，形成了相应的国家治理体系。

首先，在一个松散的以小农为主体的农业社会维护正常秩序，就需要一个庞大的官僚体系。这个官僚体系要从农业经济中提取赋税。赋税的一部分要供封建统治者享用，一部分要用来维护社会的正常秩序，如维护交通、水利、社会秩序、安全等。其中，维护农业生产是最重要的目标。为了完成这个目标，就要维护交通，治理水利，维护社会秩序。在传统农业中，农业的产量是有上

[1] 参见王小强：《只有社会主义才能救中国（二）》，《香港传真》2011 年第 9 期。

[2] 还有一种情况，就是在魏晋南北朝和五代十国时期，军阀凭借武力打天下，建立政权，成为开国君主。但是，随着开国皇帝死去，小皇帝软弱无能，掌握军队的大臣废掉小皇帝，自立为新皇帝，建立新王朝。从历史来看，这是封建军阀混战时期特有的现象。国家统一、政权稳固的王朝不会发生这种危机。

限的，不可能大幅度增长。而农业又往往会受到各种自然灾害的影响，农业赋税也不稳定。因此，繁荣的商业，或者说商品经济，就会成为税收的重要来源，以补充国家财政不足。总而言之，中国传统国家治理是以农业为本，在不损害农业生产和封建生产关系的大前提下，重视发展工商业。为了能有效治理工商业，同时也是为了保障国家税收，对重要商品如盐、铁、茶等进行专营。

在传统的农业社会，乡村治理是中国社会治理主要内容。中国古代乡村治理是依托宗族和乡村绅士力量的带有自治成分的治理。

中国古代的乡村治理有几千年历史，变化纷繁复杂。但总体看来，主要有两种模式，即乡里制和保甲制。从夏代到隋唐时期，中国一直实行乡里制。乡里制在夏商周时期就存在。乡、党、邻、里是四种最基本的组织形式。当时的乡与现在不同。当时，五家为比，五比为闾，四闾为族，五族为党，五党为州，五州为乡。一个乡要管理12500家。按当时的人口，乡是个很大的单位。秦代之后，中国实行郡县制。秦汉时期在县下置乡、亭、里为基层政权组织。十里为一亭，十亭为一乡。朝廷只是任命郡县一级的官员。乡官主要由上级官府选派，同时以民间推选辅助。在乡里制中，乡官也是官。官员选择看重道德水平和文化程度。这些官员有品级有俸禄，有各自的职责，有相应的荣誉地位。乡村社会基本处于半自治状态。在北宋中后期，开始实行保甲制，虽然后来名称有所变化，但保甲制一直延续直到清末。县仍为基层行政组织。县下设乡，乡下设里。但是，最大的变化是乡官里正由县官任命。凡是差县差役、政府科敷、县官杂使、监司迎送，都能指使他们。乡官里正的地位降低，变成职役。可以说，在保甲制下，皇权已经“下到郡县”。[1]

不管怎么说，中国的乡村治理都存在不同程度的自治成分。保甲制只是自治成分相对要少一点。皇权要求乡村一级官员所承担的职能只是催要赋税、徭役、治安、救灾等，都是非常有限的，主要是维持秩序，保证国家税收。这是

[1] 参见唐鸣等：《古代乡村治理基本模式及历史变迁》，中国乡村发现网，2011年6月10日，http://www.zgxcfx.com/Article/31121.html。

与农业社会的特点相联系的。农业社会小农经济，家庭是生产单位，经济活动完全由家庭自己决定。在村落中，人们祖祖辈辈生活在这里，宗族有很大的力量。很多日常生活中的纠纷，都是由宗族中老人按照习惯来处理，或者是由有名望的士绅来排解。在涉及修路造桥之类的公共事务时，这些宗族和士绅也会发挥很大的作用。可以这样说，乡村官员只是负责一些行政事务，而社会事务往往由乡村自己来处理。因为在农业社会，生产是有限的，税收也是有限的。国家没有能力管理到乡村一级的社会事务。从国家治理的目标来说，也没有必要。但是，这种自治仍旧是封建皇权专制下的自治，不能过于美化、拔高。

1840 年以后，面对西方列强的入侵，中国的历史任务发生巨变。国家的任务不是维护农业秩序，而是要抵御帝国主义的侵略，推翻帝国主义在华的势力，实现国家独立，变革传统的封建生产关系，进行现代化，其中心是推动工业化，建立现代大工业。这时，国家的核心任务是进行革命动员和现代化动员。新民主主义革命中农村基层民主政权的建立、新中国成立后的计划经济体制、人民公社体制下行政权力和社会权力高度合一，都是完成这一任务的历史过程，探索中不免有所失误。这时，村民自治空间消失。随着中国工业的发展，不再需要从农村汲取资源。改革开放以来，农村实行联产承包，家庭成为生产单位。市场机制逐渐恢复，国家只负责宏观调控，政府成为服务型政府，维持正常的经济秩序。这时，在农村维持高度一体化的行政体系就没有必要了。村民自治制度由此产生。但是，这种村民自治是现代社会主义市场经济条件下的自治，是人民民主政治制度的一个组成部分。村民自治不像古代那样依赖乡绅家族，而是依靠现代民主制度，依靠村民的参与，自己管理自己的事务。

第二节　城市基层自治：把城市社区建成新家园

我国城市基层治理经历了一个从计划经济体制下的单位向社会主义市场经济体制下的社区转变的过程。随着我国城市化的发展，城市社区已经成为绝大多数城市居民居住和生活的地方。它已经成为我国社会治理的细胞。各种各样的社会问题，往往会以居民身边烦心事的形式出现。发展城市社区自治，提高社区治理水平，解决老百姓身边的烦心事，把社区建设成新家园，将会为社会和谐作出重大贡献。

一、城市社区自治的性质、机制和职能

根据我国宪法规定，城市居民委员会是基层群众自治性组织，居民通过这个制度自我管理、自我教育、自我服务，它在我国居民社会生活中发挥着重要作用。

为了明确城市社区基层自治的性质和运行方式，先看一个案例。

2010 年 6 月 25 日，河南省焦作市某居民委员会（以下简称居委会）与天盛商务管理有限公司（以下简称天盛公司）签订一份房屋托管合同。合同约定，由天盛公司代为管理其出租的房产、收缴租金，居委会按约定支付报酬，合同有效期为 10 年。在合同期内，天盛公司负责对托管房屋、场地的管理和维护，以自己的名义对外出租，收取租金，并确定了天盛公司上交居委会任务的数额，天盛公司在完成上交任务后，多余部分作为报酬归天盛公司所有。在签订该协议时，居委会未经居民会议讨论决定。合同签订后，天盛公司开始行使托管权利。

2011 年 12 月 18 日，居委会改组并经居民会议讨论，认为原居委会、天盛公司所签订的合同未经居民会议讨论决定，为无效合同，天盛公司不得继续行使对居委会财产的托管权利。为此，双方发生争议，居委会将天盛公司诉至法院。一审法院审理后认为，居委会与天盛公司签订的房屋、场地托管合同无效。宣判后，天盛公司提出上诉。焦作市中级人民法院判决驳回上诉，维持原判。[1]

那么，天盛公司为什么败诉呢？原因很简单。根据我国《城市居民委员会

[1] 刘华：《居委会擅自签订合同无效》，《河南法制日报》2014 年 11 月 18 日。

组织法》的规定,居民委员会向居民会议负责并报告工作。涉及全体居民利益的重要问题,居民委员会必须提请居民会议讨论决定。居委会和天盛公司签订的这个协议，由于没有经过居民会议讨论通过，是违法的，不具有法律效力。

我国城市社区（也包括农村）基层自治并不是简单地由居民选出几个人，为居民解决点身边的问题那么简单。它有一套相对完整的法律规定和运行机制。

城市社区居委会由居委会的主任、副主任和委员组成，根据小区所在居民的具体人数，一般是五至九人组成。在居委会决定问题时，采取少数服从多数原则。在多民族居住地区,城市社区居民委员会中应当有人数较少的民族的成员。城市社区居委会是居民自治性群众组织，因此，居委会负责人，也就是居委会主任、副主任和委员不是由行政部门认定，而是由居住社区的全体居民选举产生。年满十八周岁的本居住地区居民，不分民族、种族、性别、职业、家庭出身、宗教信仰、教育程度、财产状况、居住期限，都有选举权和被选举权（依照法律被剥夺政治权利的人除外）。根据小区居民人口的实际情况，选举可以分为三种方式：一是全体有选举权的居民进行选举；二是由每户派代表选举;三是根据居民意见，可以把小区分为多个居民小组，由每个居民小组选举代表二至三人。居民委员会每届任期三年，其成员可以连选连任。

一个城市社区最高的权力机构是居民会议。居民会议可以由全体十八周岁以上的居民一起召开，也可以每户派代表参加，或者由每个居民小组选举代表二至三人参加。居民会议召开时，必须有全体十八周岁以上的居民、户的代表或者居民小组选举的代表的过半数出席时，才能举行。会议所做的决定，必须超过出席人数的一半才能正式通过。在居民委员会与居民会议的关系上，居民会议的权力高于居民委员会，居民委员会要向居民会议负责并报告工作，居民会议有权撤换和补选居民委员会成员。一般情况下,由居民委员会召集和主持居民会议。在特殊情况下，如果有五分之一以上的十八周岁以上的居民、五分之一以上的户或者三分之一以上的居民小组提议,应当召集居民会议。涉及全体居民利益的重要问题，居民委员会必须提请居民会议讨论决定。

在社区里，居委会的权力不是最高的，居民会议的权力才是最高的。这一点，深刻地体现了人民当家作主是我国人民民主专政的本质特征。

居民委员会的任务主要包括以下内容：（1）宣传宪法、法律、法规和国家的政策，维护居民的合法权益，教育居民履行依法应尽的义务，爱护公共财产，开展多种形式的社会主义精神文明建设活动；（2）办理本居住地区居民的公共事务和公益事业；（3）调解民间纠纷；（4）协助维护社会治安；（5）协助人民政府或者它的派出机关做好与居民利益有关的公共卫生、计划生育、优抚救济、青少年教育等项工作；（6）向人民政府或者它的派出机关反映居民的意见、要求和提出建议。

居民委员会是群众自治机构，它的工作人员在进行工作时，应当采取民主的方法，不能采取强迫命令。

做事总要花钱。居委会需要相应的经费。经费的来源有以下途径：（1）如果是本小区的公益事业，经居民会议讨论决定，可以根据自愿原则向居民筹集，也可以向本居住地区的受益单位筹集，但是必须经受益单位同意；（2）如果是居民委员会的工作经费和居民委员会成员的生活补贴费，则由不设区的市、市辖区的人民政府或者上级人民政府规定并拨付；经居民会议同意，可以从居民委员会的经济收入中给予适当补助；（3）居民委员会的办公用房，由当地人民政府统筹解决。在大多数情况下，居委会的工作经费、居委会委员主要工作人员的工资和办公用房都是由行政部门拨付。

这里涉及一个问题，就是社区居委会和党政部门的关系。一般来说，在我国城市社区中设有社区党支部，它是社区的政治领导核心，做社区党的工作，对各类社区组织和社区总体工作实施政治领导。我国基层行政部门是街道办事处，从法律上说，它和社区委员会没有隶属关系，它指导社区委员会工作。现在，街道办事处在社区设立社区工作站，处理日常行政事务。社区委员会处理小区居民的事务。我国的城市居民自治是政府主导型的自治。

很多人误以为社区居委会是最基层的行政单位，同时，一些行政部门也无意间把社区居委会当作下属行政部门，这些都是错误的。

二、居民委员会的历史变迁

我国城市社区居委会的发展，是与社会主义市场经济的发展内在联系的。社会主义市场经济带来了国家职能的巨大变化，政府从计划经济时期的全能政府向有限政府转变，人们的居住和生活条件都发生了巨大变化，社区成为社会治理的重要载体。

城市群众自治制度在新中国刚成立时就曾存在过。新中国成立之初，在一些城市，群众自发组织防护队、防盗队和居民小组等群众性自治组织。1953年，城市居民委员会被确认为群众性自治组织。它的主要任务是把党政企事业单位以外的街道居民组织起来，在居民自愿的原则下，主要办理有关居民的公共福利事务。

1956年，我国建成社会主义基本制度，计划经济体制正式确立。我国的计划经济体制的一个核心目标，就是动员、集中一切人力、物力和精神力量，进行社会主义工业化。我国能在极端落后的情况下，在短时间内完成初步工业化，建立完整的国民经济体系，建成以“两弹一星”为代表的国防工业体系，计划经济功不可没。人们经常说“社会主义能够集中力量办大事”，也就是这个意思。

在计划经济体制中，国家自上而下，掌握着一切人力、物力、财力，制定计划，组织生产，同时，在低收入的情况下，为了鼓足干劲，还要通过文学艺术等方式进行思想动员。因此，计划经济产生了庞大的国家行政机构。行政权覆盖到生产、生活的一切领域。这就是人们常说的“全能型政府”，一种由上到下的全覆盖式管理。从宏观的经济发展计划到一个单位的工作，再到百姓的衣食住行、生老病死，这个全能政府都要管起来。这种管理之细达到了难以想象的程度，这也形成了人们对国家政府部门的信赖和依赖。上了一定年纪的人常说，“你放心，有国家呢！”这种心态就源于那时的生活经历。在这种情况下，城市群众自治组织自然消失了。

计划经济体制形成了政治、经济、社会高度一体化，这种高度一体化集中体现在“单位”中。在国家计划体制下，工作的地方是单位。大的单位的职工往往生活在一起，尤其是大型工矿企事业单位。单位要执行国家的发展计划，要上传下达，动员职工，进行各种思想工作，解决各种矛盾。同时，单位也要承担起解决职工生活的任务，如医疗保健、文化、卫生、体育、婚姻、幼儿保育、儿童教育。大的单位当时有自己的医院、学校、运动场和“职工之家”之类的娱乐场所。当时，孩子上学、夫妻两口子打架都要找单位领导。这实际上是国家承担了一切经济职能时，也必然要承担一切社会职能。

随着社会主义市场经济的发展，高度一体化的政治、经济和社会开始分化。

在改革开放之初，城市街道存在居委会。1982 年，城市居委会再次被认定为群众自治组织。在这之后，城市社区迅速发展。

市场经济要求企业在经济活动中按照市场规律，自己安排经济活动，优胜劣汰，责任自负，国家的职能自然要发生变化。在我国的市场经济发展中，国家除了保持具有战略意义的国有大型企业之外，把配置资源、生产财富的任务交给了市场。国家虽然对经济发展还有指导性规划，但市场要起到决定性作用，国家的主要职能则是维持市场的秩序。这样，国家和经济相分离，经济有了一定的独立性，国家从全能型政府向有限的服务型政府转变。

正是在这种情况下，城市社区开始迅速涌现。市场经济瓦解了原有的社会组织，以前以单位为中心的生活环境逐渐被现代城市社区所代替。这些社区以商业住宅小区为基础，居民来自五湖四海，互不熟识，这些居民被称为“孤独的人群”。他们或者在国家企事业单位上班，或者在私营企业上班，或者自己创业。上下班匆匆忙忙，小区实际上成了好多人晚上回来睡觉的地方。社区居民间的交往减少，关系疏离，感情淡漠，甚至不知道对门邻居姓甚名谁。网络中流传一句话：“我不是买房，我买的是寂寞！”就是这种社区人际关系的写照。实际生活中，这些居民的社会需求却依然存在，如医疗、教育、文化、卫生、体育、安全等，但过去承担这些职能的“单位”却“消失”了，于是出现了各种各样的社会问题。这样，一些社会组织开始发展起来。比如，为了体育锻炼，人们开始自发组成小团体，体育用品经销商为了商业利益，开始建立小型健身俱乐部；为了解决孩子学习，开始出现各种补习培训班；为了解决青年夫妻接送孩子问题，出现了代接孩子的“小饭桌”等。另外，还有解决各种心灵需求的，如佛教学习研修班等。各种社会组织和商业组织层出不穷。

打个比喻，一个冒险者需要温暖的家，冒险失败后，可以回来休养，然后继续出发。社会主义市场经济由两部分组成，市场经济是出外冒险，而社会主义要提供一个家，失败的冒险者可以回来休养、恢复。在经济领域，国家要适度退出，而在社会领域，国家要进入，承担起社会治理职责，提供一个温暖、安全的“家”。过去的单位就是一个大“家”，现在，要通过社会治理，在城市社区给人们一个“家”。

我国城市群众基层自治正是在这些社会需要中不断发展，并且发挥出越来越大的功能。

三、明确城市社区委员会的基层群众自治性质，平衡责权关系

我国宪法和相关法律对基层群众自治有明确和详细的规定。但是，由于原来的计划经济全能政府观念根深蒂固，地方党政部门往往忽视城市社区居委会的群众自治性质，把它看作基层的一个行政部门，结果导致城市社区承担繁杂事务，影响了其社区自治功能。明确社区委员会的性质，平衡它的责权关系，是我国发展城市群众自治，实现居民当家作主的重要任务。

先从自己的切身感受说起。自从笔者的女儿上学以后，每年寒暑假开学，笔者都必须去社区居委会盖章。这是因为，每年放寒暑假时，学校都要给学生发一张社会实践表，要求学生参加社会实践，写上学生的自我评价、居委会的评价，最后盖章，开学交给老师。居委会在寒暑假也会组织两三次活动，要学生参加，但也是听听讲座，做个猜谜游戏。由于各方面限制，举办的活动

水平不高，起不到参与社会活动的作用，孩子们不喜欢，家长也没兴趣。

这只是居委会所承担的任务中微不足道的部分。现在的居委会被戏称为“万能居委会”，要盖各种各样的章。上海市文艺南路社区委员会主任韩静介绍，她所在的社区居委会有198项工作，要开不少于100项的证明。学校、食药、公安、工商、银行、公证处……这些单位都要他们盖章开证明。另外还有学校发放助学金要开家庭收入证明、财产继承公证要开家庭关系证明、流动人口子女打疫苗要开居住证明、存款单丢失要开丢失证明……这些事项居委会事实上很难了解，开证明往往就成了居委会与居民之间的矛盾导火索。[1]

在“万能居委会”“万能章”这个现象背后，是居委会的困境。现在的居委会权力不大，经费不足，却事无巨细，各种行政事务缠身。究其原因，主要是基层自治组织和行政机构的身份模糊不清。

居委会是我国的城市基层自治组织，具有自主性，是为居民所在社区服务的组织。但是，现实中的居委会都承接大量的行政事务，有明显的机关化倾向。居委会兼具行政性与自治性双重属性，而且，行政性压倒了自治性特征。

有一些党的基层组织忽视居委会的基层自治组织性质，这是产生这种现象的重要原因。一些基层党组织倾向于视居委会为行政机关。一些基层党组织对基层工作实施行政管理的意识比较强，但对通过基层群众自治实现有效领导的意识相对较弱；党组织对居委会的组织领导能力比较强，但对业委会等新型组织领导能力相对较弱；基层干部个人能力比较强，但对组织和发动群众参与、一起做事的能力和魄力相对较弱。这表现为“八多八少”，即：布置任务多，分类指导少；体内循环多，体外领导少；机关思维多，自治意识少；行政手段多，凝聚群众办法少；名人效应多，组织魅力少；上级工作多，百姓任务少；联谊活动多，惠民项目少；“老（龄）”“（编）外”人士多，专职人员少。[2]

[1] 尹亮、高梦月：《“万能居委会”深陷功能困境》，《人民日报》2015年5月21日。

[2] 施云华等：《党组织在社区居民自治中作用的发挥》，《党政论坛》2015年第7期。

同时，这也与我国的行政机构设置有关系。我国市属行政部门分为:市—区—街道—社区。作为上级部门的街道和下属社区之间的功能结构存在着矛盾。社区实行自治，真正要管理社区的日常事务，同时还要承担落实国家各种公共服务政策的任务，但却只掌握很少的人、财、物。街道实际上是一个二传手，把上级行政部门的任务分派给社区，检查督促，但却控制着人、财、物。从而形成了社区权力小、责任大、资源少、事情多、机构小、职能大的矛盾，人们将其形容为“千根线，一根针”。

虽然，人们认识到这种弊端，也提出为居委会工作减负，但实际上，仍旧层层加码，行政事务不减反增。根据普陀区 2014 年的一项摸底情况，有的居委会承担工作八大类（治保、调解、卫生、文教、民政、助残、就业、计生）任务 143 项，台账近百本。其中，党建、帮困、助老、计生等常规性工作 60 余项，大量的行政性工作，使居委会成为机关的“脚”，居委会干部都忙于应付机关的各类表格、数据等文字材料，组织居民开展自治的精力和空间被牵制，很难成为居民的“头”。[1]

为了解决这个矛盾，我国行政改革早已开始试点，其重点就是在党、政、自治组织间进行功能划分。2003 年，北京市石景山区新建鲁谷社区，进行基层体制综合改革，在功能划分上比较有代表性。

这个改革的构想是，在大街道层面建立社区，理顺政府、社会和市场的关系，政府依法行政，社区依法自治，坚持政经、政事、政社分开。其社区治理体系包括三大主体:（1）社区党工委，它是区党委的派出机构，对辖区内地区性、社会性、群众性工作负全责;（2）社区行政事务管理中心，这是社区行政管理机构，是区政府的派出机构，对辖区城市管理、社区建设及社会事务实施管理、协调、指导、监督和服务;（3）社区代表会议及其委员会，这是社区自治工作体系，承接政府剥离出来的部分社会事务，监督政府依法行政。在社区治理上，坚持各就各位，政府审批执法归政府，社会事务管理归社区社团，强

[1] 施云华等:《党组织在社区居民自治中作用的发挥》,《党政论坛》2015 年第 7 期。

化社区自治管理。[1] 以此梳理清党、政和自治组织的关系，优化社会治理，实现“小政府、大社区”。

2010 年 7 月，安徽铜陵市进行大动作，深化社区管理体制改革，裁撤街道。铜陵市先后撤销下辖的官山区和狮子山区的 10 个街道办事处，把原来的 61 个社区整合为 23 个社区，从原来的“市—区—街道—社区”四级管理调整为“市—区—社区”三级服务。原街道办事处相关的公共管理、服务、部分审核审批职能下放到社区。原街道人员下沉到社区，原街道管理成本变成社区服务管理经费，原街道工作用房调整改建为居民服务。这样，通过精简街道这一级管理部门，实现行政机构扁平化，优化了社区的财力和物力，使过度倾斜的权责关系有所平衡。这种改革探索被称为“铜陵模式”。[2]

由于我国各省市情况多样，改革应该因地制宜，进行多种形式的探索。但明晰基层自治组织的自治身份，理顺党组织、政府和自治组织的关系，进行权责平衡，是改革的主线。

第三节　基层协商民主的发展

我国基层民主在不断地发展。在基层群众自治制度中，群众通过选举，推选基层负责人，负责基层群众的日常事务，为群众服务。近年来，我国基层协商民主不断发展，成为基层群众自治政治制度的最新发展。党的十八大指出：“要健全基层党组织领导的充满活力的基层群众自治机制，以扩大有序参与、推进信息公开、加强议事协商、强化权力监督为重点，拓宽范围和途径，丰富内容和形式，保障人民享有更多更切实的民主权利。”这是未来发展基层群众自治的指导原则。

[1]　项继权、耿静：《我国城市街道体制改革的实践模式及未来走向》，《城市观察》2013 年第 6 期。

[2]　参见谢宝富：《铜陵模式：我国城市社区管理的有益探索》，《中国党政干部论坛》2013 年第 1 期。

一、协商民主的重要代表：浙江温岭的“民主恳谈会”

说起协商民主，一些学者会引证德国哲学家哈贝马斯的交往理论、协商伦理或者其他西方学者提出的民主理论。实际上，我国协商民主早就存在。政治协商会议就是协商民主的一种形式。简单地说，协商民主就是通过平等、公开、真诚、程序化的沟通协商，相互尊重各方利益，通过利益协调，形成一个各方都能接受的目标。

就基层民主来说，浙江温岭的“民主恳谈会”是重要代表。

2001年，浙江省温岭市温峤镇出了一件令镇领导烦恼的事。温岭市的青屿乡与江厦乡先后并入温峤镇。青屿中学的教学水平要低于江厦中学，因此，镇领导欲将青屿中学并入江厦中学。但是，这涉及到上千学生的住行，权衡之下，镇领导想到了“民主恳谈会”。“民主恳谈会”的现场出乎意料。群众反对学校合并，担心合并之后上学路远孩子不安全，还要增加住校开支。数百名来自青屿乡的群众群情激愤，有的人用摩托车头盔敲桌子。在听取了群众意见之后，温峤镇党委和政府当众决定，保留青屿中学，但政府不再追加投资；青屿中学的学生可以自愿加入江厦中学，并免去跨校费。群众当场掌声雷动，几位小伙子甚至激动地把手中的头盔抛向天空。当时一位会议参加者回忆，如果不是通过“民主恳谈会”听取群众意见，当场作出正确决定，当时的场面就会无法控制，群众也会上访。[1]

在会议中，群众与干部进行交流、沟通和协商，一方面尽量符合群众利益，另一方面也考虑政府的财政能力，最后修改原来的政策决定，作出符合群众利益的正确决定。这是一次具有听证会性质的“民主恳谈会”。浙江温岭的“民主恳谈会”是我国基层群众自治富有创造性的举措，产生了广泛影响。“民主恳谈会”代表了一种方向，基层群众自治的重心从“民主选举”转向“民主协商”和“决策参与”，大大突破了原来基层群众自治的内容和形式，有很多值得深思和总结的东西。

[1] 孔令泉：《浙江温岭：民主恳谈“激活”基层人大》，《法制与社会》2011年第1期。

“民主恳谈会”是来自基层自发的创新，其最初是为了有效地进行农村思想政治教育。随后不断发展，成为具有代表性的基层协商民主形式。

1999 年 6 月，浙江省在全省开展农业农村现代化教育活动。当时的温岭市松门镇对这次思想教育活动进行了一些形式上的创新,举办“农业农村现代化教育论坛”。从论坛的内容和目的来说，仍然是自上而下地进行政策宣传和教育。为了活跃气氛，论坛进行了一些创新，安排了群众发言的环节，形式类似记者招待会，由干部当面回答居民的各种提问，能解决的问题当面解决，不能解决的需要给出措施和最后解决期限。出乎预料的是,这激发了群众极大的热情。那次论坛有 100 多位居民自发前来参加，对大到投资环境、建设规划，小到邻里纠纷、液化气价格等提出问题。[1]

在这次论坛中，群众与干部之间进行互动，干部根据群众意见对相关问题进行研究、解决，这实际上是不自觉地体现了民主决策、民主管理和民主监督的原则，保障了群众的民主权利，因此激发了群众的极大热情。1999 年底，温岭市委推广松门镇的做法，各乡镇、村出现了“民情恳谈”“村民民主日”“农民讲台”等多种活动形式。后来，这些形式多样的民主对话活动统一更名为“民主恳谈”。在当地政府的推动下,“民主恳谈会”分别向村和市二级推进，从内容、形式和范围都不断深化。

最初,“民主恳谈会”只是为了对普通群众加强思想政治教育的一种形式。之后，它成为干部了解、沟通民意，形成科学决策的一种形式，同时也是加强执政能力的一种形式。现在，它正逐渐通过扩大有序参与、推进信息公开、加强议事协商、强化权力监督，发展为新的参与式决策性的基层协商民主。这表现在三个方面：

一是建立参与式公共决策机制。2002 年 11 月 6 日温岭市温峤镇就工业园区选址问题召开“民主恳谈会”。工业园区与被征用土地的村庄和农民的利益密切相关，需要谨慎从事。温峤镇召集市、镇人民代表、政协委员，各村书

[1] 周丽娜:《温岭的财富民主改革》,《中国新闻周刊》2008 年 3 月 10 日。

记、主任，镇土地管理所、规划所、工商所负责人及部分村民参加了听证会。由相关部门作了说明之后，就工业园区选址，各村代表把不同意见提出来，进行充分研讨。听证会后，镇政府相关部门的领导进行讨论，形成初步的意见，请镇人大主席主持召开镇人大主席团会议，决定是否将镇政府的意见提交人大代表表决。这样，通过沟通、协商、妥协达成决议。

二是对企业中劳资关系纠纷进行协商。温岭的新河镇在 2003 年诞生了中国第一个工资协商的范本，被称为民主恳谈延伸的成果。在此后 8 年时间里，新河镇长屿羊毛衫行业工会主席带领行业的 1.2 万名职工与企业老板坚持不懈地进行工资谈判，每年职工工资都有约 10% 的增长。此举惊动温家宝总理，推为全国经验。[1]

三是建立参与式公共预算机制。2005 年温岭泽国镇财政预算公共建设项目有 30 个，共需 1.3 亿元，而镇里只有预算资金 4000 万元。到底该上哪个项目难以统一。为此，镇领导决定召开“民主恳谈会”。首先，先用体彩摇号的乒乓球进行抽签选取民意代表。全镇 12 万多常住人口，每户一个号码，随机选出 275 名代表。这些代表被分成 16 个小组讨论，然后，各小组选派代表带着小组讨论所关注的问题和最集中的意见参加大会发言。接着再小组讨论，派出代表带着小组讨论的新的建议和问题参与第二次大会讨论。最后，实到的 259 名代表对 30 个项目进行投票。票决结果，12 个项目被拟定为 2005 年城建基本项目，总投资未突破 4000 万元，另外 10 个项目作为备选项目。泽国镇的这次试验成为对“参与式预算”的探索，引起海内外关注。[2]

二、从“民主选举”到“民主参与”

“民主恳谈会”代表了基层群众自治的发展方向，这就是基层民主的重心从“民主选举”向“民主协商”和“决策参与”发展。

民主，简而言之，就是人民主权，人民成为真正的主人，自己管理自己的

---

[1] 孔令泉：《浙江温岭：民主恳谈“激活”基层人大》，《法制与社会》2011 年第 1 期。

[2] 参见孔令泉：《浙江温岭：民主恳谈“激活“基层人大》，《法制与社会》2011 年第 1 期。

事情。因此，选举就成为民主的重要步骤之一。只有通过民主选举，选举出德才兼备的负责人,决策和管理才有可能符合群众的利益。现代西方一些民主理论甚至把选举提到至高无上的程度,认为只有通过选举选出来的政权才是合法的。但是，各种现实说明，选举毕竟只是民主程序中的一个重要步骤，它不能代表民主步骤的全部，更不能代表民主的实质，或者说，民主选举不等于人民当家作主。

美国民主被视为西方民主的代表，选举被推崇到极高的地步。美国的大选投票率是比较低的。在美国的选举中，投票率不足 60%。2012 年美国大选，大约 1.26 亿选民参加投票，投票率约 57.5%。2008 年总统选举时投票率约为 58%。实际上，这是个令美国民主难堪的老问题。据美国自由主义作家罗伯特・格林的《重建美国人的梦想》一书介绍，1962 年，为了提高投票率，约翰·肯尼迪发起敦促选民投票的运动。他取消许多投票限制，比如，取消识字测试、人头税，放宽居住资格限制，简化选民登记手续等。结果是令人失望的，不投票的人反而增多了。1960 年，约 37% 的适龄选民不参加投票，1976 年，这个数字达到 46%。由于投票率只能达到大约 60%，再加之两位总统竞选人竞争，实际上，从投票人数来说，每位当选的美国总统的票数从来没有达到过适龄选民总数的 50%。换个说法,如果说选举的意义就在于“人民授权”，那么，美国总统只能是“少数”人民授权。

为什么这些选民放弃自己的权利呢？当时有一种非常流行的观点认为,这是因为一些选民家境贫寒，文化水平低，民主意识差，不能真正行使自己的权利。但是，有美国学者为此搞了一次全国调查。结果发现，约有 1000 万放弃投票的选民，他们家境富裕，受到过良好的教育。更重要的是，他们都曾经参加过投票，只是后来才放弃投票。这只能有一种解释，选举对他们没有意义，他们对选举失望了。

就民主的本意而言，民主政治的实质是人民主权，多数人裁决。其关键就是人民要能够参与国家管理和决策。比如雅典民主，如果抛开奴隶和外邦人，就雅典公民而言，每个人都可以参加公民大会，都可以发表意见，都能够参与投票。在一些常设机构中，公民也可以通过抽签成为管理者。这时的民主是直接民主，公民享有真正的权力。但是，现代西方民主制度是代议制民主。先由选民选出自己的代表，由这些民意代表组成议会，再由议会推举出行政机构。这样，直接参与式民主变成间接的代议制民主。这是由于国家不断扩大，选民增多而造成的。但是，议院、议会、政党在另一个意义上也成为一堵墙，把普通人隔绝在国家事务之外。因此，在西方民主制度中，并不是人民主权，并不是人民参与国家管理，而是人民“选主”。人民的任务就是投票，投票之后，人民的政治权利就履行完了。至于国家事务，那就是领导人的事了。西方政治学称之为“人民授权”“统治要得到被统治者的同意”。当然，还有更抽象的政治哲学讨论，称之为“程序性民主”。总而言之，选举变成了一种形式、一种仪式。民主被腰斩，变成了“半民主”。

就这种“半民主”来说，不管权力如何制衡，国家事务是高层政治人物之间的事，普通老百姓参与不了。竞选者在竞选时拍胸脯、许承诺，但是，一旦上台，又常常搞另外一套政策，选民也只有干瞪眼。如果选民愤怒了，那也是下一次选举的事了。老百姓并不傻。西方民主已经成了一种授权仪式，成为没有实质内容的程序，这就是很多人放弃投票的原因。

我国的人民民主不同于美国的民主，是内容与形式的统一。我国基层群众自治的原则是民主选举、民主决策、民主管理和民主监督，以此实现人民当家作主。但是，在我国一些地方，这些原则并没有完全贯彻。人们的注意力往往集中在民主选举的程序，民主选举之后，民主决策、民主管理、民主监督的原则贯彻不够。这表现为群众不了解被选举人，或者对提名候选人没有发言权，选举之后，对各种社区事务缺乏发言权，选举就变成了形式，变成了一种程序，也出现了一定意义上的“半民主”问题。这样，一些群众自然对选举失去了兴趣。这里有群众的民主意识的问题，但也有机制本身存在的问题。

协商民主的发展，实际上就是在民主选举的基础上，通过公开、广泛、程序化地参与决策，实现民主决策、民主管理、民主监督，真正实现人民当家作主，实现完整的民主。

三、基层群众自治中的协商民主

我国城乡社区正在广泛地开展协商民主，不仅强调民主的程序，还注重民主的实质，注重群众真实的参政议政权利。

我国城乡基层自治组织，在一定意义上是一个把人民群众、社会组织、党、政府联系起来的中介。城乡居委会管理自己的事务，但是，在处理自己的事务时，往往会涉及居民、社会组织、所在区的企事业单位、党政部门等，因此也会涉及多方利益。因此，多方参与协商相互协调，就成为合理决策必不可少的因素。下面，我们看一个城市社区协商民主解决问题的案例。

“畅言堂”是上海市浦东新区洋泾街道泾西一村的一个居民自治性组织。它的办公地点就在泾西一村居委会二楼的老年多功能室，由18位退休老人组成。他们热心小区事务，经常与居委会基层党支部书记王桂英一起讨论小区里需要解决的事。这个组织纳民意、提意见、报方案，成为社区协商平台。“畅言堂”最有影响的一件工作就是小区美化工程。泾西一村建成于1984年，是老小区，基础设施破旧。下水管锈烂，每家每户自己向外拉出一根塑料管，极不美观。电线老化，私自拉线，经常跳闸，非常危险。“畅言堂”的老人们将这些意见带给王书记。王书记与“畅言堂”里的老人、居委会一起拟定包括电线纳管、厨房下水管统一外接等楼道美化方案，上报街道。由于街道经费有限，洋泾街道只能出80%的经费。“畅言堂”促动业委会和居委会讨论，居民们一致赞同出资20%。在“畅言堂”的促动协调下，美化工程开工并顺利完成。[1]

这是一个非常有代表性的协商民主案例，也是一个基层社会治理的案例。

第一，居民积极参与社区项目，参与并影响了决策过程。市政项目一般都

[1] 浦民：《畅言堂：说咱老百姓自己的事》，《中国社会报》2011年11月23日。

是由政府的市政相关部门由上向下推行。而这个小区美化项目，是由居民零散意见归纳而成，由“畅言堂”与基层党组织提意见，然后居委会、业委会、街道和市政部门就项目经费问题、项目增减问题进行协商。居民们参与了整个过程，充分使用了自己的民主权利。

第二，在这个项目中，多元主体协调互动。这些主体包括：作为党的部门的基层党组织；作为行政部门的市政部门和街道；作为社会自治组织的居委会、业委会和“畅言堂”。多元主体相互协调：基层党组织起到引领的作用；行政部门把各种意见转变为实施方案；自治组织则是在党政部门和群众之间作为桥梁，促进沟通。

第三，协商的平等性。在整个工程协商议事的过程中，虽然这些治理主体地位不同，但都有同样的参与权、发言权和参与决策的权利。

第四，协商程序是由下到上与由上到下有机结合。群众路线是我们党的优良传统，决策要汇集群众的意见和要求，然后形成决策，再回到群众中，征求群众意见。协商民主是在社会主义市场经济条件下党的群众路线的新形式。在小区治理过程中，先是“畅言堂”把群众意见收集、整理为提案，上报上级部门。上级街道根据具体情况，把自己的经费限制摆出来，与社区群众协商。群众经过讨论，统一承担 20% 的经费。决策过程经历一个由下到上，又由上到下，再由下到上的过程。这既满足了群众利益，又符合实际。

第五，协商过程规范有序。“畅言堂”作为协商平台，后来逐渐形成“规范的协商民主程序和机制：发现机制，即发现共治项目或者需要纳入共治的问题；议事机制，即对共治项目进行充分讨论协商，在利益相关方之中达成共识，并用一定形式把共识固化下来；反馈机制，通过信息公开，获取各方面的反馈信息；监督机制，即对共治项目进展进行跟踪和监督；评议机制，即公布共治项目解决情况，接受公众评价，委托居委会进行评估并出具评估报告”[1]。有了

[1] 参见辛方坤：《中国城市社区协商民主的有效路径研究：基于“百姓畅言堂”的案例》，《理论月刊》2014 年第 3 期。

相应的机制，保证了协商规范有序，政策信息公开，决策在阳光下运行。

协商民主的这些特征，保证了群众能够真正参政议政，履行自己的民主权利，维护自己的利益，促进社区和谐。

协商民主是在基层干部群众解决问题中形成的，是社会发展和实践的产物。在我国不同省市出现了各种形式的协商民主。除了我们前面所说的浙江温岭的“民主恳谈”，还有四川彭州的“社会协商对话会”、云南盐津的“参与式预算”、吉林安图的“民意裁决团”，另外还有诸如“居民说事”“协商议事”“居民论坛”“小巷访事”等数不胜数的具体形式。[1]

随着基层协商民主的探索和发展，群众的民主意识不断提高，参政议政的意识和能力不断提高，我国社会主义基层民主一定会发展到一个新水平，人民当家作主也会提升到一个新的水平。

[1] 参见陈家刚：《城乡社区协商民主重在制度实践》，《国家治理》2015年第34期。

第八章

人民永远是国家的真正主人

救亡图存、发展、复兴是近代以来中国历史的主题。为了实现这一目标，中国人民自强不息，艰苦奋斗，其中无数志士仁人甚至献出生命。这是一个中国抵御西方侵略的过程，也是中国追赶西方的进程。在这个波澜壮阔的历史时期，形成了我国人民当家作主的政治制度。这是一个动员型的政治体制，人民性、先进性和效率性“三位一体”。新世纪以来，中国人民正在为2020年全面建成小康社会而奋斗，为到新中国成立100年时建成富强民主文明和谐的社会主义现代化国家而奋斗。为了克服前进路上的各种艰巨的困难，我国需要不断完善政治制度，保证人民永远是国家的真正主人，保持政治体系的人民性、先进性和效率性。

第一节　中华民族伟大复兴道路上的挑战

新中国成立以来，经过中国人民的艰苦奋斗，中国已经从曾经的积贫积弱发展为世界第二大经济体。现在的中国比历史上任何时期都更接近中华民族伟大复兴的目标，比历史上任何时期都更有信心、有能力实现这个目标。但是，中国也面临着巨大的挑战。这些挑战既有国内发展的瓶颈，也有资本主义世界体系的本质特征，还有资本主义长周期危机带来的深刻的不确定性。

一、中国发展的瓶颈

在约束我国进一步发展的瓶颈中，最主要的有以下四点：

第一，劳而不富，制造业低附加值。

工业产品的附加值是指在产品的设计、制造、流通、营销等环节中创造的超过原材料的价值增加值。按照通常的说法，智力因素如技术、创意、营销等会创造高附加值，会获得高利润，简单劳动则创造低附加值，获得的利润也较少。在经济全球化背景下，一个经济体参与国际分工的方式，决定了它在产业链所处的地位。

我国的外向型经济是由“三来一补”的加工贸易发展壮大而来。这些以加工贸易为主体的制造业主要是发挥劳动力价格优势，处于产业链的底端，附加值低。这些产品被叫做“贴牌产品”。中国最著名的低附加值产品就是芭比娃娃。按照美国商务部公布的数据，我国企业制造芭比娃娃的价值是 1 美元，最后在美国的沃尔玛卖出去的价格是 9.99 美元。从一开始制造到终端的零售整个价值的创造是接近 10 美元，可是中国制造业只创造了 1 美元的价值。其他 9 美元的价值来自产品设计、原料采购、仓储运输、定单处理、批发以及零售，整条大物流的产业链，这些基本上都操控在外国跨国公司的手中。[1] 实际上，我国厂家生产芭比娃娃赚的只是加工费。

现在，机电产品和新型科技产品已经成为我国加工贸易的主要产品。但是，在新的科技产品中，我国大多数厂家仍然处于价值链的低端。以国际分工体系最为活跃的电子产品生产为例，生产高附加值芯片、软件的美国获得了全世界电子行业 60% 左右的利润，生产关键性电子器件的日本、韩国等国家获得了世界电子行业 20% 左右的利润，而中国等发展中国家，从事一般部件生产及装配工作，只能获得利润的 10% 左右。[2] 劳动力低附加值成为我国劳动者

---

[1] 郎咸平:《芭比娃娃见证中国制造业的险恶地位》,《IT 时代周刊》2009 年第 12 期。

[2] 陈朴:《加工贸易比重过大对我国高新技术产业发展的影响及应对探讨》,《南方经济》2004 年第 6 期。

劳而不富的一个重要原因。

第二，技术自主创新能力弱。

与劳动力低附加值相联系的就是技术自主创新力弱化。在市场经济条件下，发挥相对优势参与竞争，往往是企业最自然的选择。但是，由于我国是凭借廉价劳动力这一相对优势，承接国际制造业产业转移，沿海外向型工业体基本上以加工制造业为主。这些工业企业缺乏自主技术，缺乏技术创新能力。

从今天来看，我国工业科技发展中存在的一个误区，就是希望通过各种办法，让别人把它的“核心”通过产业转移给我们。我国引进外资，建立中外合资企业，希望借助外资来提升我国的工业技术水平。这就是“以市场换技术”，在外资与我国企业的合作过程中，我国让出一定的市场份额，让外资获得利润，而在这个过程中，外资要转让一定的技术。但是，国际垄断资本具有垄断性和掠夺性，它既追求利润，更追求垄断，从而获得超额垄断利润。国际垄断资本进入我国，总是追求垄断，消除中国相关产业的可持续发展能力，消灭未来的竞争者。因此，外资在我国必然向我国相关的企业渗透，控制相关企业，使其失去未来发展的潜力，或者让它消失，或者通过技术、品牌、销售渠道的控制将其挤压在低端。

以“市场换技术”最终的结果就是市场丢了，技术也得不到，甚至失去了研发能力。这种尝试最有代表性的行业就是汽车产业。但是，我国一些产业只能跟在发达国家后面，亦步亦趋，被发达国家压制在产业链的中低端，陷入“买技术—落后—再买技术—再落后”的怪圈。

第三，外需依赖过大。

我国的贸易依赖度是世界上最高的国家之一。衡量一个经济体的对外依赖程度，一般是用外贸依存度和外需依存度。外贸依存度是进出口总额占 GDP 的百分比。2002 年，我国出口总额占 GDP 的 22.4%，2006 年则达到 36.9%。2002 年，我国贸易依存度为 42.7%，2006 年则迅速攀升到 67%，2012 年，出口额占 GDP 的 25%，贸易依存度为 47%。日本是贸易立国的外向型经济国家，

2002年，它的贸易依存度约19%，2008年约为28%。我国的贸易依存度远远高于日本。

进出口形成的顺差与GDP的百分比就是外需依存度，我国2002年外需依存度是2.1%，2006则达到6.8%，除德国外，我国是外需依存度最高的主要大国。[1]

外需依赖度过大，一旦国际经济有所波动，就会影响我国出口，从而对我国经济产生冲击。2007年，美国次贷危机迅速升级为金融危机，随之对世界经济产生冲击。我国沿海外向型经济也随之受到巨大冲击。

外需依存度增加的另一面就是国内消费不足。我国消费在GDP所占比重偏低，这已经是一个众所周知的事实。我国消费在GDP中所占的比例一般在50%—60%，国外消费在GDP中所占比例为70%—80%，发达国家达到85%。我国个人消费在GDP总额中的比例约为35%，是主要大国中最低的。亚洲新兴经济体约为55%，欧洲国家则普遍高于60%。而消费不足的背后，则是我国经济内部的失衡，收入两极分化，东西部发展不平衡，城市与农村之间的差别在扩大。

第四，生态资源约束。

社会主义工业化是我国现代化的核心和基础。工业内部产业结构也有自己的发展规律，一般是由轻纺工业占优势向重化工业占优势、由重化工占优势向技术密集型产业占优势的演进。而从产业结构的演进趋势分析，我国现在进入了重化工时代。对于我国这样一个工业经济大国，重化工业的大发展具有重要的战略意义，没有它，大国战略则无以实施。重化工业主要以矿物资源为生产原料。同时，伴随着工业化，我国城市化迅速发展。根据国家统计局公布的数字，2012年，我国总人口135404万，城镇人口71182万，占总人口的52.57%。

[1] ［日］野口悠纪雄：《日本的反省：依赖美国的罪与罚》，贾成中、黄金峰译，东方出版社2010年版，第21—22页。另外，2012年数字是根据中国统计年鉴2013计算的。

由于高速发展的工业化和城市化，我国资源消耗快速增长，资源短缺也成为制约中国工业化的瓶颈。以工业的“血液”石油为例。2013年，根据英国石油公司《BP世界能源统计2013》发布的数据，2002年，我国日均生产原油3351千桶[1]，消耗5265千桶。石油对外依赖度达到36%。而2012年，我国日均生产原油4155千桶，比2011年增长2%，占世界原油生产总量的5%。而我国日均消耗原油10221千桶，比2011年增长5%，占全球石油消耗的11.7%。我国石油对外依赖度达到59%。[2]而截止到2012年，我国已探明的储量只占世界原油储量的1%。我国石油储量少，生产量相对较低，增速慢，而消耗巨大，增速快。我国石油生产与消费的缺口在不断扩大。

另外，我国也面临着严峻的生态问题，最具代表性的就是雾霾。从2013年起，在东北、华北、华东、华南等我国工业经济最发达的地区，雾霾频发，雾霾天气最长的达到10至15天，雾霾敲响了生态警钟。

二、资本主义世界体系两极特征的挑战

中国正在与西方展开竞赛，全力追赶西方，并可能在某个历史时刻超越西方。但是，人们往往低估这个超越所面临的艰巨挑战和所要付出的努力。

1900年，八国联军侵华，八个国家分别是英、法、德、美、日、俄、意、奥。这是当年的老牌帝国主义国家。100多年后，国际上有个“八国峰会”，被称为“发达国家俱乐部”。它们是八大工业国，包括：美国、英国、法国、德国、意大利、加拿大、日本、俄罗斯。除了奥匈帝国在第一次世界大战后解体，由加拿大代替，其他七国没有变化。早在20世纪初，就有一些国家致力于现代化。二战以后，独立后的发展中国家形成现代化浪潮。但是，绝大多数国家发展到一定程度，就停滞不前，难以跨越发展中国家和发达国家之间这道

[1] 桶是英美惯用的按体积统计的方法，中国用吨来表示，简略地换算，1吨约等于7桶。

[2] 《BP世界能源统计2013》，第8—9页，bp.com/statisticalreview，BP Statistical Review of World Energy June 2013。

门槛。这被称为“中等收入陷阱”。

如果从单个的发展中国家的发展历程来看，会找到各种各样的教训。但是，如果要更深刻地理解这个现象，更深刻地理解中国所面临的挑战，就必须从资本主义世界体系这个整体来看。

当今世界是一个随着西方资本主义的兴起和不断扩张而形成的以资本积累为中心和动力的历史体系，这是思考国家发展战略时绝对不能缺少的背景。资本主义世界体系有其内在规则和结构，这种结构有两个层面：一个层面是由国际专业分工形成的中心地区与边缘地区的空间等级体系。中心地区的生产技术含量高，资本密集，劳动者工资水平高。边缘地区的生产技术含量低，是劳动密集和低工资地区。另一个层面是民族国家体系，在这些民族国家中存在着霸权国家，荷兰、英国、美国就是资本主义世界体系中三个相继兴起的霸权国家。霸权国家与分工结构相对应，处于世界体系的中心地位，它们利用技术垄断、金融垄断、对世界资源的控制、军事力量和意识形态等各种手段维护自己的中心地位。

在资本主义世界体系中，边缘国家围绕着中心国家的需要进行专业化生产，形成外向型经济，向中心国家提供农产品、资源或是工业品。这些出口部门在国民经济中占有极大比重，而且往往是生产效率很高的部门，也正是由于这个原因，中心国家与边缘国家的产品交换本质上是一种不平等交换。这是因为，中心国家推动资本、市场国际化，而生产要素中的劳动力却是无法在国际范围内流动的，这样，边缘国家的劳动力价格被压得极低。但是，就边缘国家参与国际分工的工业部门来说，其生产率水平并不比中心国家低。把中心国家的内部交换与中心国家和边缘国家间的交换相比较，从马克思主义的劳动价值理论来看，同样的劳动，边缘国家只从中心国家交换到了极少的工业品。换一种说法，边缘国家受到了中心国家的残酷剥削，大量劳动剩余流向中心地区。再加上中心国家对金融和技术的垄断，更加重了这种剥削。

更严重的是，不平等交换使边缘国家形成了依附性的社会结构，丧失真正的发展能力。由于劳动力价格极低,同时边缘国家创造的财富又源源不断地流向中心国家，在一定阶段，社会必然会出现两极分化:一方面是劳动者只能维持极低的生活水平,而且还有大量处于赤贫状态的无业者。另一方面是极端富有的少数人,这些人往往是从外向型发展中获利的群体。这种社会的两极分化导致了边缘国家国内市场的崩溃。一方面，大多数人处于贫困状态，没有消费能力。与此相反，少数富人极端富有，他们的消费往往是奢侈性消费，消费的标准是西方的高消费，消费的目标是西方的奢侈品。稀缺的社会财富不是进行投资，而是流向了中心国家。这样，在这些国家中，国内市场难以形成，与此相应，它们的国民经济体系也无法真正形成、发展。这样的经济结构是一种依附性结构，缺乏自主发展的能力，只能围绕着中心国家的需要而布局，附属于西方中心国家。而一旦中心国家出现经济危机或产业结构调整,这种经济就会受到致命打击。在这样的经济结构中,边缘国家经济发展的机遇往往来源于“运气”，也就是依赖中心国家如何调整自己的产业，如何在边缘国家分配自己的产业链。

由于没有自己独立的、自主的技术开发体系，没有独立的、自主发展的国民经济体系，边缘国家的资金、技术就无法在自己的经济体系中积累、发展，只能依赖于西方的资金、技术，这只能造成更加不平等的交换，造成更严重的依赖性。这些国家往往面临着自然资源被掠夺式开采、社会两极分化、区域之间严重失衡、社会矛盾加深、社会动荡等诸多问题。边缘国家就在这种依附性的恶性循环中不断地沉沦。因此，这些边缘国家不是“未发展国家”，而是一种畸形发展的国家，是失去未来的国家。

中心与边缘的两极化是资本主义世界体系的本质特征，繁荣富裕的只是少数中心国家，而大多数国家处于边缘、处于被剥削的贫困地位。通过依附性的方式获得发展的想法只是幻想而已，一百年历史的发展也证实了这一点。在这种两极化的结构性特征中，一个国家的技术水平，是处于国际经济分工的底层还是高端，是自我创新不断提升还是依赖于他人亦步亦趋，决定着这个国家处于世界体系中心还是边缘，决定着这个国家的未来发展是上升还是沉沦。

在未来的发展中，中国如何增进科技创新能力，如何促进产业升级，如何提升在国际产业分工中的位置，这是中国面临的挑战。为了应对挑战，中国要进行深刻的政治、经济、文化、社会改革。还有一点必须强调，在这个过程中，中国实际上将挑战中心大国的地位，激烈的竞争将会全方位展开。

三、长周期危机下的国际经济政治深刻调整

2007 年，美国“次贷危机”席卷美国、欧盟和日本等世界主要金融市场，引发全球金融风暴，资本主义经济体系陷入经济危机，到现在已经将近 10 年。

很多经济学家认为，这次国际经济危机不是普通的危机，极有可能是资本主义长周期危机。这种长周期以 60—80 年为周期。到了周期末期，会爆发大危机。20 世纪 30 年代经济大危机就是这种危机。一旦确实如此，国际经济政治将充满不确定性。

资本主义经济体系存在着不可克服的内在矛盾，即生产总是大于消费，这种矛盾积累到一定程度，商品价值就无法实现，资本积累中断，最终爆发经济危机。在资本主义框架内，解决危机的最主要办法就是给资本寻找新空间，为过剩商品寻找新的市场。

二战以后，西方形成了以美国霸权为中心的资本主义世界体系。西方国家广泛实行凯恩斯主义，加强对资本的管制，通过财政或货币政策刺激消费，缓解生产与消费的矛盾。但是，在 20 世纪 70 年代，资本主义经济危机以“滞胀”的形式出现，西方资本主义陷入了整体性危机。面对新的经济危机，“资本的应对之策是集中和全球化扩张的双重运动”。[1] 所谓集中，就是在发达资本主义内部，随着科技研发的投入巨大，大的垄断集团之间竞争会造成两败俱伤，为了避免竞争，大的垄断集团之间开始交叉投资、相互持股、并购和结盟。这样，大的垄断集团根据各自的技术优势相互合作，共同垄断市场，按照

---

[1] ［埃及］萨米尔·阿明：《理解世界金融危机的本质》，《国外理论动态》2010 年第 2 期。

各自的实力分割市场利润。所谓全球化，就是国际垄断集团根据不同国家工资成本差别、技术水平差别，在全球配置产业链。这种全球战略“在世界范围内统一产品规格，将每个分公司都变成专门生产制成品的某个个别组成部分的单位”。[1] 这也是国际资本追求全球垄断的过程。

在这个过程中，以美国为首的发达国家借助国际货币基金组织，在全球推行以国际资本利益为中心的新自由主义。简单地说，新自由主义的具体措施就是自由化、市场化和私有化，也被称为“华盛顿共识”。最初，它是国际货币基金组织在处理拉美国家“债务危机”中提出来的。为了还债，国际货币基金组织提出，这些国家要根据相对优势建立外向型产业向美元经济区出口（实际上是出口原材料）换取美元；通过引进外资进行国有企业私有化，筹措硬通货，消除财政赤字；压低福利，紧缩财政，缩减政府职能；建立资本市场，使资本自由流动。实质上，这些政策不是从债务国的利益出发，而是从美欧国际资本的利益出发来调整“债务国”的经济结构。它能够让国际资本渗透和控制该国经济，能够让西方跨国公司廉价购买该国国内资产，甚至包括公共设施，而且能够不受阻碍地回到本国，还能够让“债务国”偿还债务，让西方工业得到急需的廉价原材料。这样，债务国的经济结构被整合到以美国为中心的经济秩序中，为美国设定的经济分工服务。

同时，这次全球化过程是金融主导下的全球化。金融全球化本来是为产业资本服务的，但是，最后金融却逐渐摆脱了中介地位，开始主导产业资本，形成了当今以金融为主导的国际资本积累方式。[2]

首先，在资本集中的并购、互相持股等过程中，需要大量的资金支持。在资本全球化的过程中，布雷顿森林体系已经解体，许多国家从固定汇率制向浮动汇率制转变。汇率的不确定性给国际生产和贸易造成巨大影响。通过金融衍

[1] ［法］雅克·阿达：《经济全球化》，何竟，周晓幸译，中央编译出版社 2000 年版，第 107 页。

[2] ［法］弗朗索瓦·沙奈：《资本全球化》，齐建华译，中央编译出版社 2001 年版，第 266 页。

生品套期保值就成为一种必然选择。但是,本来为了减轻风险而设计的金融衍生品却转变为金融投机的工具，产生了更大的风险。其次，以美国为首的西方国家，在经济危机时期总要实行扩张性的财政和金融政策，随着政府债务的不断增加，政府赤字也越来越大，必须在国际范围内吸引投资者来持有其国债，因此，政府不断开放国债市场，进而实行资产证券化，保持资本市场的充分流动性。最后，非常重要的一点是，西方国家国内积累了大量的剩余资本，形成了势力强大的金融主体，如英美的养老基金和集体投资基金等，它们要在世界范围内分享劳动创造的财富。这是一种寄生性金融资本。雄厚的剩余资本，开放的金融市场，不同资本市场的融合，使传统的银行地位下降，产生各种金融投资机构。它们可以为大公司提供融资,也可以直接投资金融市场。金融资本开始主宰产业资本，形成了当今以金融为主导的国际资本主义积累的新方式。

新自由主义全球化带来的是全球性的两极分化。在推行新自由主义的国家，最初，随着西方资本进入会带来一定时期的经济繁荣，但随着劳动剩余流向西方，流向少数人，经济、社会就会陷入危机之中。这样，生产和消费失衡的矛盾被从西方国家转移到全球资本主义体系中，并不断积累，最终出现资本主义世界体系的整体性危机。

这种整体性标志之一是在2007年之前爆发的数次金融危机都发生在美国之外的局部地区，而2007年这次金融危机风暴的中心就在美国。美联储超常规进行量化宽松，为经济注入流动性，同时也是转嫁危机。危机迅速波及全球，欧盟一些国家相继爆发“欧债危机”，日本经济低迷。2016年年初，美联储认为美国经济向好，停止量化宽松，开始提高利率，又立即引起很多国家经济动荡，尤其是以巴西为代表的新兴经济体，受到了极大冲击。标志之二是出现了全球性的抗议活动，不仅是阿拉伯国家发生抗议活动，前东欧地区、西班牙、希腊、法国等国都发生了大规模的抗议示威，英国甚至发生骚乱，而美国也发生了民众“占领华尔街”的抗议活动。在北非、中东地区，骚乱引发政府垮台，利比亚、叙利亚等国家陷入战乱状态，沙特和也门发生战争。

总体看来，资本主义世界体系还处于危机之中。深刻的经济危机必然引起政治危机和社会危机，在全球范围，会出现不同形式的紧张状态，出现各种不确定性。我国任何的发展目标，都必须面对这种严峻的挑战。

第二节　坚持党的领导，保持党的先进性

我国人民民主政治制度起源于革命战争年代。它以人民当家作主为目标，动员广大人民群众参加革命，打败了强大的敌人。这种动员型的政治体制，在赶超西方的历史进程中，仍然承担着动员人民群众的功能，并且必须保持先进性，这样才能把动员起来的力量投入到中华民族复兴的伟大进程中，战胜前进路上的一切困难。因此，必须坚持党的领导地位，必须保持党的先进性。

一、中国共产党始终是中国特色社会主义的坚强领导核心

坚持“党的领导”“人民当家作主”和“依法治国”三者统一，是党的十一届三中全会以后中国进行政治体制改革以来坚持的基本原则。只有坚持党的领导，才能真正保证人民当家作主。

第一，坚持党的领导，是由党的性质决定的。

中国共产党是中国工人阶级的先锋队，同时也是中国人民和中华民族的先锋队。马克思主义认为，随着资本主义大工业的不断发展，无产阶级登上历史舞台并不断发展壮大。资本主义不可克服的矛盾决定它必然灭亡。资产阶级因为自身的既得利益，它不可能去解决这种矛盾。只有无产阶级，由于自身的被压迫地位，它会打破旧的生产关系，建立新的生产关系，为生产力的发展打开通道。所以，无产阶级代表着先进生产力，无产阶级在解放自身时，也解放其他被压迫者。

1949 年 6 月 30 日，毛泽东在《论人民民主专政》中明确指出:“人民是什么？在中国，在现阶段，是工人阶级，农民阶级，城市小资产阶级和民族资产阶级。这些阶级在工人阶级和共产党的领导之下，团结起来，组成自己的国家，选举自己的政府，向着帝国主义的走狗即地主阶级和官僚资产阶级以及代表这些阶级的国民党反动派及其帮凶们实行专政，实行独裁，压迫这些人，只许他们规规矩矩，不许他们乱说乱动。”[1]

1840 年以来，中国逐渐沦为半殖民地半封建社会。在沿海地区，出现了民族工商业，中国无产阶级登上历史舞台。在当时的半殖民地半封建社会中，存在着如下阶级:封建地主阶级、农民阶级、民族资产阶级、工人阶级、城市小资产阶级、官僚资产阶级、作为帝国主义代理人的买办阶级。中国要摆脱半殖民地半封建地位，就必须打倒帝国主义、封建主义和官僚资本的统治。在这些阶级中，地主阶级和农民阶级是与落后的生产关系相联系的阶级。地主阶级就是封建主义的支柱，是落后保守的阶级，是要被打倒的阶级。农民阶级有革命要求，但受限于狭隘的小农视野，是革命的联盟对象，但自身不能成为领导阶级。民族资产阶级、城市小资产阶级生存在封建主义、官僚资本主义、帝国主义的夹缝中，他们对后者有革命要求，但力量薄弱，又有妥协性，不能成为坚定的领导阶级。买办阶级是帝国主义在中国的代理人，是最反动的阶级。而无产阶级虽然弱小，但却是随着现代大工业产生，有着开阔的历史视野，是革命最坚决的阶级。

因此，只有无产阶级能够成为中国革命的领导阶级，能代表其他被压迫阶级的利益。也只有作为无产阶级先锋队的中国共产党，才能成为中国革命的领导力量，成为中国现代化的领导力量。

第二，坚持党的领导，是由历史决定的。中国共产党的领导地位不是自封的，而是来自它的历史贡献，来自于它承担历史使命的能力。

这里，先引一则真实的历史记载:

[1] 《毛泽东选集》第四卷，人民出版社 1991 年版，第 1475 页。

> “战败后，许多人的信心似乎渐次消失。张伯勉到四明银行接洽公务，便说政府改组，最好请毛泽东做行政院长，朱德做军部部长，他们的办法要多些。彦远、介松在旁边，也附和此说。这分明是自信心已经动摇了。战败不足怕。自信心动摇了，才是真正可怕。”[1]

陈克文是国民党行政院参事，是国民党最高行政机关的官员。这是《陈克文日记》中1937年12月23日的日记。抗日战争爆发后，中国军队丧失大片国土。作者所记载的是同事办理公务时在公开场合的议论。

在中国历史上，中国受到的冲击都是来自北方游牧民族。这些民族善于骑射，军事力量强大，但生产关系和文化落后。而1840年以来，中国受到西方资本主义的冲击。中国不仅军事落后，而且经济、文化也落后。在1900年左右，资本主义掀起了瓜分世界的狂潮，中国出现亡国灭种的危机。辛亥革命后，中国内部陷入军阀混战，外部列强虎视眈眈。1937年“七七事变”爆发，日本开始全面侵华。中华民族陷入空前的生存危机。

国民党行政院的官员要求毛泽东、朱德来国民党政府主政，自然是激愤之语。但是，这也在一定程度上说明了一个道理。在民族危亡之时，谁能领导中国人民走出危亡困境，人民就拥护谁，反之，人民就抛弃谁。广而言之，中国近现代以来的历史主题就是救亡、发展和复兴。谁能承担这个历史任务，就会走到历史舞台的中心，成为领导者。因为这是历史的选择，人民的选择。

中国共产党承担起了这个历史使命，领导中国人民解决了民族危亡问题，并致力于发展建设，成就巨大。

第三，坚持党的领导，是由中国共产党的能力决定的。中国人民正在努力实现百年“中国梦”，只有坚持中国共产党的领导，才能完成这一伟大而艰巨的任务。

现在，国内不时有一些对中国共产党执政能力的质疑之声。也许是“不识

[1] 陈方正：《陈克文日记1937—1952》（上），社会科学文献出版社2014年版，第147页。

庐山真面目，只缘身在此山中”，反而一些外国学者对中国共产党的执政能力表示认同并怀有极大兴趣。

中国人民大学马克思主义学院的秦宣教授曾经讲过一个令人印象深刻的故事。他和一些中国学者到加拿大与该国学者进行交流。对方要求不要讲别的，理论材料他们都可以找到。他们要求讲一讲中国共产党，讲一讲中国共产党的内部组织结构和制度。他们的问题是，为什么一个已经有 90 年历史的党，历经革命、苏联社会主义模式、改革开放，仍能保持生命力，能取得这么大的成就呢?

这不是一个个案。近年来，美国知识界开始注意到，中国共产党政治体制有一套完整的干部培训制度，中国共产党对官员能力的培养机制特别发达，比如，有各级党校、行政学院定期对官员进行培训，但美国却没有，所以美国的地方官员、国会、州议员在预算、社会治理上都显得很糟糕。[1]

西方学者的这些问题和关注点，让我们看到了我们过去所存在的一些盲点。政党在现代社会生活中发挥着重要作用，但是，并不是每个政党都有合格的执政能力。而在这一点上，中国共产党有它的独特优势。中国共产党有它的培养机制，无数优秀的青年人进入中国共产党。中国共产党有内部培训机制，使党员干部能跟得上时代步伐。中国共产党有自己的选拔机制和监督机制，德才兼备者能获得良好的发展。同时，还要看到，中国共产党从革命党到执政党，经历了艰苦卓绝的斗争，经历过错综复杂的考验，面对过变幻莫测的国际风云，积累了丰富的执政经验。当然，中国共产党也存在这样或那样的问题，也犯错误，甚至是严重错误。但是，中国共产党有强大的纠错能力，能够从错误中找出主客观原因，总结经验，完善自身，不断壮大自己。

就现在的实际情况来说，人们很容易找到中国共产党的问题，但是，人们却找不到和中国共产党有同样执政能力的政党。

---

[1] 《5 位外国学者：中共是世界的某种政治标杆》，2011 年 6 月 13 日，环球网，http://opinion.huanqiu.com/1152/2011-06/1752235_2.html。

二、加强党的建设，保持党的先进性

中国共产党是无产阶级的先锋队，这是其先进性的根源。先进性并不是一劳永逸的，也有可能蜕化。现实的社会主义革命都发生在资本主义没有充分发展的国家，这种情况就决定了社会财富相对匮乏，还要进一步发展生产力。在财富相对匮乏的情况下，权力就成为获得财富的最重要手段。我国是一个有着几千年历史的国家，升官发财的思想根深蒂固。在中国共产党的队伍中，腐朽堕落者时有出现，有时甚至是党的高级干部。可以说，中国共产党的先进性时刻面临着挑战。加强党的组织建设，保持党的先进性，是保证人民真正当家作主，实现中华民族伟大复兴的关键环节。

第一，建立学习型政党，保持党的理想信念。习近平总书记指出："理想信念是共产党人的精神之'钙'，必须加强思想政治建设，解决好世界观、人生观、价值观这个'总开关'问题。"[1]坚定的立场和正确的选择都必须以正确的价值观为前提，而正确的价值观又必须以正确的历史观为前提。任何带有世界观性质的哲学都要回答以下几个问题：我们从哪里来？向哪里去？应该做什么？"我们从哪里来"追问的是人类的历史，"我们向哪里去"追问的是人类的未来。在明确历史潮流方向之后，才能真正回答"我们应该做什么"。也就是说，在有了明确的历史观之后，才会有明确的价值观，才能真正理解我们为什么要这样做，才会有坚定的立场、正确的抉择。

马克思主义为当今时代提供了科学的历史观。马克思和恩格斯建立了唯物史观，他们从人类社会特定形态的内在矛盾，即生产力与生产关系、经济基础与上层建筑的辩证运动出发，揭示了人类社会历史发展的规律。尤其是通过对资本主义生产方式的深入思考，揭示了资本主义由于其不可克服的内在矛盾必然灭亡，社会主义必然胜利的历史趋势。唯物史观的科学力量转化为巨大的感召力，使无数人为了实现共产主义而努力奋斗。而中国的仁人志士也正是通过

---

[1] 习近平：《理想信念是共产党人的精神之"钙"》，新华网，2014年1月20日，http://news.xinhuanet.com/politics/2014-01/20/c_119051416.htm。

马克思主义才认识了历史发展的规律和趋势,找到了救亡图存的道路。无数先烈宁肯牺牲生命也不放弃共产主义理想信念,这就是马克思主义科学真理的力量,是科学的唯物史观的力量。马克思主义不仅强调经典著作,更强调经济社会发展的现实趋势,并在研究现实的基础上发展马克思主义。

因此,中国共产党必须建立相应的机制,建设学习型政党。这种学习型政党不是简单地等同于定期培训,而是在一定机制的激励下,党员能够自发学习。在这种学习中,党员要具有主动性,能主动针对问题学习。在这种学习中,党员不是在某一个时期学习,而是不断学习,终身学习。只有在这种学习型政党中,党员才能不断认真学习马克思主义基本理论,阅读经典著作,了解最新的经济社会发展动态,从而正确认识、深刻理解历史发展的规律和趋势,深刻理解中国的发展道路和各种现实问题,保持坚定的立场。

第二,保持党的人民性,将群众路线制度化。群众路线是我们党的生命线和根本工作路线。中国共产党是中国人民的先锋队,也是中华民族的先锋队,与人民群众的血肉联系,是党的力量之源。

党的群众路线包含两层含义:第一层含义,要把群众的利益作为出发点。毛泽东指出:“共产党员在政府工作中,应该是十分廉洁、不用私人、多做工作、少取报酬的模范。共产党员在民众运动中,应该是民众的朋友,而不是民众的上司,是诲人不倦的教师,而不是官僚主义的政客。共产党员无论何时何地都不应以个人利益放在第一位,而应以个人利益服从于民族的和人民群众的利益。”[1] 第二层含义,是在工作方法上。毛泽东对此有经典的表述:“在我党的一切实际工作中,凡属正确的领导,必须是从群众中来,到群众中去。这就是说,将群众的意见(分散的无系统的意见)集中起来(经过研究,化为集中的系统的意见),又到群众中去作宣传解释,化为群众的意见,使群众坚持下去,见之于行动,并在群众行动中考验这些意见是否正确。然后再从群众中集中起来,再到群众中坚持下去。如此无限循环,一次比一次地更正确、

[1] 《毛泽东选集》第二卷,人民出版社 1991 年版,第 522 页。

更生动、更丰富。这就是马克思主义的认识论。”[1]

保持党的人民性，克服官僚主义，拒腐防变，就要坚持群众路线，把群众路线制度化。这种制度化可以在两个方面推进。一个途径就是健全加强人民群众的监督机制:在选拔任用党政干部时要加强民意监督，民意测验作为否决依据；领导干部个人收入公示和职业行为群众监督；加强人民代表与群众的联系制度;建立和健全群众监督的反馈制度。具名举报的，主管部门应将查处情况及时反馈给举报者本人，匿名举报的，要通过大众传媒向社会公布查处情况，做到件件有落实，事事有回音;建立和健全群众监督的激励和保障制度。对于那些勇于监督，并作出较大贡献的人予以表彰、奖励，并予以保护。[2]另一个途径就是要完善党员干部特别是领导干部直接联系群众制度:包括领导干部基层联系点制度、调查研究制度、定期接待群众来访和下访制度、基层办公制度等，拓展和畅通群众诉求反映渠道，完善党和政府主导的维护群众权益机制。

第三，全面从严治党，建立反腐败长效机制。习近平总书记在第十八届中央纪律检查委员会第二次全体会议上的讲话中指出："坚定不移惩治腐败，是我们党有力量的表现,也是全党同志和广大群众的共同愿望。我们党严肃查处一些党员干部包括高级干部严重违纪问题的坚强决心和鲜明态度，向全党全社会表明，我们所说的不论什么人，不论其职务多高，只要触犯了党纪国法，都要受到严肃追究和严厉惩处，决不是一句空话。”[3]

我国正在进行举世瞩目的反腐肃贪。其规模之大，影响之深，出乎很多人的预料。如此规模空前的反腐，是否能够持续，是否会搞成一个短期运动呢?习近平同志指出："要继续全面加强惩治和预防腐败体系建设，加强反腐倡廉教育和廉政文化建设，健全权力运行制约和监督体系，加强反腐败国家立法，

[1] 《毛泽东选集》第三卷，人民出版社1991年版，第899页。

[2] 参见胡松、方茁:《论当前廉政建设中的群众监督机制》,《中国社会主义学院学报》2004年第4期。

[3] 习近平:《把权力关进制度的笼子里》,人民网—中国共产党新闻网,2015年7月21日，http://cpc.people.com.cn/xuexi/n/2015/0721/c397563-27338646.html。

加强反腐倡廉党内法规制度建设，深化腐败问题多发领域和环节的改革，确保国家机关按照法定权限和程序行使权力。要加强对权力运行的制约和监督，把权力关进制度的笼子里，形成不敢腐的惩戒机制、不能腐的防范机制、不易腐的保障机制。”[1]

2013年11月16日，习近平同志在《中共中央关于全面深化改革若干重大问题的决定》所作的说明中指出："全会决定对加强反腐败体制机制创新和制度保障进行了重点部署。主要是加强党对党风廉政建设和反腐败工作统一领导，明确党委负主体责任、纪委负监督责任，制定实施切实可行的责任追究制度;健全反腐败领导体制和工作机制，改革和完善各级反腐败协调小组职能，规定查办腐败案件以上级纪委领导为主;体现强化上级纪委对下级纪委的领导，规定线索处置和案件查办在向同级党委报告的同时必须向上级纪委报告;全面落实中央纪委向中央一级党和国家机关派驻纪检机构，改进中央和省区市巡视制度，做到对地方、部门、企事业单位全覆盖。”[2]

2015年10月12日，中共中央政治局召开会议审议通过了《中国共产党廉洁自律准则》和《中国共产党纪律处分条例》。两部党内法规的修订为党员树立了严明的纪律准则，为依法治党建立了坚实的基础，为实现全面从严治党提供了切实可行的途径和手段。

三、共产党蜕化失去领导权的历史教训

如果不能严格党风党纪，一个党就会逐渐脱离群众，走向官僚主义，成为特权阶层，成为贪污腐化分子，那么，这个党就会失去先进性，逐渐被人民所抛弃。而在这时，各种势力就会乘机侵吞国家财产，攫取政权，在某种情况下，国家甚至会陷入混乱，人民群众和国家的利益受到巨大损失。苏共的历史

[1] 习近平:《把权力关进制度的笼子里》,人民网—中国共产党新闻网,2015年7月21日，http://cpc.people.com.cn/xuexi/n/2015/0721/c397563-27338646.html。

[2] 习近平:《关于〈中共中央关于全面深化改革若干重大问题的决定〉的说明》,人民网，2013-11-16，http://cpc.people.com.cn/n/2013/1116/c64094-23561783.html。

悲剧值得所有共产党深刻反思。

苏联共产党曾经是一个先进的、充满战斗力的无产阶级政党，它在人民的支持下，取得无产阶级革命、内战、社会主义建设和卫国战争等一系列胜利，成为一个强大的社会主义国家。但是，苏共不能拒腐防变，由官僚化而特权化，贪腐蜕化，失去了人民的支持。一个强有力的执政党消失后，苏联解体，俄罗斯一度被寡头控制。

特权阶层是苏联共产党内利用职权谋取私利者群体。起初，特权者只是个别人或少数一些人。但到了苏联后期，尤其是勃列日涅夫执政时期，以勃列日涅夫为首，特权者的队伍日益扩大，所享有的特权不断增加。[1] 他们用人民赋予的权利，谋求自己奢华的生活，成为新贵族。这种特权在上层内部是公开的，有相对规定的。但是，特权的存在说明这些党的干部不再把人民的利益放在第一位，而是把个人利益、个人享乐放在第一位。勃列日涅夫成为党的总书记后，曾经说过："终于熬到了这一天！"当他的母亲从乡下过来看他时，他领着母亲看他的精美家具、豪华别墅。[2] 个人的荣华富贵已经成为这位总书记的人生目标。

当个人贪欲膨胀，所享受的特权无法满足时，自然就会走向贪腐。勃列日涅夫对其亲信和自己亲属的腐败行为纵容姑息，在苏联众所周知，贪腐之严重也是惊人的。1980 年，苏联一位侦缉人员买了一批鲱鱼罐头，打开后一看，竟是价格昂贵的鱼子酱。原来，苏联渔业部的官员和某公司达成秘密交易，把索契和阿斯特拉罕两地生产的鱼子酱装入贴有鲱鱼标签的罐头运往国外。负责销售的西方公司用鲱鱼罐头的价格买下，然后倒手用鱼子酱的价格卖掉，再从巨额利润中拿出一部分作为苏联参与者的报酬存入瑞士银行。这一活动长达十年之久，涉及渔业部副部长以下和外贸部、食品工业部、太平洋舰队等 300

---

[1] 李慎明:《居安思危——苏共亡党二十年的思考》,社会科学文献出版社 2011 年版，第 303 页。

[2] 李慎明:《居安思危——苏共亡党二十年的思考》,社会科学文献出版社 2011 年版，第 312 页。

余人。[1] 由此可见苏共当时已经病入膏肓。

当苏共逐渐脱离群众时，它也就失去了人民的支持，最终亡党亡国。在苏联解体的最后时刻，苏共党政军高层领导人曾采取经济措施，力图挽救苏联，但是，人民不再支持苏共，一些军队也拒绝执行命令，最后的努力就此失败。

苏联解体后，其最大的加盟共和国俄罗斯继承了苏联的国际地位。随后，俄罗斯进行经济体制改革，实行“休克疗法”，进行激进的私有化、市场化改革。各种势力乘机争抢原苏联巨大的国有财产，国民财富被瓜分。这些财富是苏联人民几十年辛勤劳动的血汗积累。这样，出现了以霍多尔科夫斯基、别列佐夫斯基为代表的极少数寡头。他们控制了油气等自然资源、金融和传媒，同时也攫取了国家的权力。而就在同时，普通俄罗斯民众的生活水平骤降。俄罗斯经济凋敝，国家的地位从超级大国沦为二流国家。1999 年俄罗斯的经济产值只有 1990 年的一半，1998 年的失业人口超过 2500 万，很多俄罗斯人沦为赤贫。贫富差距进一步拉大，从 1989 年的 1：4.7 上升到 1999 年的 1：80，人们的生活陷入水深火热之中。而 1941 年—1945 年的卫国战争期间仅仅下降了 22%。也就是说，苏联解体所造成的破坏程度远高于战争的危害。[2]

寡头们巧取豪夺，激起人们的义愤，俄罗斯民众开始怀念苏联社会主义、怀念共产党。久加诺夫领导的俄罗斯共产党逆势崛起。一旦共产党赢得选举，寡头们必然被清算。为了挽救自己，寡头们联合起来，开始投入巨资，成立以丘拜斯为首的竞选班子，资助叶利钦竞选。寡头们还利用自己掌握的传媒，树立叶利钦的亲民形象，并且不断在黄金时间播放反苏反社会主义的影视。最终，叶利钦在 1996 年的总统选举中胜出。

实际上，叶利钦并非传说中的政治强人，而是寡头的代言人，甚至可以说是寡头的傀儡。失去了共产党，他没有能力领导国家，也没有能力保护人民群

[1] 李慎明主编：《世界社会主义跟踪研究报告——且听低谷新潮声》（2011—2012），社会科学文献出版社 2012 版，第 314 页。

[2] 李慎明：《苏联解体——二十年后的回忆与反思》，社会科学文献出版社 2012 年版，第 249—251 页。

众的利益。俄罗斯总统叶利钦的助理谢尔盖·兹维列夫承认，叶利钦所能控制的只有克里姆林宫，“这块小小的城堡就是叶利钦唯一能统治的地方……所有他现在能做的事，就是更换总理和自己的办公厅主任”。[1]

俄罗斯这种状况，直到普京执政，强力打击寡头，把油气资源收归国有，才有所好转，但国力恢复有限。

第三节 人民永远是国家的真正主人

人民民主是人民当家作主，人民成为国家的真正主人。人民当家作主爆发出来的力量，是战胜一切艰难困苦的力量之源。这是中国革命、社会主义建设、改革不断取得巨大成就的根本，这是中国道路成功的政治制度保证。在我国未来的发展中，为了人民的利益，为了人民生活幸福，为了应对复杂的国内、国际环境，战胜各种困难，必须坚持人民民主，坚持和完善根本政治制度和基本政治制度，保证人民永远是国家的真正主人。

一、人大不做“橡皮图章”

完善人民代表大会制度，支持和保证人民通过人民代表大会行使国家权力，是我国民主发展的重要任务。人民代表大会制度是我国的根本政治制度，人民代表大会是我国的权力机关。全国人民代表大会和地方各级人民代表大会都由民主选举产生，对人民负责，受人民监督。人民把属于自己的权力委托给自己选出的代表，由他们代表代表人民行使国家权力。国家行政机关、审判机关、检察机关都由人民代表大会产生，对它负责，受它监督。全国人民代表大会是我国最高国家权力机关，掌握并行使着立法权、监督权、决定重大事项权、选举和任免权等具有决定性意义的权力。为了防止权力过分集中，人民

[1] ［英］克里斯蒂娅·弗里兰:《世纪大拍卖——俄罗斯转轨的内幕故事》，刘卫、张春霖译，中信出版社2004年版，第17页。

代表大会通过选举（或任命）和立法，把一部分权力授予其他国家机关行使，包括选举政府行使行政权，选举法院行使审判权，选举检察院行使检察权。

但是，由于历史、体制等多方面的原因，在过去人大没有充分行使自己的权力，对“一府两院”的监督常常做得不到位。一些地方的人大代表只是开开会、听听报告、读读文件、发发言、鼓鼓掌，走走过场，并没有真正发挥人大的职能。因此，人大被称为“橡皮图章”。

随着我国经济的迅猛发展，人们的权利意识、参政意识明显提高，我国的人民代表大会开始发挥出更大的作用。另外，在经济社会结构越来越复杂、利益越来越多样化的情况下，为了实现人民当家作主，人民代表大会也在不断发展，在发挥传统职能时，还要承担新的职能。现在有一种说法：“橡皮图章”硬起来了。

2009 年，一则“承德政府预算两次遭人大驳回”的新闻引起广泛关注。2009 年 3 月，河北承德市人大在当年预算报告第一次审议中，市人大代表们认为，预算中百姓收入与财政收入不匹配，预算报告被驳回。预算报告修改后，人大代表们进行第二次审议。代表们认为，修改后的预算报告，财政支出向民生作了较大倾斜，但调整得还不够，政府要舍得在教育、医疗、社会保障上多投入些，让老百姓看得起病、上得起学。市人大再次驳回预算报告。在第三次审议中，政府削减政府采购，在民生方面增加 7000 万元预算。这次，人大代表们才通过预算。

承德市政府预算被人大驳回并非特例，也不是最早的案例。早在 2000 年，湖南芷江县人大常委会就否决了政府预算调整报告；同年，湖南麻阳县人大常委会依法免去不称职的县林业局长和水电局长的职务。更值得注意的是，人大行使否决权的案例在不断增加，人大的监督功能在不断增强。以 2006 年为例：宁夏中宁县人大常委会因该县政府办理清理村级债权债务议案工作效果差，办理工作报告被常委会否决；湖南嘉禾县人大常委会一年否决 3 项工作报告；湖南省麻阳县人大常委会决定将县政府提交的工业原料林建设筹资办法不列入会议议程，决定对一名拟任庭长暂缓任命，决定对办理代表建议不认真的单位和个人实行通报批评；甘肃金昌市人大常委会否决了市公安局交警工作报告；海南临高县人大常委会两度否决政府的专项工作报告；湖北荆州市人大常委会未通过市政府关于优化经济发展环境等工作情况报告；河南郑州人大常委会未通过市政府所作的《关于解决城乡弱势群体看病难、看病贵问题》议案办理情况的汇报；广东惠州市人大常委会未通过市安监局局长拟任人选；广东深圳市人大常委会未通过中级法院一名副庭长提名。[1]

人大发挥的重要作用还表现在细节上。比如，在2001年以前，广东省政府每年向人大提交的预算报告只有一页纸。2001年，政府部门首次向省人大提交部门预算，但当年提交的只有七个部门。现在，预算极为详尽，材料厚达3厘米。同时，各个部门的预算草案都有一份详细的文字说明，对支出变化要做解释。2012年，广东省人大和广东省财政部联网，广东省财政部门向人大提供省级预算单位历年以及实时的资金使用情况。通过这一系统，人大可以随时掌握省财政的每一笔项目支出以及省级各行政事业单位的资金使用情况。这样，广东省人大能够对财政支出进行全程监督。

就完善人大制度、发挥人大职能而言，存在以下几个关键问题：第一，代表的合理结构问题。在我国这样一个工人和农民人口占绝大多数的国家，在高级别的人民代表大会中，工、农代表偏少；第二，人大代表的代表性问题和履职能力。在每年的全国人民代表大会中，总会出现一些提案不着边际，比如要求恢复繁体字等；第三，真正行使人大的监督权问题。

党的十八大报告提出，支持和保证人民通过人民代表大会行使国家权力。人民代表大会制度是保证人民当家作主的根本政治制度。要善于使党的主张通过法定程序成为国家意志，支持人大及其常委会充分发挥国家权力机关作用，依法行使立法、监督、决定、任免等职权，加强立法工作组织协调，加强对

[1] 《地方人大常委会告别“全票通过”时代》，网易新闻，2009年10月12日，http://news.163.com/09/1012/11/5LE0AQT500011SM9.html。

“一府两院”的监督，加强对政府全口径预算决算的审查和监督。提高基层人大代表特别是一线工人、农民、知识分子代表比例，降低党政领导干部代表比例。在人大设立代表联络机构，完善代表联系群众制度。健全国家权力机关组织制度，优化常委会、专委会组成人员知识和年龄结构，提高专职委员比例，增强依法履职能力。

这是一幅完善人民代表大会制度的路线图。在这幅路线图中，有一个非常重要的基点，它确定了人民代表大会的发展方向。人民通过人民代表大会当家作主，行使各种权利。但是，这些代表首先要能代表最大多数人的利益。“提高基层人大代表特别是一线工人、农民、知识分子代表比例，降低党政领导干部代表比例”。这一点保证了人民代表大会发展的方向，保证了人民利益的首要地位。在人民代表大会制度的未来发展中，制度的内容和形式将达到统一。

二、坚持和完善民族区域自治制度，培养国家认同感

民族区域自治制度是我国少数民族人民当家作主的制度形式。随着时代的发展，以及国际形势的复杂变化，民族区域自治也要随着时代不断发展，不断完善。在未来民族区域自治的发展中，在维护少数民族当家作主权利的基础上，要更加注重培养国家认同感，培养对中华民族多元一体的认同感。

20 世纪 80 年代以来，出现了一波民族分裂浪潮，一直延续到现在，从结果来看，给这些民族带来了巨大灾难。其中，原本在社会主义国家生活水平达到一定程度的苏联和南斯拉夫，国家解体，分崩离析。而一些新独立的国家因为历史恩怨和现实矛盾发生战争。苏联和南斯拉夫在民族自治的问题上犯了错误，逐渐削弱中央权威，忽视某些大民族主义和民族分离势力的发展，导致由民族自治发展为民族分裂主义。这里，最有代表性的就是苏联高加索地区。“在苏联时代的末期，亚美尼亚、阿塞拜疆和格鲁吉亚这 3 个外高加索共和国中有 9 个聚居的少数民族，其中 4 个享有自治地位。1986 年在戈尔巴乔夫领导下的政治自由化进程开始以来，在 5 个非自治的少数民族中没有形成具有广泛基础的、组织良好的或令人信服的分离主义运动，相反，4 个自治的少数民

族则全部表现出高度的分离主义倾向，而在所有自治的少数民族中只有一例（阿扎尔自治共和国）未诉诸武力”。[1]

我国有些自治地方的少数民族的国家认同感有弱化趋势。2008年以后，达赖集团等藏独分子在拉萨等地区进行暴力破坏活动，随后，新疆部分地区也发生暴力破坏活动。虽然这种现象只是局部的，并没有影响我国各民族间平等、团结、和谐的民族关系总体格局，但是，鉴于苏联和南斯拉夫的教训，对这种国家认同感弱化的局部现象要保持高度警惕，在坚持和完善民族区域自治这一基本政治制度时，必须反对分裂主义，反对狭隘的民族意识，培养国家认同感。

所谓国家认同，就是一个国家的公民对自己所在的国家的认知，这种认知包括对这个国家经济、政治、文化和历史的了解，同时，这种认知不仅是知识体系，还包括评价体系，这种认知和评价中包含着强烈的情感因素。这种情感源于生活，源于教育，源于长期的民族历史积淀和个人生活积淀。国家认同表现为对这个国家历史的自豪，对国家制度的自豪，对国家强盛的期待，表现为对国家的忠诚，对自己是这个国家的一分子而自豪。

就我国而言，国家认同表现为对中华民族的认同。费孝通认为：“经过多次北方民族进入中原地区及中原地区的汉族向四方扩散，才逐渐汇合了长城内外的农牧两大统一体。又经过各民族流动、混杂、分合的过程，汉族形成了特大的核心，但还是主要聚居在平原和盆地等适宜发展农业的地区。同时，汉族通过屯垦移民和通商在各非汉民族地区形成了一个点线结合的网络，把东亚这一片土地上的各民族串联在一起，形成了中华民族自在的民族实体，并取得大一统格局。这个自在的民族实体在共同抵抗西方列强的压力下形成了一个休戚与共的自觉的民族实体。”[2] 中华民族多元一体，这是在特定的地理和历史

[1] ［美］斯万·E·科内尔：《作为冲突来源的自治：关于高加索冲突的理论探讨》（上），《世界民族》2007年第1期。

[2] 费孝通：《中华民族的多元一体格局》，《北京大学学报（哲学社会科学版）》1989年第4期。

条件下形成的。中华民族的未来在于超越狭隘的民族意识，反对大汉族主义，也反对某些大民族主义，各民族团结起来，相互帮助，共同繁荣，这符合中华民族各族人民的利益。反之，挑动民族矛盾，鼓动民族分裂，导致民族间利益竞争，这将损害中华民族各族人民的利益。

在承认和尊重我国少数民族认同感的基础上，培养对中华民族的认同，培养对中华人民共和国的认同，达到民族认同和国家认同的统一，这是我国民族区域自治制度发展中所要承担的重要任务。

三、推进政治协商，凝聚发展共识

中国共产党领导的多党合作和政治协商制度主要的功能是政治协商、参政议政、民主监督，代表中国社会中不同阶层的民主党派、社会团体、民主人士，进行协商，凝聚共识，团结一致，共同前进。这是保持中国社会各阶层安定团结、和谐共处的重要制度。在我国未来的发展中，政治协商制度需要在以下几个方面不断落实、完善。

第一，政治协商中的阶层代表比例问题。在计划经济时期，我国社会主要由工人阶级、农民阶级和知识分子阶层构成。随着改革开放和经济体制改革的推进，我国所有制结构多样化，社会利益分化明显，从而产生了新阶层。在21世纪初，比较有代表性的划分是10个阶层：（1）国家与社会管理者阶层，主要指在党政、事业和社会团体机关单位中行使实际的行政管理职权的领导干部；（2）经理人员阶层，指大中型企业中非业主身份的高中层管理人员；（3）私营企业主阶层；（4）专业技术人员阶层；（5）办事人员阶层，指协助部门负责人处理日常行政事务的专职办公人员；（6）个体工商户阶层；（7）商业服务业员工阶层；（8）产业工人阶层；（9）农业劳动者阶层；（10）城乡无业、失业、半失业者阶层。随着社会的发展，还有新的阶层产生，比如，数量巨大的农民工阶层，他们既有农民的身份，又有产业工人的性质。

但是，与社会阶层结构发生深刻的变化相比，我国政协委员的代表性不足。主要表现在委员阶层分布不均，政协委员构成中精英化倾向明显。现在政协委员组成中呈现出新人多、明星多、将军多、老板多、冠军多的特点。[1]一些新兴的社会阶层，尤其是弱势阶层，缺乏代言的政协委员，或者与之相联系的委员较少。

第二，政协委员参政议政的能力问题。在政治协商中，政协委员最重要的职责就是参政议政。政协委员不是自然人，而是政治人，他不是代表个人，而是代表一个阶层。因此，政协委员要有参政议政的能力和责任感。政协委员要对人民群众普遍关心的热点、难点、焦点问题给予关注，开展调查研究，不仅反映社情民意，还要提出提案，提供可行性建议。而高水平的提案，又往往与政协委员对政治、经济、文化和社会生活中重要问题的认识深度有关。但是，在我国的各级政协会议中，一些政协委员的表现令人失望。有的人做“好好先生”，听报告、聊天、走形式，有的做“哑巴”委员。比如，某著名影星是政协委员，但四年没有提案。有的政协委员提出超出常识的“雷人”提案，让人哭笑不得。一些委员的参政能力不足和政治责任感不足已经成为政治协商的瓶颈。

一些政协委员参政议政能力不足，也与政协委员的推举形式有关。在我国，政协委员的推选存在明显的“荣誉化”和“待遇化”倾向，只注重推选典型人物，而忽视考察被推选者自身的综合素质，导致个别政协委员成为“名誉委员”“挂名委员”。另外，对政协委员履行职能缺乏监督制约机制和淘汰机制，以至于有些委员只把政协委员作为个人名誉地位的体现，对履职缺乏责任感和主动性，角色意识淡薄，甚至出现不作为，敷衍塞责，逃避参加政协活动和工作的现象。[2]

第三，协商程序制度不健全的问题比较突出。协商程序制度是规定如何协商，包括：协商议题的提出和确定，议题由谁提出、由谁确定、以什么方式提

[1] 参见刘敏茹：《政治协商三十年：成就、问题、对策》，《当代世界与社会主义》2008年第5期。

[2] 参见刘敏茹：《政治协商三十年：成就、问题、对策》，《当代世界与社会主义》2008年第5期。

出、什么时间提出；议题确定后，由谁通报政协、什么时间通报；在协商意见的反馈上，应该何时反馈，政协及其委员应该在协商意见反馈中起到什么作用等，这些还没有清晰准确的规定。这就造成协商中存在不平等现象，协商变成通报。另外，在协商中缺乏公开，普通群众缺乏参与。[1]

第四，政协的监督功能发挥不到位。政协监督职能不到位，其中一个重要原因是执政党、政府和政协之间缺乏相应的监督协调机制。人民政协要发挥民主监督作用，一方面要求执政党和政府权力的运作必须保持透明度，另一方面人民政协要对执政党行为或政府的重大决策必须享有知情权。这二者相辅相成，缺一不可。各级党政部门执政的透明度取决于其执政理念和高度的政治自觉，同时，也应该建立具有强制力的法律监督制度。而对于政协的知情权，也要制定相关规定，建立可行的运行机制。[2]在“阳光”执政和政协知情权之间建立规范化、制度化、程序化的协调机制，是加强政协监督功能不可或缺的一环。

四、强化人民民主的根基

基层群众自治制度是我国民主政治的四项制度之一，基层群众自治组织是人民当家作主在基层的具体体现，人民群众可以直接选举、参与、监督和自己利益直接相关的基层事务，既能保证人民群众的民主权利和正当利益，又能调动人民群众的积极性。

我国基层群众自治组织需要在以下三个方面进行进一步完善：

第一，明确基层自治组织的性质，平衡责任和权力。我国基层组织不管是城市居委会还是村委会，都存在权力小、责任大，经费少、事务杂的矛盾，这是由国情决定的。我国的基层自治不同于欧美的自治，它行政色彩浓厚，是一种行政主导型的基层自治。基层自治仍然是行政—命令式的治理体制，地方

[1] 参见刘俊杰：《人民政协政治协商面临的问题与发展路径》，《中州学刊》2012 年第 1 期。

[2] 张继良：《人民政协功能定位的缺失与完善》，《河北学刊》2011 年第 3 期。

党政部门为完成日益增多的行政任务，势必将“要办什么，不办什么，先办什么,后办什么”的主导权控制在自己手中。为此采取各种行政措施控制村民委员会，将村民委员会行政化为地方党政部门的“一条腿”，村干部成为主要完成政府任务的“准行政干部”,其身份也由村民变为“村官”。这种自上而下支配的官僚化体制会大大压缩村民自治的空间。[1] 同时，国家的大政方针、各种公共服务、文教卫生体育等活动，通过党政部门传递，最终会落实到基层自治组织。居委会成了“万能居委会”。各项任务由居委会落实，但权力和经费掌握在真正的行政部门手中。这样，就造成基层自治组织不堪重负，也影响了其功能的发挥。

因此，明确基层群众自治组织的社会组织性质，改革行政体制，优化行政结构，平衡基层群众组织的活动经费和事权，是发挥基层群众自治组织功能的重要路径。

第二,选举德才兼备的基层自治组织负责人。基层自治组织的基本原则是人民群众自我管理、自我服务、自我教育、自我监督。在基层治理中，选举德才兼备的基层自治组织负责人，是社会治理改革的重要环节。但是，在我国基层民主选举中，还存在不可忽视的问题，尤其是民主意识淡薄，是尤其值得关注的问题。

在村民选举中，存在的主要问题是村民民主权利意识不足，从而出现贿选问题、宗族、派性、富人现象等问题。

选举权是人们神圣的政治权利。但是,很多村民并没有意识到这个权利的重要性。一些选民选举时，不是看谁德才兼备，谁能够为大家服务，而是看谁给的好处多。在一些地方的村民选举中，选举人争相出价码，谁把票投给他，就可以拿到东西，或者一条烟、一桶油，或者直接给人民币。一些村民为了小利益，放弃自己的政治权利。这就使选举中的家族、帮派、富人占据了优势。[2]

[1] 参见徐勇:《村民自治的成长:行政放权与社会发育》,《开放导报》2004年第6期。

[2] 参见董清民:《正确认识和处理村民选举中出现的几个问题》,《科学社会主义》2003年第4期。

家族、帮派、富人可以通过投入更多的钱贿赂选票，从而获得选举。当选之后，由于前期投入了大量金钱，自然要用手中的权力，为自己、为自己的小集团谋利益，从而衍生各种形式的腐败，甚至形成垄断权力的趋势。一般来说，村委会已经不再管理经济。但是，在农村，由于具有土地资源，土地出让、租赁是一笔不小的财富。这在经济发达地区更为明显。同时，国家和地方政府下拨的各种惠民工程的款项，也由村委会支配。贿选衍生的腐败，会使这些财富流进少数人的腰包，从而引发农村中的社会矛盾激化。

在城市社区中，居民对民主权利重视不足，则是表现在对选举冷淡。这也有其客观原因。农村是熟人社会，大家相互了解。在城市社区中，尤其是新建的居民社区中，人们交往非常少，相互陌生。因此，人们在居委会选举的时候，对居委会推荐的候选人几乎不了解，也就没有热情参加。这样，就使民主选举成为形式。一些居委会为了吸引人们选举，还要发一些如洗发液之类的小礼品。在投选票的时候，投票人甚至根本不看选举人，只是按照候选人排序随便勾画。有时候，还有社区工作人员，在旁边要求投票人一定要选哪个候选人。

社区居民交往不密切，是造成这种现象的一个重要原因。另外，社区委员会的工作也存在特殊性。它的管理、服务主要局限在一两个小区。因此，社区管理者必须对小区极为熟悉，这样才便于开展工作。而新的负责人上来，如果对小区不了解，那就很难开展工作。因此，在选举时，上级监管部门也希望保持负责人相对稳定。

不断加强思想教育，提升群众的权利意识，引导群众积极参与选举，同时，上级部门对选举程序加强监管，仍然是基层民主选举的重要环节，也是提升基层治理的重要环节。

第三，加强基层群众自治中的协商民主建设。协商民主既重视选举，更重视民主的实质，注重群众真正参政议政，参与决策。随着社会主义市场经济的发展，一个重要的变化就是政府职能合理收缩，转变为有限政府，社会组织迅速发展，承担起重要的社会职能。因此，在一个城市社区中，形成了多元治理主体。这些治理主体包括：党的基层组织、政府的派出机构如社区站、作为群众自治组织的居委会、代表居民的业主委员会、带有商业性质的小区物业机构、自发的非营利社会组织、小区中的商业组织等。

一个居民社区存在的问题往往琐碎复杂，小区居民是利益的主要相关者。但是，在解决问题时却涉及多个治理主体，解决的时候也往往要通过协商沟通照顾各方利益。在这个过程中，代表居民利益的居委会，在一定意义上，就成了把社区居民、社会组织、党、政府联系起来的中介。由于居委会的自治性质，它并没有绝对的权利。因此，多方协商就成为解决问题的必然模式。居委会、小区居民、业委会、居民中自发的社会组织参与，也能保证居民利益，真正行使当家作主的权力。

参与式协商民主的建设最终要建立规范有序的机制。这些机制包括：（1）提案机制，即按照一定程序，顺畅地把小区居民面临的问题转变为提案正式上报政府部门;（2）议事机制，即不同治理主体对共治项目进行充分讨论协商，照顾各方利益，达成共识，确定解决方案;（3）反馈监督机制。在制定方案、方案实施过程中，要信息公开，各方面了解情况、便于监督，同时接受反馈意见，接受公众评价。

完善相应的机制，保证基层群众参与决策，保证协商规范有序，政策信息公开，决策在阳光下运行，这将有力地保证人民群众在基层行使当家作主的权利。

参考文献

[1]《马克思恩格斯选集》第一卷，人民出版社 1995 年版。

[2]《马克思恩格斯选集》第二卷，人民出版社 1995 年版。

[3]《列宁选集》第二卷，人民出版社 1995 年版。

[4]《列宁选集》第三卷，人民出版社 1995 年版。

[5]《毛泽东选集》第二卷，人民出版社 1991 年版。

[6]《毛泽东选集》第三卷，人民出版社 1991 年版。

[7]《毛泽东选集》第四卷，人民出版社 1991 年版。

[8]《毛泽东年谱》第三卷，中央文献出版社 2013 年版。

[9]《毛泽东文集》第七卷，人民出版社 1999 年版。

[10]《毛泽东文集》第八卷，人民出版社 1999 年版。

[11]《邓小平文选》第二卷，人民出版社 1993 年版。

[12]《邓小平文选》第三卷，人民出版社 1993 年版。

[13] 习近平:《习近平谈治国理政》，外文出版社 2014 年版。

[14] 中共中央宣传部 :《习近平总书记系列重要讲话读本》，学习出版社 2014 年版。

[15] 薄一波:《若干重大决策与事件回顾》(上),中共中央党校出版社 1991 年版。

[16] 余秋里:《余秋里回忆录》(下)，人民出版社 2011 年版。

[17] 中共中央文献研究室:《建国以来重要文献选编》第 5 册，中央文献出版社 1993 年版。

[18] 龚育之:《党史札记》，浙江人民出版社 2002 年版。

[19] 李慎明:《居安思危——苏共亡党二十年的思考》，社会科学文献出版社 2011 年版。

[20] 李慎明 :《世界社会主义跟踪研究报告——且听低谷新潮声（2011—2012）》，社会科学文献出版社 2012 年版。

[21] 金冲及:《二十世纪中国史纲（简本）》（上、下），社会科学文献出版社 2012 年版。

[22] 王绍光:《民主四讲》，生活·读书·新知三联书店 2008 年版。

[23] 朱建华:《中国近代政党史》，吉林大学出版社 1990 年版。

[24] 张发奎:《张发奎口述自传》，当代中国出版社 2012 年版。

[25] 陈方正:《陈克文日记 1937—1952》（上），社会科学文献出版社 2014 年版。

[26] [美] 费正清、罗德里克·麦克法夸尔:《剑桥中华人民共和国史 1949—1965》，王建朗等译，上海人民出版社 1990 年版。

[27] [美] 莫里斯 · 迈斯纳 :《毛泽东的中国及后毛泽东的中国——人民共和国史》，杜蒲、李玉玲译，人民出版社 1990 年版。

[28] [德] 威廉· 恩道尔:《石油战争》，赵刚、旷野等译，知识产权出版社 2008 年版。

[29] [美] 丹·摩根:《粮食大亨》，崔高壁等译，对外贸易出版社 1982 年版。

[30] [美] 李怀印:《重构近代中国——中国历史写作中的想象与真实》，岁有声、王传奇译，中华书局 2013 年版。

[31] [美] 王国斌:《转变的中国——历史变迁与欧洲经验的局限》，李伯重、连玲玲译，江苏人民出版社 2008 年版。

[32] [美] 查尔斯· 蒂利:《强制、资本和欧洲国家（公元 990—1992 年）》，魏洪钟译，上海世纪出版集团 2012 年第二版。

[33] [美] 罗伯特·B. 马克斯:《现代世界的起源——全球的、生态的述说》，

夏继果译，商务印书馆 2006 年版。

[34] [美] 杰弗里 · 弗里登 :《20 世纪全球资本主义的兴衰》，杨宇光等译，上海人民出版社 2009 年版。

[35] [美] 丹尼斯 · 古莱特 :《靠不住的承诺——技术迁移中的价值冲突》，邾立志译，社会科学文献出版社 2004 年版。

[36] [美] 费正清 :《剑桥中国晚清史 1800—1911 年》(下卷)，中国社会科学院历史研究所编译室译，中国社会科学出版社 1993 年版。

[37] [法] 弗朗索瓦 · 沙奈 :《资本全球化》，齐建华译，中央编译出版社 2001 年版。

[38] [英] 克里斯蒂娅·弗里兰 :《世纪大拍卖——俄罗斯转轨的内幕故事》，刘卫、张春霖译，中信出版社 2004 年版。

[39] [美] 黄仁宇 :《资本主义与二十一世纪》，生活 · 读书 · 新知三联书店 2006 年第 2 版。

[40] [日] 野口悠纪雄 :《日本的反省 : 依赖美国的罪与罚》，贾成中、黄金峰译，东方出版社 2010 年版。

[41] 习近平 :《紧紧围绕坚持和发展中国特色社会主义 学习宣传贯彻党的十八大精神》,《求是》2012 年第 23 期。

[42] 陆学艺 :《当代中国社会十大阶层分析》,《学习与实践》2002 年第 3 期。

[43] 房宁 :《第三世界发展的陷阱与新世纪的全球矛盾》,《当代思潮》2000 年第 1 期。

[44] 张鸣 :《抗日根据地的基层政权建设》,《党史纵横》2006 年第 1 期。

[45] 朱德新 :《从冷漠到投入 : 冀东抗日根据地农民的政治参与》,《中共党史研究》2011 年第 1 期。

[46] 尹中卿 :《人民代表大会制度的形成和发展》,《人大研究》2004 年第 9 期。

[47] 刘俊杰 :《人民政协政治协商面临的问题与发展路径》,《中州学刊》

2012 年第 1 期。

[48] 徐勇:《村民自治的成长:行政放权与社会发育》,《开放导报》2004 年第 6 期。

[49] 李秀蛟:《乌克兰著名寡头及其金融工业集团》,《国际研究参考》2015 年第 2 期。

[50] 郎咸平:《芭比娃娃见证中国制造业的险恶地位》,《IT 时代周刊》2009 年第 12 期。

[51] 陈玮:《浙江温岭工资协商制度纪实》,《中国市场》2008 年第 29 期。

[52] 夏建中、张菊枝 :《我国社会组织的现状与未来发展方向》,《湖南师范大学社会科学学报》2014 年第 1 期。

[53] 徐勇:《最早的村委会诞生追击》,《炎黄春秋》2000 年第 9 期。

[54] 董清民:《正确认识和处理村民选举中出现的几个问题》,《科学社会主义》2003 年第 4 期。

[55] 辛方坤:《中国城市社区协商民主的有效路径研究:基于“百姓畅言堂”的案例》,《理论月刊》2014 年第 3 期。

[56] 费孝通:《中华民族的多元一体格局》,《北京大学学报(哲学社会科学版)》1989 年第 4 期。

[57] 刘敏茹:《政治协商三十年:成就、问题、对策》,《当代世界与社会主义》2008 年第 5 期。

[58] 陈家刚 :《城乡社区协商民主重在制度实践》,《国家治理》2015 年第 34 期。

[59] 陈东林 :《七十年代前期的中国第二次对外引进高潮》,《中共党史研究》1996 年第 2 期。

[60] 唐鸣等:《古代乡村治理基本模式及历史变迁》,中国乡村发现网,2011 年 6 月 10 日, http://www.zgxcfx.com/Article/31121.html。